치유

Heilsam

심리치료로서의 철학

심리치료로서의 철학

치유

Heilsam

루츠 폰 베르더 지음

김재철 · 주혜연 옮김

경북대학교출판부

지은이 **루츠 폰 베르더** Lutz von Werder

1939년 베를린에서 태어나 대학에서 철학, 심리학, 교육학, 사회학을 전공하였으며, 1977년부터 지금까지 베를린의 알리스 살로몬(Alice Salomon)대학의 교수로 재직하고 있으며 동 대학에서 《창의적 글쓰기 연구소》를 운영하고 있다. 현재 저술가, 방송인, 사회학자, 심리학자로서 왕성한 활동을 펼치고 있으며, 철학을 심리상담 및 치유를 위한 삶의 기예로 연결시키는 대중 철학자이다. 2000년부터 독일의 WDR5 방송국에서 "라디오 철학"을 진행하고 있으며, 철학카페 운동을 실천하고 있다. 저서로는 『글쓰기의 치유적 힘』(*Die heilende Kraft des Schreibens*), 『실존주의 지금! – 새로운 희망의 철학』(*Existentialismus jetzt! – Eine neue Philosophie der Hoffnung*), 『철학카페 – 철학의 창조적인 길』(*Das philosophische Café – Ein kreativer Weg zur Philosophie*) 등이 있다.

옮긴이 **김재철** Kim, Jae-Chul

경북대학교 철학과 교수로 재직하며 현상학, 해석학, 실존철학, 형이상학 등에 대해 강의하고 있으며, 최근 철학상담 및 임상철학과 관련된 주제를 연구하고 있다. 관련 논문과 역서로 「정신의학과 하이데거의 대화」, 「L. 빈스방거의 현존재분석에 대한 비판적 고찰」, 「키에르케고르의 불안에 대한 임상적 해석」(공동), 「철학상담의 이론과 실천을 위한 현존재분석론의 적용」, 『철학실천 – 철학실천의 개념과 심리치료와의 관계』(다니엘 브란트) 등이 있다.

주혜연 Ju, Hye-Yeon

경북대학교 철학과 강의교수로 재직하고 있으며, 실존철학과 로고테라피를 기반으로 한 철학상담 및 임상철학과 관련된 주제를 연구하고 있다. 2014년부터 고등학교에서 개인 및 집단 철학상담 활동을 해오고 있으며, 2016년부터는 독일 마인츠 《로고테라피와 실존분석 연구소》의 로고테라피 전문가 연수과정에 참여하고 있다. 관련 논문으로는 「야스퍼스의 실존조명과 임상철학적 의의」, 「야스퍼스의 정신병리학에서 건강, 병 그리고 치료의 의미」, "Theory and Status of Logotherapy and Existence Analysis – Focusing on Logotherapy and Existence Analysis Institute Training in Mainz, Germany" 등이 있다.

치유 심리치료로서의 철학

초판 1쇄 2017년 4월 27일 | **초판 3쇄** 2021년 1월 27일
지은이 루츠 폰 베르더 | **옮긴이** 김재철·주혜연 | **펴낸이** 홍원화 | **펴낸 곳** 경북대학교출판부
출판등록 1973년 10월 10일 ㉣97호 | **주소** 대구광역시 북구 대학로 80 | **전화** 053-950-3830
팩스 053-953-4692 | **이메일** press@knu.ac.kr | **홈페이지** http://knupress.com
ISBN 978-89-7180-458-2 93100

정가는 뒤표지에 있습니다. 파본은 바꾸어 드립니다.

옮긴이의 말

이 책의 저자 루츠 폰 베르더Lutz von Werder는 1939년 베를린에서 태어나 대학에서 철학, 심리학, 교육학, 사회학 등을 공부하였으며, 1977년 이후 베를린에 있는 알리스 살로몬Alice Salomon 대학의 창의성 연구를 위한 교수로 재직하면서 비교 심리치료에 관한 강의를 하고 있다. 현재 저술가, 방송인, 사회학자, 심리학자로서 왕성한 활동을 펼치고 있는 저자는 철학을 중심으로 여러 분야의 지식들을 융합한 콘텐츠를 개발하여 실천적 영역에 적용하고 있는 대중 철학자이다. 특히 저자는 철학을 심리상담 및 치유를 위한 삶의 기예技藝, Lebenskunst와 연결시키고 이와 연관된 다수의 교재와 저서를 출판하고 있으며, 이 책도 그러한 작업의 일환에서 나온 것이다. 2000년부터 저자는 지금까지 독일의 한 방송국WDR5에서 "라디오 철학"이라는 프로그램을 통해 대중을 위한 철학 강의와 함께 심리치료를 위한 철학상담을 진행하고 있으며, "철학을 통한 자기치유"를 도모하는 철학카페 운동을 실천하고 있다. 나아가 1982년 베를린에서 "창의적 글쓰기 연구소"를 창립하고 삶의 기예 및 치유를 위한 글쓰기 운동을 전개하고 있다.

이 책은 고대로부터 현대에 이르기까지 뛰어난 업적을 남긴 선각자들의 사상을 "심리치료로서의 철학Philosophie als Psychotheraphie"이라는 이름 아래 다루고 있다. 이들 중에는 플라톤, 칸트, 세네카, 보에티우스, 쇼펜하우어, 니체, 키에르케고르, 하이데거와 같은 철학자들만이 아니라 붓다, 버턴, 메스머, 프로이트, 융, 아들러, 얄롬, 윌버 등과 같이 종교, 최면술, 정신분석, 심리치료, 명상 등의 분야에서 탁월한 업적을 쌓은 인물들도 포함되어 있다. 이들은 모두 인간의 정신적 고통에 관한 깊은 성찰과 독자적인 치유의 방법을 제시하고 있다는 점에서 공통성을 가진다. 저자는 이처럼 고대로부터 이어져 내려온 철학의 본래적 의미와 과제를 올바로 이해된 심리치료와의 연관 속에서 이해하고 있다. 전체적 관점에서 "심리치료의 철학사"의 형식을 띄고 있는 이 책은 고대와 중세, 근대, 그리고 현대 또는 포스터모던으로 나누어 시대마다 인간이 겪고 있는 정신적 고통의 역사적 배경과 특수한 상황을 개관하고 있다. 그리고 각 장은 한 사상가의 개인적 체험과 그의 영혼론 또는 마음이론을 규명하고, 그 이론의 중심적 특징에 따라 멜랑콜리, 절망, 우울, 불안, 혐오, 고독, 노화, 죽음 등과 같은 정신적 고통 및 장애를 주제화하고 있으며, 그에 맞는 치유방법도 심도 있게 다루고 있다.

이 책의 두드러진 특징은 심리치료에 대한 이론만이 아니라 실제로 그 이론이 어떻게 적용될 수 있는지를 직접 보여 주고 있다는 점이다. 서론에서 저자는 현대인의 정신적 문제를 구체적으로 제시하면서 이를 위한 최근의 심리치료가 신경생물학 및 항우울제에 의존하고 있다는 것을 폭로함과 동시에 그 한계를 강하게 비판하고 이에 대한 대안으로서 심리치료로서의 철학을 제시한다. 이와 연관하여 저자는 철학적 심리치료가 어떻게 현실적으로 작동할 수 있는지를 자신이 오랫동안 경험해 온 글쓰기 실습을 통해 보여 주고 있다. 심리치료로서의 철학을 이해하기 위한 실천으로서 제안된 이 글쓰기는 21가지의 다양한 주제에 대해 독자가 직접 기술해 봄으로써 독자 자신이 직접 참여하여 자신의 고통을 성찰하고 자기치유에 이르도록 하는 과정이다. 그리고 각 장에서 저자는 철학자들의 핵심이론을 논의하는 과정에서도 매번 독자들에게 질문을 던지고 그에 대한 답변을 유도함으로써 이론의 적용가능성을 스스로 확인하고 적용해 볼 수 있도록 한다. 예를 들어, 플라톤 편에서 저자는 영혼론과 이데아론을 심리치료의 관점에서 다루면서 영혼, 몸, 욕망, 죽음, 의식의 초월 등에 대해 물음을 던지고 독자 스스로 답변하면서 욕망과 고통의 연관성을 이해하게 하고, 죽음의 의미, 의식의 초월과정 그리고 이와 연관된 고통의 극복과 영혼의 정화를 생각해 보도록 한다. 그리고 여러 대화편을 통해 다양한 정신적 고통과 치유방법의 사례들을 제시한다. 책 속에서 이루어지는 이러한 질문과 답변을 통해 독자들은 자기치유의 주요방법으로서 철학함을 자연스럽게 실천하게 된다. 결론에서도 저자는 철학카페와 같은 자기치유 모임에서 이 책을 어떻게 사용할 수 있는지에 대해서 제시하고 있다.

이 책은 전문 연구자들보다는 철학적 치유를 원하는 대중에게 맞춰져 있다. 무엇보다도 이 책은 기존의 심리치유와 정신의학을 통해 온전한 도움을 받지 못하고 한계와 부작용을 경험한 사람들을 위해 철학적 심리치유를 자기 자신에게 적용할 수 있는 지침을 제공하고 있다. 그동안 철학은 현실과 동떨어져 대학에서 전문가들이나 다루는 난해한 분야로서 여겨져 왔다. 그러나 저자는 인간의 삶과 행복에 관한 문제를 다루는 것이 본래 철학의 근본주제이며 그것에 대한 이해가 자기치유를 위해 모든 사람들에게 필요하다는 것을 아주 쉽고 설득력 있게 전달해 주고 있다. 이를 위해 저자는 시대를 뛰어넘어 철학자들과 마주하며 대화하는 공간으로 독자들을 초대하고 있다. 그런 점에서 이 책은 치유자의 첫발을 내딛기 위해 철학상담 및 철학실천을 공부하는 대학생들을 위한 입문서로 적합하다. 또한 자아형성과정 중에 있는 청소년들에게 스스로를 성찰하는 계기를 부여한다는 점에서 유용한 도움을 줄 수 있다. 나아가 저자의 풍부한 지식과 경험을 통해 구상된 이 책의 논의들은 인간의 정신을 치료하기 위해 철학을 수용하려는 다른 분야의 전문가들에게도 이론적 토대를 심화할 수 있는 계기를 부여할 뿐만 아니라 임상과정에 직접 적용할 수 있는 방법적 측면을 위한 시사점도 제공하고 있다. 이를 위해 각 장에는 사상가의 이론과 그와 연관된 주제들을 보다 더 심도 있게 연구할 수 있도록 도움을 주는 참고문헌이 첨부되어 있다.

이 책이 출판되기 전 2016년에도 우리는 한국이 OECD 국가들 중에서 자살률이 가장 높은 나라라는 우울한 소식을 접하고 있다. 더 심각한 것은 자살률이 2위와 큰 격차를 보이고 있을 뿐만 아니라 계속 증가하는 추세에 있다는 사실이다. 물론 자살률이 우리 사회의 종합적인 삶의 질을 보여 주는 유일한 지표는 아닐 것이다. 그러나 오늘날 우리사회의 구성원들이 얼마나 견디기 힘든 정신적 고통에 노출되어 있는지를 보여 주는 중요한 지표인 것은 분명하다. 이처럼 자살에 이르게 하는 정신적 고통은 무엇이며 그에 대한 치유는 어떻게 할 것인가? 이러한 물음과 연관하여 오늘날 가장 중심적인 역할을 하는 것이 정신의학이다. 실제로 자살 예방정책의 많은 부분은 정신의학적 예방에 집중되어 있다. 전문가들은 여전히 높은 자살률의 원인을 환자들이 항우울제를 복용할 기회를 갖지 못한 것에서 찾고 있는 실정이다. 그러나 인간을 자살로 이끄는 불안, 의미상실, 고독, 권태, 좌절, 절망, 소외 등과 같은 현상은 정신병리학적 질병으로 간단히 분류될 수 있는 것이 아니라 근본적으로 인간 자신의 실존적 상황과 밀접한 연관을 가진다. 인간존재를 전체적 관점에서 통찰하지 않고 기계적이고 유물론적인 관점에서 규정하고, 계량적이고 유형적인 방법으로 인간의 질병을 진단하는 자연과학적 의학과 심리치료는 본질적인 인간의 고통을 파악할 수도 없으며 올바로 치유할 수도 없다. 일찍이 정신의학자이자 철학자인 야스퍼스는 이러한 문제를 간파하고 기존의 정신병리학은 인간을 치료의 대상으로만 간주하고 인간 자신이 치료의 주체라는 사실을 망각하고 있다는 것을 지적하였다. 인간은 실존적 조명, 즉 철학함을 통해 자신의 한계를 초월하는 자기됨의 과정에서 고통과 대면하고 그것을 승화하는 자기치유의 가능성을 가진 존재라는 것이다.

기존의 정신의학과 심리치료의 한계에 직면하여 새로운 대안을 찾으려는 시도와 함께 오늘날 철학적 심리치료가 새롭게 요청되고 있다. 최근 많은 심리치료들이 이론과 실천적인 측면에서 다양한 방식으로 철학을 수용하고 있으며, 철학 내에서도 '철학실천', '철학상담', '철학치료'와 같은 이름 아래 G. 아헨바흐, L. 메리노프, P. 라베 등을 비롯한 여러 학자들이 철학적 심리치료를 연구하고 있다. 이러한 연구에 기초하여 실천적으로 응용할 수 있도록 만들어진 교재 또는 실습 자료가 바로 이 책 『치유 — 심리치료로서의 철학』라고 할 수 있다. 국내에는 철학상담을 소개하는 메리노프와 라베의 책이 앞서 번역되어 이 분야에 관심 있는 사람들에 의해 널리 읽히고 있다. 또한 철학상담학회가 설립되고 관련 연구 사업이 진행되고 있으며 다양한 주제의 연구논문들이 나오고 있다. 그러나 이러한 저서와 논문은 철학적 심리치료에 대한 이론 소개에 집중되어 있어 철학적 내용을 실천적인 맥락에 적용한 자료는 아직 부족한 실정이다. 그런 점에서 이 책은 전통철학에서 심리치료를 위한 이론적이고 실천적인 단초를 발굴하고 새롭게 조명하는 작업을 하고 있으며, 철학과 거리를 두려는 현대 심리학과 정신의학과 새롭게 대화하고 융합하려는 시도를 하고 있다는 점에서 활용가치가 높다.

저자는 이 책을 다음과 같이 사용할 것을 권한다. 독자는 이 책에 나오는 질문들을 매번 스스로에게 제기하고 답하면서 내용을 숙지할 필요가 있다. 그렇게 하면서 이 책이 제안하는 실천지침을 터득하고 개념과 사례들을 자신의 것으로 만드는 것이 중요하다. 책 전체를 다 읽은 후에는 다시 처음으로 돌아가거나 그때그때 마음에 와닿는 장을 펼쳐 질문에 답하면서 깊이 성찰하며 자신의 상황과 연결시켜 보는 것이 이 책을 의미 있게 사용하는 방법이다. 이처럼 저자는 깊은 체험을 통해 깨달음을 얻은 사상가들을 통해 전수되고 있는 문제해결의 원칙들을 독자들이 일상생활 속에서 매일 실천할 것을 권하고 있다. 그렇게 한다면 저자가 기대하는 것처럼 우리는 자기 자신에게 조금 더 가깝게 다가가 있는 자신의 모습을 발견할 수 있을 것이다.

옮긴이는 임상철학이라는 주제 아래 현존재분석, 실존분석, 로고테라피 등을 연구하면서 이 책을 접하고 수개월 동안 학생들과 강독을 하면서 철학실천에 관한 연구를 심화하고 확대할 수 있는 중요한 동기와 풍부한 자료를 얻을 수 얻었다. 그때 함께 강독 스터디를 했던 경북대학교 철학과 대학원생들과 출판의 기쁨을 같이하고 싶다. 아울러 이 책의 필요성에 공감하고 기획을 맡아 주신 경북대학교출판부의 김용훈 선생님과 세심한 교정으로 정성스럽게 글을 다듬어 주신 손유진 선생님께 감사를 드린다.

옮긴이의 말 / 5

서론 13

1. 고통받는 사회 15
2. 철학과 심리치료의 관계 19
3. 심리치료로서의 철학을 위한 글쓰기 23

본론 – 심리치료로서의 철학사 31

A. 고대와 중세에서 심리치료로서의 철학 33

1. 해탈을 향한 네 단계: 붓다 35
2. 이데아를 통한 치유: 플라톤 52
3. 고통을 지나 영혼의 안식으로: 세네카 69
4. 죽음의 불안과 대화하기: 보에티우스 87
5. 노년과의 유쾌한 만남: 미셸 몽테뉴 101
6. 멜랑콜리의 치료에 대해: 로버트 버턴 115

B. 근대에서 심리치료로서의 철학 129

7. 이성을 통한 치유: 임마누엘 칸트 131
8. 무의식적 삶의 에너지: 프란츠 안톤 메스머 144
9. 개별자의 불안과 절망의 치유: 쇠렌 키에르케고르 157
10. 무의식의 발견: 아르투르 쇼펜하우어 169
11. 신체의 영원회귀: 프리드리히 니체 186

C. 20세기에서 심리치료로서의 철학 201

12. 무의식으로 인한 고통: 지그문트 프로이트 203
13. 무력함으로 인한 고통: 알프레드 아들러 216
14. 정신병자의 밤바다 여행: 칼 구스타프 융 231
15. 신만이 우리를 구원할 수 있다: 마르틴 하이데거 249
16. 광적인 사회를 넘어서: 에리히 프롬 266
17. 절망의 절정을 넘어서: 에밀 미셸 시오랑 279
18. 광기의 뿌리를 파헤침: 미셸 푸코 292
19. 삶의 의미에 대한 숙고: 어빈 데이비드 얄롬 306
20. 붓다 의식을 통한 치유: 켄 윌버 324

결론 – 철학적 심리치료의 단초와 방법 337

단초 339
심리치료로서의 철학에 대한 개관 340
개관에 대한 해석 341
철학적 심리치료의 세팅 342
단계와 방법 342
국면 343

부록 346

심리치료로서의 철학을 위한 가장 좋은 연습들 346
심리치료로서의 철학을 위한 강독 349
심리치료로서의 철학을 위한 일반 문헌 351

서론

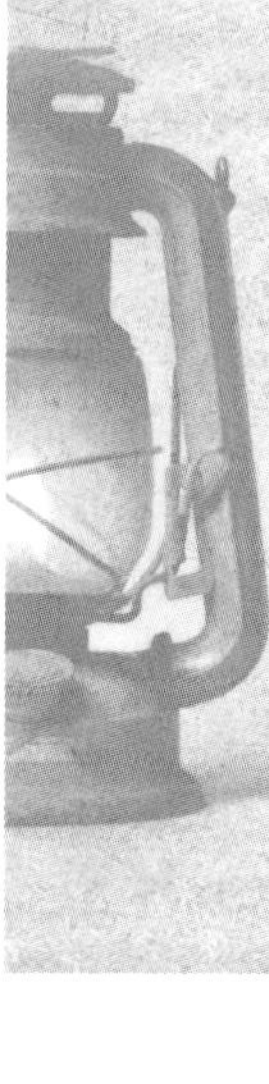

1. 고통받는 사회
2. 철학과 심리치료의 관계
3. 심리치료로서의 철학을 위한 글쓰기

"역사에서 가장 보편적인 것은 고통이다."

— T. W. Adorno

1. 고통받는 사회

"인류 역사에서 불행함을 느끼기에 지금보다 더 좋은 순간을 찾을 수는 없을 것이다." 미국의 정신의학자 마크 골드Mark Gold는 1995년에 자신이 발표한 글에서 이렇게 말하면서 즉시 두 가지 좋은 소식을 전하고 있다. 하나는 기적을 불러일으키는 새로운 항우울제가 오늘날 등장했다는 소식이고, 다른 하나는 세로토닌 분비의 장애로 인한 고통을 약물로서 억제하는 신경생물학이 정신의학에서 확산되고 있다는 소식이다.

"신경생물학이 특히 신경계의 이해와 다양한 수용체의 발견에 더 많은 발전을 하면 할수록, 화학자와 약물학자는 정신적 고통에 대해 효과가 뛰어나고 정확하게 작용하는 물질을 더 잘 만들 수 있다." 오늘날 이러한 사실은 당연한 것으로 여겨진다(Ehrenberg 2004, 215 이하).

약을 드세요. 그러면 행복해집니다!? 항우울증 산업은 오늘날 엄청나게 성장하였다(Solomon 2001, 337 참조). 그럼에도 불구하고 산업사회에서 고통을 겪고 있는 사람들의 비율은 날로 증가하고 있다. "우울증을 앓고 있는 비율은 전 세계 인구의 3%에서 5%까지 증가하였다."(Ehrenberg 2004, 217) 우울증은 알코올중독, 약물중독 혹은 자살과 같은 많은 정신병리학적 문제와 결부되어 있다. 거기에 더해 오늘날의 경제 위기는 자살률을 두 배로 증가시켰다(Jamison 2000, 29 이하).

후기 근대사회는 **불안정한 가족관계**를 만들어 낸다. 이 과정에서 노인의 고립은 더 심해지고 있다. "남녀가 똑같이 가족의 몰락에 직면해 있다. 이로 인해 사람들은 우리 시대의 징표인 아픔과 소진을 경험한다. 오늘날 고독과 이에 대한 방치는 단적으로 이 시대를 보여 주는 상像이다. 이는 19세기의 히스테리증 환자들과 대비되는 현대인의 모습을 나타낸다."(Schorter 1994, 537) 현대의 많은 인간들이 **고통**과 함께 살아가고 있음에 틀림없다. "1100만 명에 이르는 독일의 남녀가 고통과 함께 아침에 눈을 뜨고, 잠이 든다." (Azoulay 2000, 74) 그럼에도 불구하고 독일에서는 15만 명만이 고통을 위한 치료를 받고 있다. 고통을 위한 치료의 관점에서 보면 독일은 개발도상국이다. 이런 상황에서 고통은 종종 극단적인 한계 경험이 될 수 있다. "고통은 삶을 파편화시키고 인간을 궁지로 몰아넣는다. … 고통 속에서 개인의 근간이 송두리째 흔들리게 된다."(같은 책, 8)

고통은 갑작스럽게 다가와 우리를 덮치고 일상을 황폐화시킨다. 고통은 항상 걸림돌이다. 더군다나 고통은 독일에서 다음과 같은 말로 아주 가벼운 것으로 여겨지며 무시되고 있다. "우리를 죽이지 않는 것은 우리를 강하게 만든다." 사람을 거의 죽음에 몰아넣고 오랫동안 손상을 입히는 고통이 간과되고 있다.

특히 정신적인 고통은 말로 표현되는 것을 거부한다. 격렬한 고통의 경험은 분노와 저항의 단계로 발전한다. 이때 고통은 겉으로는 우울증의 형태로 감추어진다. 정신적 고통은 분산되어 잘 드러나지 않는다. 홀로코스트Holocaust의 생존자들은 침묵할 수밖에 없었다. 고통은 말을 거부한다. 여성들은 아이를 출산한 후 종종 자신의 겪은 산통에 관해 상투적으로 말할 뿐이다.

그러나 모든 기술이 발전했음에도 불구하고 고통, 즉 **유한한 실존의 고통**은 정복할 수 없는 것처럼 보인다. 삶의 고통은 오늘날 유행병이 되었다. 우리는 이러한 고통을 사람들이 말할 수 있도록 도와주어야 한다.

이때 정신적 고통은 다양한 측면들로 제시될 수 있다.
- 본래적 자신으로부터의 소외
- 주위 세계와 맺는 관계의 장애
- 주위 세계에 대한 집착
- 환각과 환청에 의한 지각의 왜곡
- 적합한 인지의 상실과 흥분
- 과도한 불안과 공황 상태

그러므로 고통은 "우리가 성공적으로 주위 세계와 소통하지 못하는 근본적인 인간 능력의 장애"로부터 발생한다(Schramme 2003, 27).

자연과학적 언어는 고통을 적합하게 표현할 수 없다. 왜냐하면 "심리현상이 뇌에 근거하고 있다고 하더라도 정신질병은 뇌 질환으로 환원될 수 없기" 때문이다(같은 책, 94).

고통받는 자를 위한 철학은 정신적 건강의 상실을 주제로 다룬다. 고통받는 자를 위한 철학은 그 고통에 적합한 목소리를 부여한다. 철학은 이러한 작업을 붓다Buddha와 고대 이후 계속 수행해 왔다.

이 책은 심리치료사로서의 역할을 담당한 주요 철학자들을 소개하고, 고통을 언어로 표현하고 기억하고 반복하며 철저히 탐구하는 연습을 함께 진행한다. 이 책에서 우리는 철학이 의료보험 비용을 부담하지 않아도 되는 심리치료라는 것을 경험하게 될 것이다. 현대 심리치료는 이러한 철학과 거리를 두려고 한다. 그러나 철학은 육체적이고 정신적인 고통에 대한 투쟁의 긴 전통을 면면히 이어 왔다. 오늘날 고통받는 사회에서 철학은 고통 속에 있는 사람들을 위한 자기치료가 될 수 있다.

저자는 1993년부터 진행해 온 철학 카페에서 받은 많은 자극과 계기를 이 책에 고스란히 담았다. 저자는 베를린에 있는 철학 카페의 방문자들과 독일 서부방송WDR5에서 2000년부터 진행한 철학 라디오와 철학 살롱의 청취자들에게 이 책을 바친다. 그리고 이 책이 나올 수 있도록 기획과 출판을 담당해 준 이리스 반 베이크Iris van Beek 씨에게도 특별한 감사를 전한다.

◎ 참고문헌

Azoulay, J.: *Schmerzen* [고통]. Berlin 2000.

Ehrenberg, A.: *Das erschöpfte Selbst. Depression und Gesellschaft in der Gegenwart* [소진된 자아. 우울증과 현대사회]. Frankfurt 2004.

Jamison, K. R.: *Wenn es dunkel wird* [어두워질 때]. Berlin 2000.

Schorter, E.: *Moderne Leiden* [현대의 고통]. Reinbek 1994.

Schramme, T.: *Psychische Krankheit aus Philosophischer Sicht* [철학자의 눈으로 본 정신병]. Gießen 2003.

Solomon, A.: *Saturns Schatten* [토성의 그늘]. Frankfurt 2001.

2. 철학과 심리치료의 관계

철학과 심리치료는 둘 다 정신에 관한 태고의 지식으로부터 생겨났다. 그러나 이 둘은 각각의 고유한 분야로 발전하였다. 이 둘의 역사는 풍요롭게 협력한 시기와 적대적으로 거리를 둔 시기로 특징지어진다.

오늘날 두 분야는 완전히 분리된 듯 보이며, 각 분야의 어떠한 전문가도 다른 분야의 연구에 대해 자세히 알지 못한다. 실천적인 철학의 시도, 그리고 철학과 심리치료를 연결시킨 삶의 기예를 위한 시도는 심리치료로부터 비웃음을 사고 있으며, 철학으로부터 무시당하고 있다. 심리치료에서 철학을 완전히 배제하는 것은 그 기초를 빼앗는 것이다. 그러나 오늘날 심리치료를 철학과 동일시하는 것에 대해서는 경계하고 있으며, 철학에 속해 있는 심리치료적 요소에 대해서는 침묵하고 있다. 오늘날 정신에 대한 관념은 완전히 분쇄되었고, 인간 자체는 유물론적으로 축소되었으며, 인간은 자신의 정신적 뿌리로부터 단절되었다.

이와 반대로 다음과 같은 주장이 제기되고 있다. **철학 없이 심리치료가 가능하지 않은 것처럼 실천으로서의 참된 철학도 심리치료 없이는 가능하지 않다**(Gödde 1998 참조). 그러나 철학적 심리치료는 설립자라고 할 수 있는 붓다와 소크라테스 이후 자기인식, 자기사유, 자기극복과 같은 세팅을 근본 토대로 가진다. 따라서 이러한 세팅은 심리치료에서 말하는 의사와 환자로 이루어진 양자 관계와는 원칙적으로 구별되어야 한다.

심리치료는 "정신의 치유로서 오래전부터 철학자와 현자의 과제로 여겨져 왔다. … 플라톤적인 사유의 전통에는 토마스 아퀴나스도 속해 있다. 아퀴나스는 육체의 치유에 의학이 관여하는 것과 마찬가지로 철학이 정신의 치유에 관여한다고 말한다. … 플라톤적인 의학에 대한 M. 피치노M. Ficino의 기획은 정신의 의사인 플라톤과 육체의 의사인 갈렌Galen으로도 소급된다. 칸트가 말했듯이, 이성의 건강을 얻으려고 노력하는 철학은 치료적 차원에서 약으로서 적용된다. 특히 20세기에는 비트겐슈타인도 철학을 치료적 관점에서 규정하였다."(Historisches Wörterbuch der Philosophie 10권 1998, 1166)

철학적 심리치료는 물론 의학적 심리치료가 아니다. 의학적 심리치료는 정신병과 정신분열증 등과 같이 사람을 완전한 파멸로 이끄는 병리학적 질병에 대해 연구한다. 여기에서 의학적 치료사들은 심리치료제를 투여하고, 강도 높은 낙인 효과를 가진 격리된 정신병원에서 작업한다. 그것에 비하면 **철학적 심리치료**는 통원치료가 가능하며, 예방할 수 있거나 차후에도 치료받을 수 있는 자기치료에 집중되어 있다. 가능한 한 철학적 심리치료는 광기의 사회에서 정신이상이 되는 것을 막고, 심리치료제 없이 세상의 고통을 철학적으로 덜어 주려고 한다.

철학적 심리치료는 전통적인 심리치료처럼 갈등 해결을 위해 조언하고 훈련시키며 체험과 관련된 방법을 발전시킨다. 그러나 철학적 심리치료의 중점은 자기사유, 의식의 확장, 자아의 극복 그리고 자기초월에 있다.

철학적 심리치료는 전문적인 의사 또는 심리치료사의 도움이 필요한 정신병자가 아니라 자기치료를 위해 준비된 모든 사람을 향해 있다. 그러나 철학적 심리치료는 기존에 확립된 심리치료의 철학적 토대에 대한 반성, 그리고 치유 과정에서 요구되는 철학적 문제 제기와 해결안의 수용을 요구한다.

철학적 심리치료는 역할의 분리를 제안한다. 심각하고 특수한 경우는 기존의 심리치료에서 진행하고, 철학적 심리치료는 철학 카페, 매체, 그리고 고통과 관련된 철학적 비판을 통해 광범위한 역할을 수행한다.

철학적 심리치료는 학파의 한계와 방법론적으로 제한된 영역을 넘어선다. 그 대신에 철학적 심리치료는 명상, 최면, 육체적 활동, 글쓰기를 통한 자기 사유, 자신의 생철학 정립 같은 초개인적인 방법을 요구한다.

철학적 심리치료는 의미를 추구하고, 자기 자신에 대한 초월을 목표로 한다. 이에 반해 전통적 심리치료는 일할 수 있는 능력과 사랑할 수 있는 능력의 획득을 목표로 한다. 이는 일자리가 감소하고 국제화로 인해 중산층이 몰락함으로써 새로운 빈곤층이 늘어나고 있는 현대 사회의 현실을 반영하고 있다.

기존의 철학으로는 결코 철학적 심리치료를 시작할 수 없다. 기존의 철학은 언어분석, 윤리심의, 정치자문, 기업철학에 관심을 가지고 있다. 대중들이 일상적으로 겪는 고통의 문제는 강단철학에게는 낯선 것이 되었다.

대학에서 철학을 공부하는 많은 학생들이 학업을 중단한다. 이들이 박사학위를 취득하면 택시기사가 된다. 독일 학교의 철학교사는 철학의 고전 문헌을 강독시키는 데 열중함으로써, 시대의 현상을 해명하는 데 필요한 철학적 삶의 기예를 위한 통로를 막고 있다.

그러므로 전환이 필요하다.
철학은 고통을 위한 심리치료가 되어야 한다.
왜 안 된단 말인가?

철학적 심리치료는 어떻게 이루어지는가?
죽기 직전에 붓다는 자신의 제자들에게 말하였다.
"모든 것은 무상한 것이다. 끊임없이 스스로 수행하라."

소크라테스는 『파이돈*Phaidon*』에서 독배를 들기 직전에 모든 사람들이 치료 전문가들에게 의존하지 않고 플라톤적인 심리치료를 수행할 수 있다는 사실을 다음과 같이 짧게 말했다. "그대들의 물음이 더 이상 제기되지 않을 때까지 그 물음은 일상적으로 논의되어야 한다. 그 문제가 해소될 때까지 그대들은 스스로 노력해야 한다. 왜냐하면 그대들은 자신보다 그것을 더 잘 할 수 있는 사람을 발견할 수 없기 때문이다."(Platon, *Phaidon*, 78a, 7-9)

이 말에서 소크라테스는 명백하게 자기치료를 위한 원칙을 주장하고 있다. 훗날 세네카Seneca로부터 시오랑Cioran과 윌버Wilber에 이르기까지 모든 철학적 심리치료사들은 이 원리를 응용하였다.

그렇다면 오늘날 어디에서 철학적 심리치료가 이루어지고 있는가?
철학 카페, 철학적 자기치료 모임, 그리고 도처에서 들을 수 있고 방문할 수 있는 철학 라디오와 철학 살롱에 있다.

3. 심리치료로서의 철학을 위한 글쓰기

고통의 철학적 극복이라는 주제에 들어가기 위해 이제 '고통'이라는 주제를 위한 철학적 글쓰기가 소개될 것이다.

다음의 연습을 통해 당신은 자신의 생철학을 위한 부분으로서 현재 자신에게 필요한 고통의 철학을 탐구하고, 이를 통해 이 책의 주요 부분에서 논의되는 심리치료로서의 철학을 맞이할 준비를 할 수 있다.

1. 연습: 나의 철학적 신조
아래의 철학적 신조를 읽고, 그와 같은 방식으로 자신의 철학적 신조를 작성하시오.

> 각 연의 첫 번째 줄을 다음과 같은 문장으로 시작하시오.
> "나는 … 이(가) 없다."
> 각 연의 두 번째 줄을 다음과 같은 문장으로 시작하시오.
> "나는 … 을(를) 만든다."

자신의 철학을 통해 첫 번째 줄에서 말한 고통을 두 번째 줄에서 극복하시오.

철학적 신조의 예

나는 부모가 없다.
나는 플라톤과 니체를 나의 부모로 만든다.

나는 신의 능력이 없다.
나는 진리를 향한 탐구를 나의 능력으로 만든다.

나는 자산이 없다.
나는 철학 카페를 나의 자산으로 만든다.

나는 신통력이 없다.
나는 철학적 능력을 나의 능력으로 만든다.

나는 생명도 죽음도 없다.
나는 영원을 나의 삶과 죽음으로 만든다.

나는 몸이 없다.
나는 철학을 나의 몸으로 만든다.

나는 눈이 없다.
나는 사유를 나의 눈으로 만든다.

나는 귀가 없다.
나는 나의 인식을 귀로 만든다.

나는 신체 일부가 없다.
나는 불멸의 철학을 나의 신체 일부로 만든다.

나는 목표가 없다.
나는 사유의 시간을 나의 목표로 만든다.

나는 천부적 소질이 없다.
나는 철학적 학설을 나의 천부적 소질로 만든다.

나는 친구가 없다.
나는 철학을 나의 친구로 만든다.

나는 적이 없다.
나는 사유하지 않음을 나의 적으로 만든다.

나는 갑옷이 없다.
나는 자기사유를 갑옷으로 만든다.

나는 성城이 없다.
나는 관계에 대한 비판들로 나의 성을 만든다.

나는 칼이 없다.
나는 사유의 고요함으로 나의 칼을 만든다.

2. 연습: 상실에 관한 단편소설

당신이 겪었던 가장 큰 사랑의 상실에 관한 단편소설을 다음의 단계로 쓰시오.

a) 상실한 연인, 그 뒤에 만난 사람, 당신 자신에게 이름을 부여하시오.
b) 짧은 배역을 설정하시오.
c) 배역의 장소와 시간을 설정하시오.
d) 아픔이 진정될 때까지 이러한 설정에서 인물들이 등장하는 장면을 매일 쓰시오.
e) 지금 단편소설의 첫 장면을 쓰시오.

3. 연습: 마지막 문장은 긍정으로

"무력함에 대한 경험"이라는 제목으로 당신이 겪고 있는 삶의 고통에 대해 매일 자유롭게 글을 쓰시오.

작성한 글에 1부터 50까지 번호를 붙이시오. 모든 글의 마지막 문장은 매번 긍정으로 끝맺으시오.

무력함에 대한 당신의 첫 번째 경험을 지금 당장 쓰시오.

4. 연습: 가장 오래 기억나는 사랑

삶에서 가장 오래 기억나는 사랑을 선택하고, 사랑했던 사람의 모습을 떠올리시오. 그리고 이별의 마지막 대화를 기술하시오.

5. 연습: 꿈의 일기

당신의 꿈에 나타난 고통을 일기로 쓰시오. 그리고 그 꿈을 긍정적으로 해석하시오. 지금 고통스러웠던 꿈을 주제로 글쓰기를 시작하시오.

6. 연습: 우울한 시

죽음, 아픔, 광기에 관한 우울한 시를 찾고, 그 시를 긍정적으로 바꾸시오.

7. 연습: 재탄생

당신의 과거의 삶과 미래의 삶에 대해 각각 열 문장씩 쓰시오. 모든 문장에서 당신의 삶과 연관된 중요한 사건을 언급하시오. 과거의 삶에 대한 열 문장은 "나는 … 하였다"라는 말로 시작하고, 미래의 삶에 대한 열 문장은 "나는 … 할 것이다"라는 문장으로 시작하시오. 지금 문장을 만들어 보시오.

8. 연습: 강림하는 신

내가 곤경에 처해 있을 때, 나를 구원해 줄 자를 생각하고 그에게 이름을 붙이시오. 그를 "나를 구하려고 서두르며 강림하는 신"이라 부르시오. 멕시코의 마야인들이 매우 존경했던 이 신에게 기도문을 써 보시오.

9. 연습: 큰 불안에 대한 동화

당신이 가진 큰 불안에 이름을 붙이시오. 그리고 시작, 탐색, 해결의 순서로 동화의 줄거리를 구성하시오. 동화의 끝부분에서 그 불안이 극복되어야 한다는 것을 잊지 마시오.

10. 연습: 현자로부터 듣는 조언

현자를 상상하시오. 산 위에 있는 이 현자를 방문한다고 상상하고, 그가 당신의 고통의 근거를 무엇이라고 말할지 생각해 보시오. 그리고 그의 답변을 상상해서 글로 써 보시오.

11. 연습: 화해를 위한 비문

당신이 죽었다고 생각해 보시오. 그리고 자신의 무덤에 묘비를 세우고 비문을 쓰시오. 그 비문에 당신이 고통을 주었던 모든 사람들을 기록하며 그들과 화해하시오.

12. 연습: 먼 곳의 신에게 바치는 기도

당신에게서 사라져 버린 신의 형상을 시로 표현해 보시오. 그리고 당신이 새롭게 삶에서 얻은 신의 형상을 찬양하는 시를 쓰시오.

13. 연습: 상상의 감사 편지

크나큰 고통 속에서 당신을 도와주었던 철학자들에게 감사의 편지를 쓰시오. 그리고 어떠한 철학적 도움을 받았는지 편지에 기술하시오.

14. 연습: 위로의 수필

예를 들어 "영웅은 산 정상을 넘는다"라는 세네카의 말처럼 위로를 주는 철학자의 금언金言을 하나 고르시오. 그리고 당신이 왜 이 금언을 생각했는지 써 보시오.

15. 연습: 유도된 꿈

밤마다 당신을 위로하는 철학적인 글을 읽으시오. 그리고 아침에 그 글과 연관된 꿈들을 기록하시오.

16. 연습: 천사 만들기

종이에 천사를 스케치하거나 화보에 있는 천사를 오려 붙이고, 그 천사에게 이름을 붙이시오. 그리고 천사에 관한 일련의 글을 쓰시오. 그 글의 첫 줄은 천사의 이름으로 시작하는 " … 나의 천사"라는 말을 덧붙이시오. 이 어구로 모든 문장을 시작하시오.

17. 연습: 우주 밖에 있는 카페에서 찾은 고향
우주 밖에 있는 카페를 상상해 보시오. 살아 있을 때 당신이 가장 사랑했던 사람을 죽은 뒤 거기에서 만났다고 생각해 보시오. 그리고 카페에서 그 사람이 당신의 죽음을 어떻게 위로하는지 기술하시오. 이에 대해 다르게 여러 번 글을 쓸 수 있으며, 또한 자신을 위로하기 위해 매번 다른 사랑하는 사람들을 등장시켜 이때 받은 위안을 글로 기록하시오.

18. 연습: 상상의 연인
순전히 상상으로 연인을 생각하고 그 사람에게 연애편지를 쓰시오. 그리고 한밤중에 초에 불을 붙인 후 그 편지를 불에 태우시오. 이러한 방법을 통해 타 버린 편지가 상상의 연인에게 도착했다고 생각해 보시오.

19. 연습: 나누어진 두 단을 연결시킴
다음과 같이 두 단을 나누어 작성해 보시오.

1단: 나의 모든 괴로움들	2단: 나의 모든 위로들
⋮	⋮

두 단을 연결시켜 긍정적이고 도전적인 결론 또는 비장한 결론을 내리는 문장으로 만드시오.

20. 연습: 이중 사슬

"고통"과 "위로"라는 두 낱말이 연결된 사슬을 많이 그리시오.

그리고 고통에 관한 글을 쓰고 이어서 위로에 관한 글을 쓰시오.

21. 연습: 두 번째 철학적 신조

입문을 위한 연습을 끝내면서 두 번째 철학적 신조를 다음과 같은 방식으로 적어 보시오.

> 각 연의 첫 번째 줄을 다음과 같은 문장으로 시작하시오.
> "나는 … 이(가) 없다."
> 각 연의 두 번째 줄을 다음과 같은 문장으로 시작하시오.
> "나는 … 을(를) 만든다."

무엇이 달라졌는가? 그 변화를 설명해 보시오.

본론

심리치료로서의 철학사

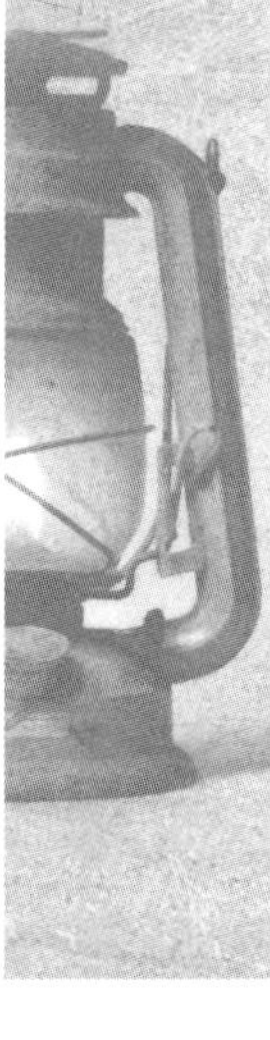

A. 고대와 중세에서 심리치료로서의 철학

B. 근대에서 심리치료로서의 철학

C. 20세기에서 심리치료로서의 철학

A. 고대와 중세에서 심리치료로서의 철학

▶ 고대와 중세

1. 해탈을 향한 네 단계: 붓다
2. 이데아를 통한 치유: 플라톤
3. 고통을 지나 영혼의 안식으로: 세네카
4. 죽음의 불안과 대화하기: 보에티우스
5. 노년과의 유쾌한 만남: 미셸 몽테뉴
6. 멜랑콜리의 치료에 대해: 로버트 버턴

근대

7. 이성을 통한 치유: 임마누엘 칸트
8. 무의식적 삶의 에너지: 프란츠 안톤 메스머
9. 개별자의 불안과 절망의 치유: 쇠렌 키에르케고르
10. 무의식의 발견: 아르투르 쇼펜하우어
11. 신체의 영원회귀: 프리드리히 니체

20세기

12. 무의식으로 인한 고통: 지그문트 프로이트
13. 무력함으로 인한 고통: 알프레드 아들러
14. 정신병자의 밤바다 여행: 칼 구스타프 융
15. 신만이 우리를 구원할 수 있다: 마르틴 하이데거
16. 광적인 사회를 넘어서: 에리히 프롬
17. 절망의 절정을 넘어서: 에밀 미셸 시오랑
18. 광기의 뿌리를 파헤침: 미셸 푸코
19. 삶의 의미에 대한 숙고: 어빈 데이비드 얄롬
20. 붓다 의식을 통한 치유: 켄 윌버

인도와 고대 유럽에서 전개된 철학적 심리치료의 형태

심리치료는 인류가 탄생한 이래로 존재해 왔다. 심리치료라는 개념은 1982년 다니엘 핵 튜크Daniel Hack Tuke가 처음으로 만들었다. 그렇다 하더라도 튜크가 이 개념으로 생각한 것은 이미 오래전부터 알려진 것이었다(Historisches Wörterbuch der Philosophie 1989, 7권 'Psychotherapie' 참조). 고대 심리치료의 최초 형태는 병을 일으키는 귀신들이 영혼을 덮치거나 빼앗는다는 생각에 근거를 두고 있었다. 따라서 철학적 심리치료의 원시적 형태는 무당이었다. 무당은 육체에서 침입자들을 내쫓거나 빼앗긴 영혼을 피안에서 다시금 구출하는 임무를 가졌다. 일찍이 신들림, 치료의식, 최면, 극적인 연출, 종교의식, 노래는 인도뿐만 아니라 유럽에도 존재했다.

고대 그리스 심리치료의 뿌리는 신전에서 승려들이 실천했던 방법에서 유래한다. 이때에는 식이요법, 단식, 정화의식, 최면, 신전에서의 수면과 꿈이 정신병을 치유하는 방법으로 적용되었다.

그리스 철학은 이로부터 한 단계 더 나아갔다. 그리스 철학은 치료를 신화적 표상으로부터 분리시켜 전적으로 이성의 자유 위에 구축하였다. 이를 위해 소크라테스와 플라톤은 **심리치료의 근본적인 탈신화화와 합리화**를 수행하였다. 소크라테스의 자기인식에서 볼 때, 심리치료는 말을 통해 정신적 어려움을 돌보는 것이다. 이러한 수행은 플라톤과 소크라테스로 끝나지 않았다. 에피쿠로스학파, 스토아학파 및 견유학파와 같은 헬레니즘 철학자들도 심리치료 이론과 실천을 발전시켰다. 이러한 전통은 이후 로마에서 세네카와 키케로를 통해 계속 이어졌다(Ellenberger 1972, 1권 참조).

철학치료는 의식의 확장, 자기인식의 심화, 의식초월의 획득에 집중한다. 소크라테스와 플라톤에게서 철학치료의 방법론은 다음과 같은 것이다. 즉 일상적 의식을 근본적으로 비판하고, 허위와 고정관념을 폭로하며, 의식을 고차적 의식으로, 다시 말해 이데아의 정상으로까지 고양시키는 것이다. 붓다는 고통의 극복과 열반의 경지에 대하여 가르쳤다. 의학적 치료가 의사와 환자의 이분법을 가정하는 반면, 철학하는 인간은 자신과의 대화에서와 마찬가지로 타인과의 대화에서도 항상 상담자인 동시에 내담자이다.

이러한 방법이 가지는 긍정적인 치료 효과는 고대 그리스와 마찬가지로 인도에서도 이미 알려져 있었다. 암시, 해석, 목욕요법, 몰입, 신체활동, 음악, 연극과 같은 방법들은 의식뿐만 아니라 무의식에도 영향을 끼쳤다. 이러한 방법들은 오늘날 무의식에 관한 더 폭넓은 연구와 치료, 나아가 의식초월로 향하는 계기를 심화시키는 토대가 되고 있다.

1. 해탈을 향한 네 단계: 붓다

"진정한 철학을 향한 노력은 불안하게 하고 고통스럽게 만드는
모든 욕망으로부터 우리를 자유롭게 한다."
— Epikur

붓다Buddha, 기원전 560-기원전 480는 종교 창시자, 신비주의자, 인도 전통의 이단자로 이해된다. 우리는 그를 고통을 치유하는 최초의 인도 심리치료사로 소개하려고 한다. 그는 자신이 경험한 것만을 가르쳤다. 그의 실천은 심리치료의 실천, 즉 자신의 심적 진행 과정과 의식의 내용을 깨닫고 변화시키는 것이다. 그의 치료 목적은 깨달음을 통한 고통으로부터의 해방이었다. 이는 2500년 후의 프로이트가 정신분석을 통해 추구했던 목적과 같은 것이다. 프로이트가 "**이드**id, Es가 있던 곳에 **자아**가 있어야 한다"고 말했다면, 붓다는 다음과 같이 가르쳤다. "**자아**가 있던 곳에 **열반**이 있어야 한다."

연습 당신은 붓다를 심리치료사로 소개하는 것에 대해 어떻게 생각하는가?

붓다의 생애와 환경

붓다가 살았던 시기의 인도는 작은 나라들이 해체되고 대국이 생겨나는 역사적 국면을 맞고 있었다. 따라서 그 시대의 삶은 불안정하였다. 도처에 실존적 불안이 지배하고 사람들은 모든 것을 상실하고 더 이상 아무것도 얻을 수 없을 것 같은 느낌을 가졌다. 많은 남자들은 가족을 떠나 해탈을 추구하며 방랑자와 은둔자로 살기 위해 밀림으로 들어갔다. 싯다르타 고타마 석가

모니(붓다의 본명)는 청년 시절을 지나면서 이미 모든 것의 무상함을 체험하였다. 사물의 무상함은 인간을 고통으로 인도한다. 그러나 초기의 이러한 경험은 고통으로부터의 해방이 있다는 사실을 그에게 가르쳐 주었다.

연습 당신은 고통으로부터 벗어나는 길을 생각할 수 있는가?

고타마는 29살에 가족을 떠나, 숲의 은둔자들과 함께 살았다. 그는 거의 아사 직전까지 이르는 고행을 6년 동안 수련하였다. 이후 그는 고행을 포기하고 명상적 자기치료를 통해 독자적인 심리치료의 기본 모델을 발견하였다. 이 기본 모델은 "네 개의 고귀한 진리"라고 불린다. 이 기본 모델에 기초하여 그는 40년 동안 제자들을 명상적 자기치료에 이르도록 훈련시켰다.

붓다의 치료 모델은 네 단계를 포함한다.

1. 이것이 고통이다.
2. 이것이 고통의 발생이다.
3. 이것이 고통의 극복이다.
4. 이것이 고통의 극복을 향한 길이다.

(Oldenberg 1881, 215)

붓다는 심리치료의 네 단계를 위한 분명한 결과를 발전시켰다.

1. 모든 고통의 근원은 나에게 있다.
2. 나는 세계에 매여 있음으로 인해 자신의 고통을 발전시킨다.
3. 세계로부터 벗어나는 것은 나는 물론 모든 사물의 무상함에 대한 인식을 통해 일어난다.
4. 고통을 극복하는 길은 도덕적이고 정신적인 자기통제와 함께 세계에 매여 있음을 극복하는 명상이다.

연습 당신의 주된 고통과 연결시켜 이러한 치료 모델을 적용해 보시오. 당신에게 "네 개의 고귀한 진리"가 구체적으로 무엇을 의미하는지 기술하시오. 다음과 같이 시작하는 문장을 쓰고 이 문장들을 채워 보시오.

1. 나의 고통은 … 이다.
2. 나의 고통의 발생은 … 이다.
3. 나의 고통의 극복은 … 이다.
4. 나의 고통을 극복하는 길은 … 이다.

자신의 치료를 통해 붓다는 많은 성공을 거두었다. 그의 치료상담은 항상 제자의 주관적 체험에 기초한다. 질병, 죽음, 사랑하는 이와의 이별과 같은 주관적 고통 경험으로부터 출발하여 고타마는 대화를 시작했고, 경청하는 자는 명상을 통해 자기치료와 고통으로부터의 해방을 위한 동기를 얻었다. 고타마는 붓다, 즉 깨달은 자로서 고통받는 자라면 그가 어떤 계층에 속해 있든지 그를 받아들였다. 그리고 그는 정신적인 권위를 가진 높을 사람들과도 함께 수련을 하였다. "죽음의 공포를 벗어나는 어떤 수단도 없다고 생각했던 한 브라만에게, 고타마는 올바르지 않은 견해과 의심증으로부터의 자유를 추구하는 것과 마찬가지로 무욕을 추구하고 악행을 피하고자 하는 것이 어떻게 죽음의 공포로부터 벗어나는 길인지를 설파하였다."(Zotz 1998, 57) 고타마는 열반의 단계로 의식을 발전시키기 위해 고통받는 자들을 새로운 것과 대면하도록 하고, 지금까지의 안정에 대해 그 근거를 스스로에게 묻도록 하는 목적을 가지고 대화를 이끌었다. 그는 치유를 받은 많은 무리에게 자신의 가르침을 세계 도처에 전파하도록 위임하였다. 붓다는 밀림에서 40년을 지내다 식중독에 걸려 80살에 죽었다.

붓다의 심리치료와 그 배경

고타마는 수련 과정 중에 **우파니샤드의 고통론**을 접하였다. 그 이론은 인간에게 근원적 존재, 즉 브라만으로 되돌아가 해탈할 수 있는 자아(아트만)가 있다는 것을 가르친다. 프로이트와 유사하게 인도의 학설도 인간이 겪는 고통의 근원을 분리불안에서 찾았다. 프로이트에게 있어 가장 먼저 불안을 불러일으키는 체험은 심리적 탄생, 즉 모태로부터의 분리인 반면, 인도 철학자에게 그 분리는 근원적인 일자一者로부터 모든 피조물이 개별화되는 것이다(Hoch 1982, 211).

고타마는 또한 **광범위하게 퍼져 있는 요가**에 대해 알고 있었다. 요가는 무의식적 느낌의 힘으로부터 정신을 해방시키는 것을 목적으로 한다. "정신분석이 있기 오래전부터 요가는 무의식의 중요한 역할을 제시하였다." (Eliade 1986, 52) 해방의 길은 요가에서 여덟 가지의 길[팔정도八正道]로 기술되었다. 그 방법 중에서 호흡훈련, 명상, 집중, 침잠이 큰 역할을 한다. 요가는 개인의 다양한 진화론적 전개를 근원으로 되돌리는 것, 다시 말해 개별자를 근원에 흡수시키려는 과제를 가졌다. 이에 따르면 요가 수련의 마지막 단계는 신적인 의식의 발전에 이르는 것이다.

붓다는 아트만 학설과 요가로부터 거리를 두었다. 치유의 노력 끝에는 어떤 신적인 의식이 고통받는 자들을 기다리는 것이 아니라, 오히려 모든 것이 같다는 의식과 그로부터 나오는 청명함이 기다리고 있다고 생각했기 때문이다.

연습 당신은 붓다의 길과 목적에 대비되는 요가의 길과 목적에서 어떠한 차이점들을 인식하는가?

당신은 스스로 어떤 길을 가기 원하며, 어떤 목적을 추구할 만한 가치가 있는 것으로 여기는가? 당신의 견해를 제시하시오.

붓다의 마음이론: 비아非我

붓다는 인간을 보면서 자아에 대해 말하지 않고, 오히려 다섯 가지 요소를 말하였다.

몸

느낌

생각

무의식적 형태들

의식

이 요소들의 집합이 인간을 형성한다. 모든 인간은 물론 아트만, 즉 자기 자신이 아니다. 인간에게 있어서 모든 것은 사라진다. 모든 인간이 감각을 가지지만 인간 자체가 감각은 아니다.

비아 사상은 유럽에도 널리 퍼져 있었다. 예를 들어, 불교학자인 올덴베르크 H. Oldenberg는 다음과 같이 기술한다. "우리는 내적 생명이 … 지속하는 자아와 관련을 맺고 있다는 그러한 생각으로부터 완전히 분리되어야 한다. 그러한 사유 방식은 불교와 근본적으로 대립된다."(Oldenberg 1881, 267 이하)

연습 당신은 자신의 자아를 어떻게 기술하는가?
당신의 자아는 지속하는가, 아니면 사라지는가?

그러므로 자아의 강화는 무의미한 시도이다. 왜냐하면 그것은 결코 성공하지 못하며 종국에는 죽음으로 인해 실패하기 때문이다.

연습 당신은 자기 자신과의 투쟁을 내려놓으려고 한번 생각해 볼 수 있는가?

"내가 있다"라는 상념은 붓다에게 있어 사고의 결과이다. 붓다는 자아의 모든 허상虛像을 파괴함으로써 모든 자아도취적 자만을 무력하게 만들고자 한다. 붓다에게 모든 심리적 상념은 자아 씨앗 없이는 이루어질 수 없다. 왜냐하면 자연적인 자아 시선은 아집으로, 결국 고통으로 이끌기 때문이다.

연습 어떤 고통이 당신 자신의 자아 시선[아견我見]을 통하여 생겨나는가?

자아가 몸, 감정, 지성과의 모든 동일시를 포기할 때, 마음은 더 잘 발전한다. 붓다는 마음속의 자기상을 자신과 동일시함으로써 생기는 고통, 예를 들어 80세의 사람이 20세의 속성을 가지지 못했다고 한탄하며 가질 수 있는 고통의 근원을 없애려고 한다. 불변하는 자아를 주장하려는 꿈을 피할 때, 마음에는 현재의 경험이 잘 드러난다.

자아가 사라지면 사라질수록 모든 사람은 현실적인 것을 더 잘 의식하게 된다. 그렇게 될 때 마음은 자발적으로 행동한다. 왜냐하면 마음은 자아를 의식한 행동을 포기할 수 있고, 자아의 멍에로부터 벗어날 수 있기 때문이다.

유럽적 사고에서는 대개 생각이 먼저 생겨나고 그 다음에 사고가 그것을 파악할 수 있다. 붓다에게는 생각이 감각인상과 동시에 일어난다. 감각인상이 약화되고 사고가 비워질 때, 모든 사고는 고요해질 수 있다.

붓다는 세계와 마음 안에 있는 악을 '마라Mara', 즉 죽음이라 부른다. 왜냐하면 세계의 가장 내적인 본질은 내적이고 외적인 악 속에 있는 세계가 죽음에 처해 있다는 것을 보여 주기 때문이다. 마라, 즉 악은 영원하지 않지만, 세계의 순환 속에서 항상 다시 돌아온다.

고통

붓다는 자아도취, 자아집착, 자아 과장, 자아 위축을 정신병의 중심 주제로 삼았다. 정신이 병든다는 것은 그가 고통스러워하고 있다는 사실에서 드러난다.

무엇이 고통으로 나타나는가?

1. 유년기, 청소년기, 그리고 인생의 유한성과 무상성
2. 고통, 우울, 공허와 같이 통제할 수 없는 느낌들
3. 채워질 수 없는 갈망
4. 육체의 질병과 노화, 지적 능력의 쇠퇴

고통은 출생과 함께 이미 시작한다. 청춘과 건강은 빨리 지나간다. 노화와 함께 고통은 보다 더 분명하게 나타난다. 고통은 죽어가면서 상승하며 죽음에서 승리한다.

연습 당신은 자신의 고통을 인식하는가? 당신은 자신의 고통이 어디에서 오는지 아는가?

고통의 순환

> 고통은 쾌락이 발생하는 대상에 대한 감각적 접촉으로 시작한다. 쾌락은 반복을 원하고 갈증을 불러일으킨다. 이러한 갈증은 일상에서 병적 행동으로 이어진다.

모든 병적인 만족감은 갈증과 고통을 고조시키고, 결국에는 완전히 그릇된 의식으로, 즉 세계의 본질에 대한 전적인 오해로 인도한다.

이러한 혼란의 순환은 붓다에게서 연기Nidana라는 열두 가지 고리의 사슬로 제시된다.

이러한 고통의 순환 사슬은 다음과 같다.
무지에 의존하여 형태가 생겨나고,

형태에 의존하여 의식이 생겨나고,
의식에 의존하여 이름과 형식이 생겨나고,
이름과 형식에 의존하여 감각의 여섯 가지 영역이 생겨나고,
감각접촉의 여섯 가지 영역에 의존하여 지각이 생겨나고,
지각에 의존하여 갈망이 생겨나고,
갈망에 의존하여 집착이 생겨나고,
집착에 의존하여 생성이 생겨나고,
생성에 의존하여 탄생이 생겨나고,
탄생에 의존하여 노화와 죽음이 생겨난다.
이로써 수많은 고통이 생겨난다.
(Buddha Reden 1961, 13)

이 순환은 인간이 고통으로 가득한 세계에서 어떻게 사회적 관계를 맺으며 살고 있는지를 보여 준다. 이러한 사회적 관계에서는 언어와 현실의 상호관계가 중심적인 역할을 수행한다. 인간의 일상적 의식은 불교에서 거짓된 의식으로서 해석된다. 왜냐하면 거짓된 의식은 고통의 결정적 조건이기 때문이다.

이러한 거짓된 의식은 고통을 증가시키는 다음과 같은 측면을 가진다.

1. **잘못된 경험적 행위:** 우리가 이 세계에서 기대하는 행복은 실제로 주어진 모든 것을 넘어선다. 우리는 헛된 희망들 사이에서 동요하거나 깊은 절망에 빠진다. 우리는 사물들을 지배하는 힘을 가졌다고 생각하지만 그 사물들이 점차 우리의 손아귀에서 빠져나간다는 것을 금방 경험한다.
2. **잘못된 이론적 행위:** 대상들은 자주 완전히 고정되어 변하지 않는 것처럼 보인다. 우리는 사물들의 시작도 끝도 보지 못한다. 우리는 자연철학을 통해서도 사물들의 생성과 소멸을 파악할 수 없다. 사물들의 생성과 소멸

은 우리의 인식능력 밖에 놓여 있다.

3. **순전한 망상:** 충동을 일으키는 것은 자주 매력이 있는 것으로 여겨진다. 우리의 본능은 빛 속에서 세계를 묘사한다. 그것은 잠시 피어나는 상상력을 통해 생겨난 것일 뿐이다. 특히 자아는 자신의 중요성, 소유, 기능, 지속을 부단히 과대평가한다. 자아는 "여호와 콤플렉스"를 발전시키고, 그 다음으로 자신을 신, 즉 죽지 않는 자로 간주하거나 "예수 콤플렉스"에 빠져 전 세계를 구원할 수 있다고 믿게 한다. 이러한 콤플렉스는 많은 정신병원에서 자주 일어난다(Conze 1990, 41 참조).

연습 전도된 세계관의 흔적을 쫓는 당신의 의식을 점검하시오. 당신은 행복을 믿는가? 당신은 사물의 무상함을 보는가? 당신은 자신의 자아를 과대평가하는가?

의식은 지각과 이성의 자극에 감응하는 반성의 흐름이고, 그 자체로는 인성의 경험적인 요소, 즉 관찰할 수 있는 요소이다(Schlieter 1997, 56). 의식은 언어로 구별되는 세계에 의존한다. 세계는 모든 감각을 통해 들어오고, 행위를 일으키며, 항상 고통으로 이끈다.

불교철학의 전체 역사는 단순하면서도 동시에 가장 어려운 사상, 즉 고통의 발생과 지양에 관한 사상의 발전 이외에 다른 것이 아니다.

고통의 해탈

붓다에게 있어 모든 정신병의 치료는 **참된 의식의 전개**를 통해서 일어난다.

참된 의식은 모든 것을 덧없이 여긴다. 참된 의식은 모든 잘못된 경험적 행위를 바로잡는다. 참된 의식은 모든 사물들과 자아의 불변성에 관한 철학을 전개하는 것이 아니라, 오히려 그 모든 것이 발생한 직후에 해체시킨다. 참된 의식은 자아의 모든 망상에 대하여, 그리고 여호와 콤플렉스 및 예수 콤플렉스에 대하여 비판적인 태도를 취한다. 세계는 신에 의해서도, 절대적 실체에 의해서도, 창조적인 자연의 근거에 의해서도 존재하지 않는다. 붓다에게 세계는 단순하게 사실적으로 거기에 있다.

연습 당신은 완전히 반형이상학적 관점에서 바라본 세계의 순수한 사실에 만족할 수 있는가?

세계에는 영원한 생성과 "지배적인 인과의 세계법칙"만이 있다(Oldenburg 1881, 257). 이러한 세계의 시작 또는 끝은 인식될 수 없다. 마음의 치유는 인식이 영원한 생성으로부터 벗어나 열반Nirwana으로 들어감으로써 구제되는 것이다.

연습 당신은 자신의 일상적인 의식이 치유되고 교정될 수 있다고 생각하는가?

치유받은 자는 무지를 바로잡고, 사물들과 연관된 욕망의 집착으로부터 자유로워진다. 무지를 극복한 사람은 더 이상 내세를 필요로 하지 않는다. 여전히 외적인 삶에서 고통의 세계 안에 사로잡혀 있다고 할지라도 이제 사물의 오고 감에 의해서 영향을 받는 자가 아니라는 것을 그는 알고 있다. 치유받은 자는 이중적 의식을 가진다. 그는 일상적인 의식에서 고통을 받지만 자신의 고차적인 의식에서 고통으로부터 벗어난다. 고차적인 의식에서 존재하는 것이 열반이다. 깨달은 자는 다음의 사실을 아는 것이다. "제자들이여, 대양이 **하나의** 맛, 즉 소금의 맛으로 가득 차 있듯이 이 설법도 단지 하나의 맛, 즉 해탈의 맛으로 가득 차 있다."(같은 책, 272)

연습 눈을 감으시오. 해탈의 느낌에 몰입해 보려 시도하시오. 당신의 해탈은 어떤 맛을 추구하는가?

열반 사상은 후대의 철학적 심리치료에 다음과 같이 적용되었다.

아르투르 쇼펜하우어는 열반의 개념을 통해 제한된 개별성으로부터 벗어나려는 사상을 표현하였다.

열반은 현세 속에 있는 내세가 아니라 일상 속에 있는 고차적 의식이다. 그것은 의식의 변형이며, 거짓된 의식이 가진 힘을 중단시키는 것이다. 열반 속에 있는 사람은 다음과 같이 말할 수 있다. "사람은 항상 이미 그것으로 있는바 그것이다."(F. 니체)

또는 "나의 사고의 장난감으로 존재하는 곳에 나는 존재하지 않고, 내가 사고한다는 것을 사고하고 있지 않는 그곳에서 나는 내가 존재한다는 것을 사고한다."(J. 라깡)

또는 "열반에 이른 자는 더 이상 관찰될 수 없다. 왜냐하면 그는 자기 스스로를 더 이상 관찰하지 않기 때문이다."(N. 루만)

붓다는 열반을 다음의 문장으로 정식화하였다. "제자들이여, 태어나지 않은 것, 생성되지 않은 것, 창조되지 않은 것, 형성되지 않은 것이 있다. 제자들이여, 만일 그러한 것이 없다면, 탄생, 생성, 창조, 형성의 세계로부터 벗어날 수 있는 길도 없을 것이다."(같은 책, 289)

연습 열반에 관한 당신의 정식을 지금 적어 보시오. "열반은 나에게 … 이다."

마음치료의 철학적 방법들

붓다에게 치유는 고통의 세계에서 중심 주제가 된다. 고통은 "통찰을 통해, 절제를 통해, 올바른 사용을 통해, 인내를 통해, 회피를 통해, 제거를 통해, 돌봄을 통해 없앨 수 있다."(Buddhas Reden 1961, 17)

붓다의 마음치료의 방법은 여덟 가지의 길로 제시된다.		
1. 바른 믿음	4. 바른 행동	7. 바른 생각
2. 바른 결심	5. 바른 삶	8. 바른 자기 침잠[삼매三昧]
3. 바른 말	6. 바른 노력	

특히 마지막 두 관점, 즉 바른 생각과 침잠이 중요하다. 붓다는 이 과제를 수행하기 위한 연습에 필요한 네 가지 방법을 말하였다.

바른 생각과 침잠을 수행하기 위한 네 가지 방법

1. **관찰하는 기술:** 수행자는 땅, 물, 불, 바람, 붓다, 설법, 그리고 자신의 육체를 본다.

연습 눈을 감으시오. 먼저 땅을, 그다음에 물, 불, 바람, 붓다, 설법, 그리고 자신의 육체를 보시오. 그때마다 보았던 것을 짧은 보고서로 기술하시오.

2. **사색하는 기술:** 수행자는 사랑의 감정, 연민의 감정, 기쁨의 감정, 초연함의 감정을 일깨우고, 그것들을 모든 방향으로 발산시킨다.

연습 우선 사랑의 감정을 일깨우고 그것을 모든 방향으로 보내시오. 연민의 감정, 기쁨의 감정, 초연함의 감정을 가지고 수행을 반복하시오. 당신에게 가장 쉬운 것은 무엇이며, 가장 어려운 것은 무엇인가?

3. **깨달음의 기술:** 조절된 들숨과 날숨을 통해, 외부의 자극으로부터 감각기관의 해방을 통해, 몸과 정신에 대한 집중된 관찰을 통해 격정은 약화된다.

연습 눈을 감고, 깊고 편안하게 숨을 들이쉬고 내쉬시오. 이제 당신의 마음 안의 움직임들을 관찰하고 그것을 기술하시오.

4. **집중하며 명상하는 기술:** 수행자는 고요함을 체험한다. 그는 자신을 한 점에 집중시킨다. 그는 완전한 초연함에 이르기까지 고요함을 심화시킨다. 그는 자아의 저편에서 의식과 무의식 밖에 있는 초의식의 영역에 도달할 때까지 모든 상념을 넘어선다.

연습 자발적인 훈련을 통해 완전한 고요함의 경험을 발전시키고 그것에 대해 기술하시오.

위에 언급한 이러한 기술들의 다양성은 주로 요가에서 유래한 것이다. 붓다는 깨달음을 추구하던 두 선생에게서 요가를 배웠다. 이 기술들은 의식구조를 명료하게 변화시키고, 일상적 의식으로부터 분리시키며, 고차적 의식을 개방시킨다.

치유의 사례

붓다의 설법은 마음의 치유에 관한 많은 이야기를 전해 주고 있다. 붓다는 제자들로 하여금 자기해탈에 이르는 여덟 가지의 길[팔정도八正道]을 가도록 동기를 부여함으로써 다양한 정신적 장애에 도움이 되었다.

개가 된 것처럼 느끼고 생각하며 개처럼 사는 한 고행자가 겪고 있는 **강박신경증**의 사례에 대해 붓다는 다음과 같이 말하였다. "만일 어떤 이가 개같이 살고 개 같은 행실을 받아들이고 생각하고 처신한다면, 그는 죽은 후에 개로 다시 나타날 것이다. 만약 그가 개와 같은 삶으로 신이 되리라 믿는다면, 그는 잘못하고 있는 것이다."(같은 책, 183) 붓다는 이렇게 신경증적 허구들을 분쇄하였다. 그 고행자는 개같이 살던 삶을 중단하고 자기해탈에 진력할 수 있었다.

연습 당신은 특정한 목적을 달성하기 위해 속임수를 사용한 적이 있는가? 그러한 목적에 도달했는가? 그런 속임수를 사용하지 않고도 목적에 도달할 수 있지 않았을까?

형이상학적 사변을 잘못 실천하고 있는 한 성직자를 비판하면서 붓다는 그에게 문제가 되는 **신경증을 일으키는 형이상학적 사유**를 분쇄하였다. "세계가 영원하다는 견해가 옳을지도 모르나 그것으로써 순수한 변화를 만들어 낼 수는 없다. … 어떤 경우에도 탄생, 늙음, 죽음, 고뇌, 비탄, 고통, 절망은 있다. 이에 대한 극복을 나는 이미 이 생에서 가르친다."(같은 책, 193) 그 성직자는 기꺼이 자기해탈에 대한 붓다의 가르침을 받아들였다.

연습 당신은 사고강박증을 극복하기 위해 무엇을 하는가?

나와 세계를 둘러싼 **거대한 교설들**이 한 탁발승을 괴롭혔다. 붓다는 치료를 위한 대화에서 그에게 다음과 같이 말하였다. "이 모든 교설들은 덤불, 황무지, 교설의 조합, 교설들 간의 싸움질이며, 이러한 교설들은 패악, 괴롭힘, 혼란, 조급한 불안과 연결되어 있다. 그리고 이 교설들은 놓아줌, 냉정, 그침, 고요함, 높은 앎, 깨어남, 열반으로 인도하지 않는다."(같은 책, 204) 탁발승은 이에 대해 확신하고 여덟 가지의 길을 선택하였다.

연습 당신도 거대한 교설을 만드는 경향이 있는가? 당신에게 붓다의 치료설법이 도움을 줄 수 있는가?

붓다는 **우울증**으로 괴로워하던 탁발승을 치료하였다. 이 탁발승이 말했다. "모든 것이 맘에 들지 않습니다." 붓다는 이 말에 대해 모든 사람이 반대하는 말을 할 것이고, 그로 인해 그는 세계에 관해 더 넓은 견해들과 끝없이 싸워야 하며, 결국 그에게 모든 것은 더욱더 위로가 되지 않을 것이라는 사실을 알고 있었다. 그 때문에 붓다는 다음과 같이 조언하였다. "정신이 자유로운 승려는 어떤 것에도 찬성하지 않고, 어떤 것에도 반대하지 않으며, 세상에서 이야기된 것에 그는 마음을 쏟지 않는다."(같은 책, 209) 탁발승은 세상에 관한 일반적인 말들이 그를 우울하게 만들 뿐, 자신에게 도움이 되지 않는다는 것을 깨달았다. 그는 스스로 확신하고 그때부터 열반 의식을 향하여 정진하였다.

연습 당신도 자주 탁발승처럼 우울한 생각을 하는가? 이런 생각이 들면 다음의 문장을 붓다를 따라서 말해 보시오.

"내 정신은 자유롭고,
나는 어떤 것에도 찬성하지 않으며,
어떤 것에도 반대하지 않는다.
그리고 세상에서 이야기 된 것에,
나는 마음을 쏟지 않는다."

당신은 자신의 감정에 변화를 느끼는가?

붓다는 사람을 때려 죽인 **살인범**에게 도움을 주었다. 붓다는 그 살인범에게 초연한 자는 고요함 속에서 살지만 살인범은 보복과 살인에 대한 지속적인 불안 속에서 산다는 것을 가르쳐 주었다. 이 가르침은 살인범에게 깨달음을 주었으며, 그 역시 자기해탈에 이르는 여덟 가지의 길을 수행하는 승려가

되었다(같은 책, 228).

연습 당신은 살인범과 어떻게 대화하겠는가?

붓다는 **사랑으로 인해 고뇌하는 사람들**에게 조언하였다. "사람이 애정을 품는 것으로부터 고뇌, 비탄, 원망, 고통, 절망이 생겨난다. 이것들은 애착의 결과이다. 사람들은 이 애착을 직관적으로 깨달을 수 있어야 한다."(같은 책, 223) 연인을 상실한 슬픔은 삶의 고통을 점점 더 증가시킨다. 이에 대한 해결도 여덟 가지의 길에 있는 놓아줌에서 이루어질 수 있다.

연습 당신은 애착의 결과가 무엇인지 아는가? 당신은 언제부터 "놓아줌"을 권하겠는가?

현대 심리치료에서 붓다의 의의

20세기에 들어와 심리치료사들 사이에서 붓다의 치유방법으로 매우 중요시되었던 명상에 대한 관심이 상당히 높아졌다. 여기에는 그럴 만한 충분한 이유가 있다. 경험적 연구들은 명상이 심신상관적 장애 및 심리적 장애에 좋은 치유결과를 가져다줄 수 있다는 사실을 증명하였다(Grawe 1994, 736). 칼 하피히Karl Happich의 그림명상, 칼 구스타프 융C. G. Jung의 적극적 상상, 에리히 프롬Erich Fromm, 프리츠 펄스Fritz Perls, 힐라리온 페졸트Hilarion Petzold, 켄 윌버Ken Wilber, 찰스 타르트Charles Tart, 그리고 모든 초개인적 심리치료(스타니슬라프 고르프Stanislav Gorf와 뒤르크하임Dürkheim의 주도적 치료initiatische Therapie로부터 스타니슬라프 그로프의 홀로트로픽 테라피holotropische Therapie를 거쳐 로베르토 아싸지올리Roberto Assagioli의 정신통합 이론에 이르기까지)에서 명상이 중요한 역할을 수행한다는 사실은 놀랄 만한 일이 아니다.

붓다는 현대 심리치료에서 아주 중요한 인물이다. 정신분석학자 마크 엡슈타인Mark Epstein은 자신의 저서 『사상가 없는 사상』에서 다음과 같이 기술한다. “불교는 … 심층심리학이다. 붓다는 최초의 정신분석학자였다.” (Epstein 2002, 21)

마지막 연습 붓다의 어떤 사상이 당신의 고통을 감소시키고 치유하였는가? 그렇지 않은 것도 있는가?

◎ 참고문헌

Buddhas Reden [붓다의 교설]. Reinbek 1961.

Bitter, W. (Hrsg.): *Abendländische Therapie und östliche Weisheit* [서양의 치료와 동양의 지혜]. Stuttgart 1968.
Boss, M.: *Indienfahrt eines Psychiaters* [한 정신의학자의 인도여행]. Pfullingen 1959.
Conze, E.: *Buddhistisches Denken* [불교사상]. Frankfurt 1990.
Eliade, M.: *Yoga* [요가]. Frankfurt 1996.
Epstein, M.: *Gedanken ohne den Denker. Das Wechselspiel von Buddhismus und Psychotherapie* [사상가 없는 사상. 불교와 심리치료의 상호작용]. Frankfurt 2002.
Fromm, E.: *Psychoanalyse und ZEN-Buddhismus* [정신분석과 선불교]. Frankfurt 1992.
Goldstein, J., Kornfield, J.: *Einsicht durch Meditation* [명상을 통한 통찰]. Bern 1991.
Hoch, E.: *Altindische Philosophie, indische Religion und Psychotherapie* [고대 인도철학, 인도종교 그리고 심리치료]. München 1995.
Kornfield, J.: *Frag den Buddha und geh den Weg des Herzens* [붓다에게 묻고 마음의 길을 가라]. München 1995.
Oldenberg, H.: *Buddha* [붓다]. Stuttgart 1881.
Schlieter, J.: *Buddhismus* [불교사상]. Hamburg 1997.
Schumann, H.W.: *Der historische Budda* [역사적 붓다]. München 1999.
Thomas, K.: “Methoden im Grenzbereich zwischen Psychotherapie und religiöser Erfahrung” [심리치료와 종교적 경험 사이의 경계영역에 있는 방법들]. In: Condrau, G.: *Psychologie der Kultur* [문화 심리학]. Bd. 1, 362-370, Weinheim 1982.
Watts, A.: *Psychotherapie und östliche Befreiungswege* [심리치료와 동양적인 해방의 길]. München 1961.
Zotz, V.: *Geschichte der buddhistischen Philosophie* [불교철학의 역사]. Reinbek 1996
Zotz, V.: *Buddha* [붓다]. Reinbek 1998.
Zotz, V.: *Mit Buddha das Leben meistern* [붓다와 함께 삶을 깨달음]. Reinbek 1999.

2. 이데아를 통한 치유: 플라톤

"우리는 영혼의 고통을 몰아내지 않는 철학을 필요로 하지 않는다."
— Epikur

플라톤Platon, 기원전 427-기원전 347은 이데아를 통한 고통의 구원을 발견한다.

플라톤의 심리치료와 시대적 상황

기원전 427년 플라톤이 태어났을 때, 아테네와 스파르타 사이에는 30년간의 전쟁이 일어났다. 이로 인해 아테네의 민주정치는 파괴되었다. 고대 그리스 시대는 종점을 향해 달리고 있었다. 기원전 347년 플라톤이 죽었을 때 마케도니아의 그리스 지배는 지속되었고, 헬레니즘 시대의 시작은 멀지 않았다.

플라톤의 사상은 격변과 혼돈 시대의 산물이다. 플라톤이 15살이 되었을 때 그리스의 함대가 시라쿠스Syrakus 항구에서 완전히 섬멸되었다. 404년 스파르타는 아테네를 정복하였고 30명의 참주들에 의한 공포정치가 시작되었다. 399년 플라톤의 스승 소크라테스는 재판에서 사형 선고를 받고 죽임을 당하였다. 플라톤은 정치를 경멸하였지만 철학이 전환기에 놓여 있는 세계를 어떻게 변화시킬 수 있는지에 대해 계속 생각하였다. 그 때문에 그는 시라쿠스에서 정의로운 국가의 건설을 위한 시험을 해 보았지만 모두 실패하였다. 이때 플라톤은 항상 격변하는 사회의 심리학적 원인에 대한 분석을 시도하였다. 병든 사회를 건강하게 하기 위한 플라톤의 노력은 스파르타의 모범, 소크라테스 이전 철학자와 소크라테스의 철학을 기초로 삼고 있다.

플라톤은 자신의 심리치료에서 인간이 덧없는 세계에서 영원한 영혼을 얻을 수 있다는 희망을 제시한다. 피타고라스의 영혼윤회설 또는 구원자 오르페우스의 교리와 같은 새로운 철학적 신비 종교들은 자연스럽게 플라톤의 심리치료에 영향을 미쳤다. 마침내 플라톤은 정신적 치유와 심리적 치유를 신적 사상으로의 고양에서 찾았다. 그에게 있어 광기는 덧없는 세계로 인한 영혼의 상실로부터 생겨난다. 또한 신성에 이르는 길은 플라톤에게 히포크라테스의 의학이 보여 준 하나의 길이기도 했다. 위대한 고대 의사 히포크라테스는 육체와 영혼이 연결되어 있고, 영혼에 대한 작용이 정신을 치유할 수 있다는 것을 인식하였다.

결국 플라톤은 영혼을 우주의 영원히 살아 있는 불의 부분으로 여긴 헤라클레이토스를 계승하고 있다. 여기에서 그는 철학적 영혼은 신적 진리에서 자신을 발전시킬 수 있다는 사실을 확인한다. 또한 플라톤 사상에서 나타나는 감각 세계로부터 인간의 해방과 일자一者로의 정위定位는 결국 파르메니데스에게로도 소급된다.

플라톤의 심리치료와 그의 스승 소크라테스

소크라테스가 없었다면 철학적 심리치료도 없었을 것이다. 소크라테스는 영혼의 안내자로서 영혼이 외적인 세계에서 벗어나 자기인식과 이데아의 경험을 위한 내적인 세계에 도달할 수 있도록 인도하였다. 소크라테스는 아테네 시장에서 사람들과 함께 근본적인 물음을 묻는 실천을 수행하였다. "사람들은 소크라테스를 기원전 5세기 철학의 맥락에서 혹은 소크라테스 이전 시대와의 대립에서 보기보다는 아테네 광장의 심리치료사로서 이해해야 한다."(Lang 1978, 2) 돈이 흐르는 곳에 이데아도 흐른다. 소크라테스는 심리치료의 진료를 위해 아고라에서 제우스 엘레우테리오스의 주랑柱廊, 학교, 이발소, 구두점, 향료 가게, 마구점과 같은 장소를 선호하였다. 나아가 그는 민가에서도 심리치료를 실천하였다. 소크라테스는 아크로폴리스의 언덕에 있는 감옥에서 독배를 마시고 죽었다(같은 책, 28-31 참조).

플라톤은 아고라에서 소크라테스의 제자가 되었고, 계속해서 소크라테스의 심리치료를 철학치료로 발전시켰으며 문서화하였다. 그의 철학치료는 초의식뿐만 아니라 무의식까지도 치료 과정에서 이미 고려하고 있었다. 또한 플라톤은 자신의 대화록에서 그러한 치료 과정을 모방한다.

플라톤의 심리치료는 다음과 같은 특징이 있다.

1. 플라톤의 심리치료는 이론적 토대를 가지고 있으며, 영혼론, 질병론, 치료이론을 가진다.
2. 플라톤의 심리치료는 개인으로 향해 있지만, 사회로도 향해 있다.
3. 플라톤의 심리치료는 영혼 전체를 포괄한다. 즉 이데아 인식의 초의식, 자아의 용기와 의지력, 무의식의 욕망을 포괄한다. 영혼의 이성적인 부분은 이데아를 추구하고, 비이성적인 부분은 세상의 욕망과 명예를 추구한다. 플라톤은 선천적 재능, 출생 전의 인식, 출생 후의 변형, 죽음 이후 영혼의 실존에 대해 이미 알고 있었다.
4. 플라톤은 영혼론을 우주론과 연결시킨다. 그는 육체의 무덤 안으로 몰락한 영혼이 육체로부터 정화되는 해방을 수행하고, 이데아의 영역으로 고양되어 세계영혼으로 되돌아갈 수 있다는 것을 알았다.
5. 플라톤의 심리치료는 즉각적인 치료가 아니라 평생의 배움이다. 그것은 아주 힘들고, 계속되는 훈련과 회의에 대한 인내를 필요로 한다. 그러나 심리치료는 자기인식, 무의식의 경험과 숙달, 이데아로의 고양을 통해 습득될 수 있다.
6. 플라톤의 심리치료는 자기치료를 목표로 하는 특수한 훈련들을 발전시켰다.

(플라톤의 치료방법들에 대해서는 다음의 책을 참조할 것. Hadot, 1954)

연습 1. 당신의 영혼을 병들게 하는 것은 무엇인가? 당신을 건강하게 만드는 것은 무엇인가?

2. 개인은 사회를 통해서, 그리고 사회는 개인을 통해서 얼마나 영향을 받는가?
3. 당신의 이데아 인식, 자기인식이 무의식과 벌이는 투쟁에 대해 기술하시오.
   출생 전의 경험과 죽음 이후 삶의 기회에 대한 인식을 통해 당신은 무엇을 얻는가?
4. 당신은 자신의 영혼이 세계영혼 및 그것의 운명과 연결되어 있다고 느끼는가?
5. 당신은 평생의 자기치료에 대해 어떻게 생각하는가?
6. 당신은 자신의 철학적 자기인식을 위해 어떤 세팅—자기대화, 타인과의 대화, 자기치료 모임에서의 타인과의 대화—을 필요로 하는가?

플라톤은 26개 중 9개의 대화록에서 자신의 심리치료에 대해 기록하고 있다. 이러한 심리치료의 근본이념을 우리는 아래에서 체계적으로 보여 줄 것이다.

플라톤의 영혼

플라톤은 인간 영혼의 전체성, 인간 영혼의 이분화, 마지막으로 인간 영혼의 삼분화에 대해 인식한다. 플라톤은 초자아, 자아, 원욕이라는 프로이트의 모형과 유사점을 지닌 삼층 모델을 제시하고 있지만 사실상 프로이트를 넘어서고 있다. 플라톤은 근본적으로 영혼을 하나의 전체로서 이해한다. 또한 그는 영혼 안에서 이성과 비이성이 싸운다는 것을 알았다. 『국가』에서 그는 영혼을 이성, 용기, 욕구 또는 쾌락으로 보았다(Platon, *Politeia*, 439d 5-8, 440 b3, 440 e5). 플라톤은 이성을 뇌에, 용기를 가슴에, 욕망을 간에 귀속시켰다.

플라톤은 삼분화로 심리치료의 근본토대를 제시하였다. 욕망은 육체 속에 자리 잡고 있고, 이성은 이데아를 인식함으로써 초의식에 이른다. 이와 함께 플라톤은 근대보다 훨씬 이전에 무의식을 파악하였고, 20세기의 초개인적 심리치료에서 비로소 알려진 초의식을 이미 인식하고 있었다.

연습 당신은 자신의 삼분화된 영혼, 즉 무의식, 자아, 초의식에 대해 한번 기술해 보시오. 이때 영혼의 각 부분은 무엇을 하는가? 다음의 표에 자신의 생각을 쓰시오.

나의 무의식	나의 자아	나의 초자아
예를 들면, 호흡한다.	예를 들면, 결단한다.	예를 들면, 이데아를 인식한다.

플라톤에서 육체의 고통

또한 플라톤은 그의 영혼론의 기초에서 **정신병의 이론**을 발전시킬 수 있었다. 플라톤은 다음과 같은 가설을 세운다.

1. 정신병은 육체에 영혼이 고착되는 것이고, 시간적 쾌락과 욕망 아래에 복종하는 것이다.
2. 영혼에는 질서가 있다. 이 질서가 지켜지면 건강이 유지되고, 이 질서가 무너지면 고통이 발생한다.
3. 정신병은 꿈의 결과이다. 이 꿈은 일생 동안 나타날 수 있으며, 영혼의 발전을 방해한다.
4. 고통은 일생 동안 배우는 과정을 단절시킨다. 안일, 태만, 정신적 침체는 영혼의 이성적 부분들을 약화시키고 충동이 영혼을 지배하게 한다.
5. 체액에 대한 고대의 이론을 따르면 정신병은 체액들의 잘못된 혼합에서 비롯한다. "그러나 가장 심각한 것은 무엇보다도 골수가 병에 걸렸을 때이다. 골수는 죽음을 초래하는 가장 심각한 병을 산출한다."(Platon, *Timaios*, 84 c4-6)

연습 당신은 정신병의 발생에 대해 어떤 이론을 옹호하는가?

플라톤에 의하면 다양한 원인으로부터 다양한 정신병이 생겨난다.

- 예를 들어, 플라톤은 **색정증**에 대해 언급한다. 이 광기는 사랑에 빠진 사람이 자신의 지성을 더 이상 사용할 수 없게 되고, 그의 육체가 바라는 것의 희생물이 되었을 때 발생한다.
- 플라톤은 **우울증**에 대해 알고 있었다. 우울증은 "육체에 대한 과도한 염려"에서 발생한다. "왜냐하면 이 염려는 질병처럼 육체로 인한 어려움이 결코 멈추지 않는다고 믿게 만들기 때문이다."(Platon, *Politeia*, 407 b4-c6)
- 플라톤은 **자아도취적 과대망상**에 대해 알고 있었다. 이것은 지혜롭다고 믿지만 결코 그렇지 않은 사람에게 덮치는 것이다.
- 플라톤에 따르면 **속물적 광기**는 욕망이 용기를 약화시키고, 이성을 아주 약하게 만들어 삶 전체가 혼란스러워졌을 때 발생한다.
- 플라톤은 **간질병**이 해로운 물질의 영향으로 발생하는 것임을 확실하게 알고 있었다.

연습 당신은 자신의 고통을 심리적 심급의 잘못된 관계로부터 설명할 수 있는가?

플라톤은 모든 정신적 질병의 중심에 **죽음의 불안**이 있다는 것을 알았다. 이 불안은 육체에 집착하는 삶을 살게 하고, 그로 인해 결국 파멸하게 만든다.

이데아를 통한 고통의 치유

플라톤에 따르면 영혼은 **에로스**라고 불리는 고유한 능력을 가진다. 이 영혼의 능력이 육체가 살아가는 것을 가능하게 한다. 죽음은 육체가 영혼으로부터 분리되는 것을 의미하지만 이때에도 영혼의 힘은 파괴할 수 없다. 영혼은 용기가 욕망과 연결될 때는 퇴행하고, 용기가 이성과 협력할 때는 전진한다. 이미 분노와 격분은 영혼의 평형을 깨고 병들게 만든다. 이뿐만 아니라 사회도 영혼에 영향을 끼친다. "다양한 국가의 형태가 있는 만큼 다양한 영혼의 형태가 있을 수 있다."(Platon, *Politeia*, 44 c9-10)

민주제, 과두제 또는 참주제가 있다면 민주적, 과두적 또는 참주적 영혼이나 사회의 성격이 존재한다.

연습 당신은 어떤 사회의 성격을 상위의 것 또는 하위의 것으로 분류하는가? 그 이유를 설명하시오.

그러나 영혼의 에로스는 이성을 한 단계 더 넘어서는 힘이다. 그 때문에 플라톤은 영혼이 추구하는 목표로서 초이성적인 것과 초개인적인 것을 인정한다. 에로스는 영혼을 "신적 광기"로 옮길 수 있다. 플라톤에게 이 광기는 항상 부정적인 것은 아니다. 왜냐하면 "이러한 신적 광기로부터 인간에게 최고선이 생겨난다."(Platon, *Phaidros*, 245 b8-c1) 에로스에 매혹된 영혼은 감각적 미를 통해 심하게 흔들리면서도 모든 욕구와 갈망을 넘어서 고양된다. 광기와 광란은 영혼이 이데아로 향할 경우에 열광과 감격을 불러일으키는 것만이 아니라 거기에 진입하도록 한다.

연습 당신은 탈자적 자기초월의 상태를 아는가?

"신적 광기"는 인간의 고차적인 이성의 능력을 가지고는 할 수 없는 것을 넘어선 힘을 부여한다. 그러나 신적 열광을 불러일으키는 이데아로의 고양은 철학함을 통해 지원될 수 있다. 철학하는 자는 자신의 사유를 정치가 아니라 세상과 만유 전체로 향하도록 해야 한다. 이러한 철학함은 신과 닮도록 만든다. 그러나 이처럼 신을 닮는다는 것은 통찰력을 통해 올바로 수행되어야 한다. "동굴의 비유"에서 플라톤은 하위에 있는 영혼을 위한 근본적인 치유, 즉 "신적인 영역으로 영혼을 고양시키는 것으로서 위로 올라감과 위에 있는 것에 대한 봄"에 대해 기술한다(Platon, *Politeia*, 517 b4-5). 영혼은 신적인 것, 즉 진, 선, 미의 이데아에 관한 앎에 도달함으로써 자유로워지고 치유되며 건강해지고, 무상한 세계의 신으로 있는 죽음의 지배로부터 벗어날 수 있다. "신적인 선의 이데아가 플라톤의 철학치료적 노력의 출발점과 종착점이 아니라면 플라톤의 심리치료는 어떤 의미를 가지겠는가? 플라톤은 신적인 것의 경험 안에서 영혼의 자기치료에 도달할 수 있는 가능성을 본다."(Thome 1995, 13)

플라톤에게 있어 **자기인식**은 이데아에 대한 인식의 한 부분으로 여겨진다. 예를 들어, 하위 영혼의 부분들과 함께하는 자기대화가 자기인식에 속한다.

연습 자신의 욕망과 대화를 한번 시도해 보시오. 그것이 가진 힘을 탐구해 보시오.

자기인식에는 사람들이 아는 것과 알지 못하는 것에 대한 통찰이 포함된다. 나아가 자기인식에는 일상에서 "불멸하는 신적 사유"를 얼마나 자주 하는가에 대한 관심도 속해 있다.

연습 진선미의 이데아를 사유하는 것이 당신에게 어떤 의미를 가지는가?

또한 이성을 포괄하고 그것을 뛰어넘는 영혼의 최고 부분으로서 초의식은 신화를 통해서도 해명될 수 있다. 이데아에 관한 모든 참된 인식은 상기이다. 왜냐하면 영혼이 신적인 것에 대한 원초적인 모습들을 가지고 있기 때문이다. 상기를 통해 신적인 것에 대해 더 나은 이해를 가능하게 하는 영혼의 윤회에 대한 플라톤의 사상이 제시된다.

그러나 플라톤이 제시하는 신적인 것을 통한 치유에는 위험이 도사리고 있다. 왜냐하면 신적인 것과의 만남으로 인해 사람들이 자아도취나 과대망상에 빠질 수 있기 때문이다. 따라서 플라톤에게는 항상 이성이 척도로서 주어진다. 거기에서 신적인 것을 통한 치유가 평가되고 비판적으로 논의될 수 있어야 한다.

따라서 모든 철학적 심리치료는 플라톤에게서 한계를 가진다.
- 욕망이 이성을 덮친다.
- 타인에 대한 질투가 자신의 정신적 길을 방해한다.
- 개인은 모든 치유를 실패하게 만드는 심각한 불치의 정신병에 걸릴 수 있다.

고통의 치유방법

플라톤의 심리치료에서 소크라테스의 방법과 플라톤의 방법은 서로 구별되어야 한다.

소크라테스의 심리치료는 우선 낯설게 만드는 치료 방법을 통해 수행된다. 이것은 주로 근본적인 물음으로 구성된다. 이 물음은 먼저 놀라움을 불러일으키고, 이어서 불확실함을, 그리고 마지막으로 당혹감을 불러일으킨다. "소크라테스의 논증술은 그 자체로도 의미가 있지만 무지無知에 대한 앎을 불러일으키려는 그의 근본신념과도 연관을 가진다."(Landmann 1950, 14) 이러한 근본물음은 아주 낡고 잘못된 사유를 숙고하게 하고, 이를 통해 새로운 통찰로 발전시킨다. 새로운 통찰의 발전은 소크라테스에서 '산파술'이라 불린다. 소크라테스가 제시하는 근본물음을 통한 치료방법은 선입견, 유언비어, 자아도취적인 오만을 깨부순다. 이 방법은 개인과 사회의 병든 사고에 적용된다. 병든 사고를 치료하기 위해서는 무엇보다도 먼저 지적 망상을 깨부숴야 한다. 그리고 저마다 자기 앎의 한계를 명확히 인식하고, 어중간한 지식을 퍼트리기 전에 앎의 한계를 넘어 확고한 전문지식을 얻는 데 노력하도록 만들어야 한다.

플라톤의 심리치료는 낯설게 만드는 소크라테스의 철학치료를 받아들이고 그것을 자기치료의 방법으로 한층 더 발전시킨다. 플라톤의 문헌에 나오는 대화적 구조는 자기사유를 하도록 동기를 부여한다. 플라톤은 정신적 고통을 치유하기 위하여 사람들을 자기인식과 이데아의 인식에 더 가깝게 이끌려고 시도한다. 그 때문에 플라톤은 근본물음들의 방법을 더욱더 발전시킨다. 플라톤은 신화, 음악, 예술을 포함한 창조적 매체를 비판적으로 수용한다. 이러한 매체는 개인을 사로잡는 정신적 혼란을 초래하기 때문이다. 그러나 플라톤이 말하는 정신적 혼란은 유년기의 외상이 아니라 자신의 철학적 인생관에서 드러나는 모순과 연관된다.

연습 자신의 생철학에 나타난 정신적 영혼의 혼란에 대해 말해 보시오.

플라톤에 있어서는 무상한 것의 초월과 이데아의 포착, 즉 초의식을 획득하는 것이 유한성의 고통을 스스로 치유하기 위한 왕도이다. 『국가』에서 플라톤은 해의 비유, 선분의 비유, 동굴의 비유를 통하여 치유를 위한 최고의 정신적 인식이 어떻게 획득될 수 있는지를 보여 준다(Platon, *Politeia*, 506b,

509c, 514a). 항상 여기에서 중요한 것은 "신적인 영역으로 영혼이 올라감으로써 위에 있는 것을 본다"는 사실이다(같은 책, 517 b4-5).

연습 절대적인 것으로의 고양에 대해 생각해 보시오. 10개의 단계를 가진 사다리를 그려 보시오. 가장 아래의 단계 위에 구체적인 사물의 이름을 쓰시오.
그리고 10번째 단계에 이르기까지 점점 더 추상적인 개념을 쓰고, 마지막에 최고로 추상적인 개념을 쓰시오.
마지막으로 이러한 절대적인 개념이 자신의 생철학에서 어떤 의미를 가지는지 보고서를 작성하시오.

무상한 것의 초월은 플라톤에서 카타르시스, 즉 **정화**로 해석된다. 이성은 감정과 무의식의 충동으로부터 영혼을 정화하고, 이 영혼에서 이데아의 경험을 개방시킨다. 카타르시스는 플라톤에서 영혼이 몸으로부터 분리되는 정화이다. 카타르시스에서 영혼은 유한한 것을 단념하고 무한한 것을 되돌려 받는다.

연습 눈을 감으시오. 당신의 몸이 죽음으로 완전히 없어지고, 당신의 영혼이 신적인 것에 의해 구원될 수 있다고 생각하시오. 무상함으로 인한 두려움과 구원의 희망으로 인한 행복감에 대해 기술하시오.

플라톤의 사례

사람들은 다음과 같은 플라톤의 대화록 몇 편을 심리치료의 사례로 읽을 수 있다.

- 소크라테스의 자기분석에 대한 이야기로서 『소크라테스의 변론』
- 사려와 자기의식의 발견으로서 『카르메니데스』

- 영혼론과 영혼의 치료이론으로서 『고르기아스』
- 영원한 정신과 이데아와의 관련으로서 『파이돈』
- 정신의 세 단계와 그 단계들의 내적인 정신역동학에 대한 묘사로서 『국가』
- 절대자의 사유에 의한 산파술에 대한 묘사로서 『테아이테토스』
- 신적인 것을 통한 치료로서 『파이드로스』

다음의 대화록에서 심리치료의 발전에 대한 구체적 내용을 확인할 수 있다.

『소크라테스의 변론』: 자기인식의 예찬

이 대화록은 소크라테스가 독배를 마신 직후에 플라톤이 쓴 것이다. 이 대화록에서 플라톤은 소크라테스의 심리치료가 아테네에서 분쟁을 일으킨 원인이라고 소개한다.

소크라테스의 심리치료는 **진단**, **치료**, **저항에 대한 분석**을 포함한다.

- 소크라테스는 알았다(**진단**): "많은 이들은 자신이 현명하다고 여기지만 전혀 그렇지 않다."
- 소크라테스의 **치료**: 중요한 것은 근본물음을 통해 모두가 사실상 아무것도 모른다는 것을 보여 주는 것이다.
- **저항**은 물음을 받은 사람들이 소크라테스에 대해 분노를 느끼고 죽이고 싶어 했다는 사실에서 확인된다. 이러한 저항에도 불구하고 소크라테스는 자신의 과제를 계속 수행하였다. 소크라테스는 배심원들에게 다음과 말한다. "내가 숨이 붙어 있는 한 … 나는 지혜를 탐구하고 시민들에게 묻는 것을 그만두지 않을 것이다. 당신들은 명성과 명예를 위해서는 행동하면서 왜 당신의 영혼은 돌보지 않는가?"(Platon, *Apologie*, 29 d-e3)

저항에도 불구하고 소크라테스는 사람들이 자신의 생철학으로 인해 가지는 불명료함과 불안함에 대한 치료를 속행하였다. 소크라테스는 법정에서 자신을 고발한 말레토스에게도 이 방법을 사용하였다.

소크라테스는 자신의 심리치료에 대한 저항을 반어적으로 대응하였다. 그는 다음과 같이 말한다. "아테네인들이여, 나의 탐구로 인해 나에게 많은 불화와 비방이 발생하였다."(같은 책, 22 e8-23)

근본물음들은 확실한 앎에 대한 추구를 하게 만든다. 소크라테스는 법정에서 다음과 같이 말한다. "지금 올바른 것을 행하는 것이 얼마나 어려운지를 알고 있다면, 겁 없이 주장하고 성급하게 행동하지 말자. 무엇보다도 어떤 사물에 대해 또는 다른 사람들에 대해 결함의 책임을 성급하게 찾는 일은 그만두자. 깊이 숙고하면 우리 자신 안에 부족함이 있다는 것을 느낄 수 있다."(Kuhn 1959, 122 이하)

연습 세계의 결함을 당신 자신 안에서 발견해 보시오.

자신의 변론에도 불구하고 소크라테스는 난관을 벗어날 수 없었다. 그는 자신의 심리치료로 인해 사형선고를 받았다. 그는 알고 있었다. "나는 중상모략과 대중의 분노에 굴복할 수밖에 없다."(Platon, *Apologie*, 28 a7-8)

『파이돈』: 영혼과 초의식

『파이돈』은 플라톤의 이데아론에 담긴 심리치료의 의의를 처음으로 보여주는 대화편이다. 이 대화록은 자기인식을 강조하는 소크라테스의 치료를 넘어 초의식으로의 길을 열었다. 대화의 중심에 "영혼의 불멸성에 관한 증명"이 놓여 있다는 사실은 이상한 것이 아니다.

이 대화는 소크라테스가 자신의 사형 집행을 기다리고 있는 감옥에서 이루어졌다. 죽음의 위협에 직면한 상황에서 영혼이 고통의 심리치료를 위한 핵심 주제로 다루어지고 있다. 소크라테스는 다음과 같이 정의한다. "죽음은 육체로부터 영혼의 분리이다." 영혼 자체는 생명 자체와 마찬가지로 불멸한다. 영혼은 육체로부터 자유로워져 다시 생명을 가진다. 왜냐하면 영혼이 실체, 정신, 단순성, 지속성을 가지고 있다는 사실이 증명될 수 있기 때문이다. 영혼 자체는 철학함과 이데아의 획득에 적합한 특성을 가지고 있다. 이것이 가능한 것은 영혼이 상기할 수 있기 때문이다. 영혼은 자신의 윤회 과정에서 육체의 무의식으로 흐릿해지기 전에 이미 초의식의 내용을 가진 이데아를 보았다. 영혼은 탄생 전에 이미 신성함과 접촉하고 있었다. 그러므로 철학함은 이러한 접촉을 다시 회복하려는 시도일 뿐이다. "우리가 듣거나 보거나 또는 다른 감각을 사용하기 전부터 이미 어디선가 이데아의 인식을 획득했음에 틀림없다."(Platon, *Phaidon*, 75 a8-b7) 그러므로 철학자가 육체로부터 벌어지는 것은 이데아의 인식을 위해 좋은 것이다. 초의식을 개방시키는 심리치료는 육체적인 무의식을 극복해야 하고 철학함을 통해 유한성의 불안을 제거해야 한다. "자신과 유사한 것, 비가시적인 것, 신적인 것, 즉 불멸하는 것, 이성적인 것에 최종적으로 도달했을 때 비로소 영혼은 올바로 철학하고 있는 것이다."(같은 책, 80 e3-81 a8)

연습 당신은 다가오는 죽음에 직면하여 불멸하는 방법을 찾아보려고 시도한 적이 있는가? 그때 당신은 어떤 체험과 인식을 하였는가?

그러나 소크라테스는 무의식의 힘을 극복하는 것이 어렵다는 사실을 알았다. 육체는 쾌락과 욕망에 고착되어 있다. 이때 사람들은 육체 이외에 다른 어떤 것도 없다고 믿는다. 육체는 만지고 보고 먹고 마시는 것을 필요로 하며 욕정을 채우려 한다. 그리고 육체는 맹목적이어서 눈으로는 볼 수 없고, 이성에게만 파악되는 모든 것을 미워하고 두려워한다.

소크라테스에게는 다음의 정식이 중요했다. "**이드**가 있던 곳에 **비아**非我

가 있어야 한다." 왜냐하면 쾌와 불쾌는 못과 같은 것이기 때문이다. 못은 나를 육체에 고정시켜 육체와 같은 것으로 만든다. 쾌락과 갈망은 나를 속박한다. 철학치료는 나로부터, 죽음으로부터 해방시키는 것이다. 철학함을 통해 인간은 영혼 자체로 되돌아가, 앞서 죽음을 육체와 영혼의 분리로 통찰할 수 있다.

감각의 세계는 세계의 작은 부분만을 개방시킨다. 비로소 이데아의 세계가 초의식의 내용으로서 우주를 개방시킨다. 이데아의 길을 결단한 영혼은 작은 세계에서 벗어나 우주적 세계를 경험할 수 있다. 영혼에 관한 대화의 끝부분에서 소크라테스는 초연하게 철학함과 치료적 철학의 증인으로서 죽음을 받아들인다. 그는 독배를 마시고 서서히 죽어 가면서 마지막 소망을 말한다. "우리는 아스클레피오스에게 닭 한 마리를 빚지고 있다."

그가 죽고 난 후에 자신들이 무엇을 해야 할지에 대한 제자들의 물음에 대해 소크라테스는 다음과 같이 말한다. "너희 자신을 올바로 아는 것 외에는 어떤 특별한 것도 없다."

『티마이오스』: 영혼과 우주

플라톤의 후기 저작 『티마이오스』는 우주에서 영혼의 위상을 해명한다. 『티마이오스』의 우주생성론은 우주의 질서를 보여 주고, 우주적 질서 형성에 영혼이 중요한 역할을 한다는 것을 제시한다. 이성과 초의식으로 상승하는 영혼은 우주 이성의 일부가 된다. 플라톤은 이러한 우주적 힘을 **세계영혼**이라고 명명한다. 『티마이오스』에서 천지만물은 혼이 불어넣어지고 이성이 부여된 생물로서 파악된다(Platon, *Timaios*, 30 b8-c2). 영혼의 윤회는 세계영혼에서 그 기원과 목적을 가진다. 철학을 하면서 세계영혼의 인식에 힘쓰고, "자신을 돌보며 세계영혼에 거주하는 수호신을 존경하는 영혼은 결국 지복至福에 이를 것이다."(같은 책, 90 b6-c6)

연습 세계영혼이 당신의 영혼의 근원이며 미래의 고향이라고 생각할 수 있는가?

현대 심리치료에서 플라톤의 의의

플라톤의 철학은 시대를 훨씬 앞선 것이었다. 플라톤은 19-20세기 심리치료의 단초들과는 달리 초의식, 자아, 무의식을 치료에서 고려하는 전체적인 단초를 제시하였다. 지그문트 프로이트의 정신분석과 고통에 대한 플라톤의 심리치료 사이의 공통점에 대해서는 앞에서 언급하였다. 실제로 플라톤의 영혼 삼분법은 프로이트의 의식 삼분법을 떠올리게 한다. 프로이트의 무의식이론은 플라톤의 에로스 이론을 모방한 것처럼 보인다. 플라톤과 프로이트는 영혼의 퇴행과 발전에 대한 의미를 이미 인식하였다. 또한 치료 개념으로서의 카타르시스 개념 역시 두 사람에게 큰 역할을 수행한다. 그러나 프로이트는 초의식을 전혀 고려하지 않았으며, 모든 신비적인 경험을 퇴행과 단순한 '대양의 느낌'으로 평가절하한다. 프로이트는 치유의 기초로서 초의식의 이데아론을 처음부터 적용할 수 없다.

현대의 많은 심리치료는 플라톤에서 나온 개념들을 차용하고 있다. 칼 로저스Carl Rogers에 의하면 대화심리치료는 소크라테스적 대화를 변형시킨 것이고, 음악치료는 음악을 통한 플라톤의 치료로 소급될 수 있는 것이며, 운동치료-작업치료-놀이치료는 플라톤에 의해 이미 실용화되었다. 이뿐만 아니라 인지 행동치료는 전적으로 근본물음이라는 소크라테스의 방법으로 소급된다.

많은 치료 방법이 이미 플라톤으로부터 수용된 것처럼 보인다. 이는 확실히 영혼에 대한 이해가 수천 년이 지나도 그의 치료방법이 여전히 존속하고 있다는 것을 의미한다.

1960년대에 비로소 초개인적 철학과 심리치료에 의해 플라톤의 이론적 단초가 다시 발전되었다. 그 단초는 영혼의 전체성, 특히 초의식의 개념을 다시 수용한 것에서 나타난다. 초개인적 심리치료는 인간의 영혼에 여러 의식의 단계가 있다는 사실로부터 출발하며, 잠재의식과 초의식을 구별한다. 초의식은 오늘날 중요한 치료적인 기능으로 재인식되고 있다. 그러나 초의식의 달성을 방해한다는 잠재의식도 오늘날 재론되고 있다(Scharfetter 1994 참조).

마지막으로 열반으로 향하는 붓다의 길과 이데아로 향하는 플라톤의 길이 많은 차이에도 불구하고 공통점을 보인다는 것은 아주 놀라운 일이다.

마지막 연습 플라톤의 어떤 사상이 당신의 고통을 감소시키고 치유하였는가? 그렇지 않은 것도 있는가?

◎ **참고문헌**

Platon: *Werke* [전집]. Bd. 1-6, Reinbek 1963.

Barth, H.: *Die Seele in der Philosophie Platons* [플라톤의 철학에서 영혼]. Tübingen 1921.

Dodds, E. R.: *Die Griechen und das Irrationale* [그리스인들과 비이성적인 것]. Darmstadt 1970.

Ellenberger, H. F.: *Die Entdeckung des Unbewussten* [무의식의 발견]. Bd. 1, Bern 1972.

Hadot, P.: *Wege zur Weisheit* [지혜의 길]. Berlin 2002.

Landmarn, M.: *Elenktik und Maeeutik* [논증술과 산파술]. Bonn 1950.

Leibbrand, W., Wettley, A.: *Der Wahnsinn* [광기]. Freiburg 1961.

Pfister, O.: "Plato als Vorläufer der Psychoanalyse" [정신분석의 선구자로서 플라톤]. In: *Internationale Zeitschrift für Psychoanalse* [국제정신분석잡지], VII Jg. 264-269, 1921.

Sandvoss, E. R.: *Sokrates und Nietzsche* [소크라테스와 니체]. Leiden 1966.

Santas, G.: *Plato and Freud* [플라톤과 프로이트]. Oxford 1988.

Specht, E.-K.: "Die psychoanalytische Theorie der Verliebtheit und Platon" [사랑에 대한 정신분석 이론과 플라톤]. In: *Psyche* [프쉬케]. 31. Jg. 101-141, 1977.

Steiner, P. M.: *Psyche bei Platon* [플라톤에서 영혼]. Göttingen 1922.

Thome, J.: *Psychotherapeutische Aspekte in der Philosophie Platons* [플라톤의 철학에서 심리치료의 측면들]. Hildesheim 1995.

Wiesenhütter, W.: *Die Begegnung zwischen Philosophie und Tiefenpsychologie* [철학과 심층심리학의 만남]. Darmstadt 1979.

3. 고통을 지나 영혼의 안식으로: 세네카

"가장 깊은 고통을 감당한 자만이 올림포스 신들의 웃음을 이해한다."
— F. Nietzsche

세네카Seneca, 기원전 4-기원후 65는 고대의 신경증 치료를 더욱 발전시켰다.

세네카의 생애와 로마의 시대 상황

아우구스투스 황제의 사망 이후 로마에서는 세계 제국의 몰락이 시작되었다. 로마의 통치 영역 안에 살고 있던 사람들은 불안정한 삶을 살았다. 사람들은 권력의 정점에서 쉽게 죽음으로 추락하였다. 티베리우스 황제의 총애를 받은 세안, 칼리굴라 황제, 메살리나 황후, 네로 황제는 모두 비참한 최후를 맞이하였다. 황제가 죽은 후 많은 귀족들이 징계 조치의 희생물이 되었다. 죽음이 도처에 도사리고 있었으며 삶을 둘러싼 지속적인 투쟁이 진행 중이었다.

스토아철학의 도움으로 동료들의 공포증과 불안을 치료하고자 한 세네카는 대역 죄인으로 죽음을 맞이하였다. 세네카는 네로 황제가 왕자로 있을 때부터 그를 가르쳤다. 그런데도 네로 황제는 그에게 자살을 선고하였다.

세네카는 코르도바(스페인) 출신의 부유한 귀족 가문에서 태어났다. 그 때문에 그는 로마에서 수사학과 철학을 배울 수 있었다. 기원후 25년에서 32년까지 그는 결핵을 치료하기 위해 이집트에 머물렀고, 귀환 후 로마 원로원의 의원이 되었다. 이집트에서 그는 자살을 시도할 정도로 심한 정신적 위기를 겪었다. 세네카는 스토아사상을 통해 철학을 공부하였다. 스토아사상의 창시자 키티온의 제논Zenon은 기원전 300년 아테네에 스토아학파를 창설하였다. 스토아학파는 "최고의 행복을 얻기 위한 영혼에 대한 염려"를 추구하였다. 행복에 이르는 것은 감정으로부터 자유롭게 되어 영혼의 안식에 도달함을 의미한다. 따라서 철학함은 평생의 훈련으로 이해되었다.

연습 최대 행복을 얻기 위해 영혼을 염려하는 것이 당신에게 생의 목적이 될 수 있는가? 거기에서 당신은 무엇을 기대할 수 있는가?

세네카는 로마인 스토아철학자 아탈루스Attalus에게서 수학하였다. 그는 매일 아탈루스에게 가장 먼저 가서 가장 늦게 돌아왔다. 그는 정치적 실천과 함께 자신을 철학적 심리치료학의 의미를 가진 진단가와 치료자로 여겼다. "그의 철학적 심리치료학은 우리의 심리학과 심리치료의 선구가 된다." (Giebel 2003, 67) 철학적 심리치료자로서 세네카는 공개 강연뿐만 아니라 대화와 편지 형식의 저술 활동도 폭넓게 하였다.

세네카는 항상 내담자와 직접 대화하면서 스토아철학의 방법을 통해 다양한 삶의 문제를 극복하는 것을 중요하게 여겼다.

스토아학파의 심리학

스토아학파는 로고스, 즉 정신을 가지고 있는 영혼을 건강의 전제 조건으로 여겼다. 정신이 잘못된 곳에서 고통이 생기기 때문이다. 영혼은 감정으로부터 영향을 받기 때문에 그것을 극복하는 것이 스토아철학의 치료 과제로 제시된다. 감정과 충동은 영혼에서 유래하고, 로고스가 그것들을 저지하지 못했을 때 빠르게 확산된다. 상사병, 황홀경, 죽음 앞에서의 불안과 같은 감정을 통해 엄청난 붕괴에 빠진 사람은 로고스를 외면하고 감정의 희생양이 된다. 특히 로고스를 알지 못하는 사람, 즉 철학을 모르는 사람은 감정의 희생양이 된다. "그래서 감정을 근절시키는 것이 철학의 최고 과제이다. 따라서 철학은 삶의 기예로서 심리치료학을 포함한다."(Pohlenz 1978, 150)

연습 감정은 이성에 의해 억제될 수 있는가? 이 물음에 대한 긍정과 부정의 예를 들어 보시오.

광기는 항상 감정의 본질과 규정에 대한 잘못된 통찰 및 외적 삶의 상황에 빠지면서 나타나는 결과이다. "광인은 자신의 마음을 외적인 것에 빼앗겨 그것의 노예가 되고, 광적인 열정에 빠져 내적인 분열 속에서 계속 살아간다."(같은 책, 154) 광인의 삶은 비참하고 슬픈 것이다. 치유는 오직 외부 세계로부터 독립을 획득함으로써 시작될 수 있다. 인간은 먼저 로고스에 대한 존경을 통해 치료될 수 있으며, 이성적인 모범을 따름으로써 고통으로부터 해방될 수 있다.

연습 당신은 이성으로 광기를 치유할 수 있다고 생각하는가? 광인에게 적용할 수 있는 이성적인 모범 사례가 있는가? 긍정적인 사례 또는 부정적인 사례를 통해 근거를 제시하시오.

세네카의 영혼론

세네카는 플라톤과 스토아의 영혼론을 수용하였다. 영혼의 하위 부분들은 상위 부분들에 대항할 수 있다. 영혼의 안식은 이성의 힘을 통해서만 가능하다. 아리스토텔레스의 영혼론도 세네카에게 영향을 주었다. 아리스토텔레스에서 이성이 없는 영혼의 부분은 이성적인 부분 그리고 중계하는 부분과 대립한다. 다른 모든 생명체들처럼 인간은 이성이 없는 부분을 가지고 있다. 이성이 없는 부분은 영양, 생식, 성장의 과정을 지배한다. 인간의 욕망은 자연적으로 생겨나는 것이며 무질서하고 무의식적인 것이다. 아리스토텔레스에 따르면 인간의 영혼은 동물의 수준으로 떨어지지 않기 위하여 인간화를 필요로 한다(Forschner 1995, 132). 특히 잘못된 판단에 기초한 감정적인 자극들은 근본적으로 극복되어야 한다.

연습 어떤 나쁜 판단들이 당신에게 감정을 강하게 불러일으켰는가? 어떻게 당신은 이성의 힘으로 감정을 막을 수 있었는가?

세네카는 "욕망이 완전히 제압되지 않더라도 긴장의 주기가 긴장 완화의 주기로 바뀐다면 영혼은 평정 상태에 도달할 수 있다"고 믿었다(Hinterhuber 2001, 60).

세네카에게는 신적인 것으로 향하는 고차적인 영혼의 부분과 영혼의 불멸성이 철학적 심리치료의 중요한 근본토대가 되었다.

연습 신적인 것이 영혼의 문제를 해결할 수 있는가? 당신은 그것을 어떻게 생각하는가?

고통과 치유에 대한 세네카의 이론

고통의 원인에 대한 세네카의 분석

1. 과도한 생각은 신경증을 만드는 고통의 원인이다.
2. 특히 죽음 앞에서의 불안은 자주 자아도취적이고 자학적인 영혼의 반응으로 나타난다.
3. 죽음에 대한 불안은 시간을 짧은 것처럼 보이게 하며 삶을 가치 없는 것으로 여기게 한다.
4. 삶에서 큰 목표는 죽음의 불안을 통해서 증폭되지만 더 빨리 실패하게 만들며 불안을 악화시킨다. 감정이 이성을 넘어서면 화를 초래하고, 화는 완전한 파괴의 욕망을 불러일으킬 수 있다.

5. 자아는 이성을 통한 보호 없이는 큰 희망을 더 큰 실망으로 돌려받게 된다.
6. 특히 권력과 부를 얻으려는 욕망의 사회적 경쟁은 이성적으로 행동하게 하는 자아의 힘을 파괴한다. 전쟁과 검투사의 공적인 폭력도 비인간적이고 광폭한 반응으로 자아를 자극한다.

치유를 위한 세네카의 사상

1. 죽음에 대한 모든 상념은 허구이다. 왜냐하면 죽음은 지각될 수 없기 때문이다. 이러한 허구적 상념은 버려야 한다.
2. 인간은 결국에는 모든 고통을 말소시키는 우주의 종말을 생각해야 한다.
3. 삶 자체는 가상으로서 숙고되어야 한다. 삶은 노예 상태이며, 웃음을 위한 계기이다. 권력, 돈, 지위의 경쟁은 모두 덧없는 쓰레기와 같다.
4. 분노하는 자는 분노하게 하는 모든 것을 용서해야 한다. 화는 음악과 휴식으로 누그러뜨릴 수 있다. 사람들은 화를 내어 얻는 삶의 이득과 그것의 무의미한 결과를 항상 생각해야 한다.
5. 유한함에 대한 불안은 플라톤이 말하는 이데아의 관조로서, 무한함으로의 철학적 고양을 통해 진정되어야 한다. "영원의 철학"은 현재를 적극적으로 사용하고, 과거를 더 잘 이해하며, 미래에 대해 무심하게 하는 데 유익하다. 현자의 이상을 지속적으로 바라보면 큰 불안도 극복될 수 있다는 것을 알 수 있다.
6. 매일 무절제와 삶의 허구에 대한 자기분석을 함으로써 파괴될 수 없는 보다 나은 자아가 발전되고 체험될 수 있다. 자아는 죽음에서 소멸하는 육체로부터 벗어나 자유롭게 된다.

감정의 고통에 대한 세네카의 치유

이제 세네카가 살아오면서 발전시킨 신경증 치료의 다양한 관점들, 즉 슬픔, 분노, 무상함, 우울증, 자아도취, 돈과 권력을 다루는 방법을 알아보자.

슬픔에 대처하는 방법

사람들은 세네카의 편지치료에 대한 첫 번째 흔적을 기원후 40년쯤 "마르키아Marcia에게 보낸 위로의 편지"에서 찾을 수 있다. 마르키아는 세네카와

친밀하였다. 그녀는 사랑하는 아들의 이른 죽음으로 인해 3년 동안 깊은 슬픔에 잠겨 있었다. 세네카는 다음과 같이 편지를 썼다. "나는 당신의 슬픔과 싸우기로 결심하였습니다. 여기에는 굴복이란 없으며 투쟁만이 있을 뿐입니다."(Seneca 2004, 1권 206 이하)

세네카는 마르키아가 겪는 심한 슬픔의 원인이 어머니의 도를 넘어선 자아도취에 있다고 보았다. "당신을 가장 불행한 자로 여기지 마십시오. 자학적인 슬픔으로 인한 병에 걸리면 안 됩니다." 세네카는 마르키아가 죽음에 대해 명백히 잘못되고 허구적인 생각들을 가지고 있기 때문에 감정이 그녀의 영혼을 덮치고 있다고 확신하였다. 세네카는 죽음에 대한 이러한 잘못된 생각들을 변화시키려 하였다. 마르키아는 세네카의 조언대로 모든 인간적인 것과 자연의 무상함을 깊이 생각했다고 한다. 자연은 인간을 결정하고, 인간은 자연에게 아무것도 명령할 수 없다. 마르키아는 인간의 연약함을 인정해야 할 뿐만 아니라 죽음에 대한 그녀의 잘못된 이미지에 대립하는 죽음이 가져다주는 위로의 이미지를 명상했다고 한다. 왜냐하면 죽음은 구원자이기도 하기 때문이다. 세네카는 죽음에 대해 좋지 않게 말하는 모든 것은 순전히 지어낸 것이라고 주장한다.

연습 당신은 죽음을 구원자로 생각하는가?

세네카는 죽음이 모든 사슬로부터 자유롭게 해 준다고 말한다. 모든 것은 죽음에서 같아진다. 살아 있는 것은 언젠가 죽는다. 죽음은 로마가 몰락하는 혼란 속에서 가장 안전한 장소였다. 모든 육체적인 것은 정신의 사슬일 뿐이다. "인간은 육체로부터 해방되어 땅의 깊은 곳으로 던져지기 전에 있었던 그곳에서 계속 산다."(같은 책, 250) 마침내 세네카는 지구의 종말에 대해서도 말한다. "별들은 별들과 충돌할 것이고, 모든 것은 전체적인 세계 화재에서 하나의 불쏘시개에 불과한 것이다. 영혼도 본래의 이전 성분으로 변

형될 것이다."(같은 책, 254)

연습 자신의 죽음과 자녀들의 죽음을 위해 계시록이 위로가 되는가? 당신은 세네카에게 어떻게 대답할 수 있는가?

사람들은 세네카를 비방하며 고발하였다. 그에 대한 판결은 그를 코르시카로 추방하는 것이었다. 기원전 41년에서 기원전 49년까지 세네카는 코르시카에 유배되어 살면서 그곳에서 위대한 논문 「분노에 관하여」를 썼다.

분노의 감정에 대처하는 방법

세네카에게 분노는 일시적인 광기이다. 분노는 광란의 특징을 가진다. 분노하는 자는 광인에 비해 자신을 좀 더 나은 자로 여긴다. 그러나 그들은 사회적 규범을 어기고 타락할 수 있다. 나아가 분노는 민족과 인간을 파괴할 수 있다. 분노에 휩싸이면 동물적인 영혼의 부분이 영혼 전체를 잠식하고 이성은 힘을 잃는다.

세네카는 분노에 대한 예방책을 주장한다. 분노하는 자는 분노를 일으키는 모든 것을 용서해야 한다. 분노의 첫 번째 증후가 나타날 때 이성이 개입해야 하고, 분노의 결과가 무엇인지를 분노하는 자에게 분명하게 보여 주어야 한다. 음악과 휴식은 분노를 누그러뜨릴 수 있다. 매일 분노의 대차대조표를 써 볼 수 있다. 세네카는 충고한다. "너 자신과 투쟁하라!"

연습 당신은 자신의 분노를 어떻게 다스리는가?

기원전 49년 봄에 세네카는 로마로 돌아오는 것을 허가받았다. 그는 로마 황제의 후계자인 네로의 스승이자 교육자로 임명되었다. 이후 세네카는 얼마 지나지 않아 높은 관직을 얻었다. 네로의 권력을 위임받아 집정관이 되었고, 부루스와 함께 어린 네로를 위해 나라의 업무를 관장하였다. 그와 함께 세네카는 정신적 어려움을 겪고 있는 친구들에게 편지 형식으로 아주 중요한 자신의 교설을 발전시켰다.

허무한 감정에 대처하는 방법

로마의 재무장관인 파울리누스Paulinus를 위해 세네카는 교설을 담은 『삶의 짧음에 관하여』라는 대화록을 썼다. 그는 삶이 짧다고 한탄하는 것을 사소한 유행처럼 여긴다. 이럴 때 사람들은 자기통제를 상실하고 욕망에 쫓기듯이 살아간다. "욕망은 그들을 고요한 상태에 놔두려 하지 않는다."(Seneca 2004, 2권 115) 어떤 사람도 자기 자신에 대해 자신 있게 말하지 못한다. 모든 사람은 분주하게 산다. 명예욕은 항상 새로운 활동을 획책한다. 모두 허둥대며 삶을 살고 있다. "사람들은 미래에 시달리고 현재를 싫증 낸다." 무한히 많은 시간을 가진 것처럼 삶의 시간이 낭비된다. 영원한 시간이라는 허상이 사람들을 지배한다. 이에 대한 원인을 세네카는 다음과 같이 말한다. "이러한 착각은 시간이 비물질적이고 눈에 보이지 않기 때문에 생긴다. 그러므로 시간에 대해 별로 신경 쓰지 않는다. 다시 말해 시간을 가치 있는 것으로 여기지 않는다."(같은 책, 125)

모든 것이 미래를 기다리지만 미래는 바닥없는 구멍이다. 그래서 삶은 나락으로 빠진다. 현재는 하나의 무가 되어 끝없이 흘러간다. 여기에는 어떠한 고요함도 없다.

연습 과거, 현재, 미래의 연관 속에 있는 시간에 대한 자신의 느낌을 기술하시오. 시간의 세 영역은 당신에게 어떤 가치를 가지는가?

세네카는 시간에 대한 신경증의 치유로서 철학을 제시한다. 철학은 고차적인 의식, 즉 무시간성의 의식을 중개한다. 철학자들은 "당신에게 영원으로 향한 길을 보여 주고 당신을 거기로 고양시킨다."(같은 책, 140) 영원은 시간과 무관하다. 영원한 것에 대한 사유는 삶을 지속시킨다. 휴식을 통해 사람들은 "영원의 철학"에 몰두할 수 있다. 이때 새로운 시간 의식이 생긴다. 과거는 더 의식되고 현재는 적극적으로 사용되며, 미래 앞에서 사람들은 어떤 두려움도 갖지 않는다.

연습 눈을 감고 영원으로 향한 길을 생각해 보시오. 이러한 생각은 무엇을 불러일으키는가?

삶의 분주함과 시간의 공포를 완화시키는 다음과 같은 물음에 "영원의 철학"이 작용한다.
"영원함에는 어떤 내용이 담겨 있는가?
자기 영혼의 운명은 어떤 것인가?
세계의 신비는 어디에 있는가?"(같은 책, 147)

연습 세 문장으로 이 물음들에 답해 보시오.

우울증에 대처하는 방법

훗날 독살된 네로의 친위대 장교 세레누스Serenus는 세네카에게 우울증에 관한 모든 증상을 기술하고 치료 상담을 문의하였다. 세레누스는 세네카에게 쓴 편지에서 자신이 분열적이고 불안하며 질투심이 많고 분주하게 느낀다고 말하였다. "나를 흔드는 것은 폭풍이 아니라 뱃멀미입니다. 나를 이러한 어려움으로부터 구제해 주세요."(같은 책, 69)

세네카는 세레누스가 품고 있는 인간 전체에 대한 원초적인 증오를 진단하였다. "그 때문에 정신이 흐릿해지고 삶에 대한 모든 희망이 사라지며 모든 기회가 상실되는 것과 같은 어둠이 인간에게 드리워진다."(같은 책, 103)

심지어 세레누스는 심각한 자기증오를 느끼고 있었다. 그래서 "그는 우울증과 무기력함으로 힘들어 했으며, 자기확신을 완전히 상실하고 수천 번이나 왔다 갔다 하는 정신적 동요의 상태에 놓여 있었다. 그는 희망이 생기자마자 좋아하였다가 실패하면 금방 낙담과 슬픔에 빠져 들었다."(같은 책, 73) 인생의 무상함에 대한 무의식적 경험은 거대한 구상을 하게 함과 동시에 깊은 회의에 이르도록 정신을 자극한다.

우울증의 탓을 세상에 돌리는 것은 헛된 일이다. 우울증을 앓는 근거는 우리 자신 안에 놓여 있다. "우리가 고통을 받는 것은 세상의 탓이 아니라 우리 자신의 탓임을 분명히 해야 한다. 우리는 모든 것을 참고 견디어 낼 힘이 없다. 노력을 통해서도 쾌락을 통해서도 안 되며, 자신을 통해서도 일을 통해서도 우리는 고통을 지속적으로 감내할 수 없다. … 그래서 사람들은 삶과 세계에 싫증을 내고, 계속 묻는다. 얼마나 오랫동안 계속해서 똑같은 것을 감내해야 하는가?"(같은 책, 75)

연습 당신은 이러한 멜랑콜리의 증상들을 알고 있는가? 어떤 시적이며 극적인 말로 그것을 묘사할 수 있는가?

세네카는 자신의 힘에 대한 과신을 버리고, 삶을 과대평가하지 말라고 충고한다. "한평생을 산다는 것은 근본적으로 노예의 삶과 다르지 않다. 삶의 모든 것은 하나같이 덧없는 것이며, 외적으로는 각양각색이지만 내적으로는 모두 예외 없이 공허하다."

멜랑콜리에는 웃음이 도움이 된다. "삶이란 울어야 하는 것이기보다는 웃어야 하는 것이다." 휴식과 활동이 번갈아 행해져야 한다.

연습 당신이 마지막으로 힘차게 웃었던 적은 언제인가? 멜랑콜리를 느낄 때 (경우에 따라서는 준비된 메모나 사진의 도움을 받아서) 그때의 웃음을 떠올려 보시오. 1분 동안 웃은 후 변화를 기술하시오.

"일견 스토아주의자가 멜랑콜리를 치유하기 위한 도움으로 긴장 완화를 강조한다는 것이 이상할 수 있다. 그러나 스토아철학의 체계는 자연법칙의 요구를 넘어서는 긴장에는 반대한다."(Storabinski 1960, 32)

자아도취에 대처하는 방법

세네카는 세레누스에게 자기를 과대평가하는 자아도취의 위험을 일깨워 주기 위해 "현자의 의연함"이라는 제목의 두 번째 편지를 전한다.

자아도취로 인해 자아를 병들게 만드는 것은 허구를 만드는 일과 같은 것이다. 그릇된 관념은 자아를 병들게 하는 것을 넘어 그것으로 현실을 대체하게 만든다. "어리석음은 사실상 고통스럽게 할 뿐만 아니라 순수한 고통의 관념도 만들어 낼 수 있다."(Seneca 2004, 1권 36) 자아는 너무도 약한 나머지 상상 속에서도 고통을 받는다. 이러한 자아는 이성의 방어력을 가지고 있지 않다. 자아도취적인 자아는 "병약한 마음"을 소유하고 있다. 자아는 끊임없이 우울증으로 반응하며, 싸움이 없는 곳에서도 패배를 만들어 낸다. 질투로 인한 정신착란이 그런 예이다.

연습 당신은 자아도취적인 병약함을 앓고 있는가? 그것이 언제 발생하고, 언제 발생하지 않는가?

세네카는 이러한 고통에 대하여 다음과 같은 방법을 제안한다. 사람은 경쟁을 피해야 한다. 사람은 지위의 불안에 대하여 심신을 단련해야 하며, 모든 것에서 상심할 각오를 해야 한다. 마지막으로 사람은 병약하지 않은 영웅을 상상해야 한다. "정복할 수 없다는 것이 있다는 것, 즉 운명이 방해할 수 없는 사람이 있다는 것이 일반적인 인간의 집단에서 상정하는 하나의 규칙이다."(같은 책, 60)

연습 뛰어난 현자와 의연한 영웅은 어떻게 보이는가? 이에 대해 상세히 기술해 보시오.

부와 권력에 대처하는 방법

세네카는 그의 동료 갈리키오Galicio에게 "행복한 삶에 관하여"라는 제목의 편지를 보낸다. 그는 대중이 부와 권력을 사랑한다는 사실을 분명하게 지적하면서 "대중이 사랑하는 것은 내적 가치가 없는 외적인 체면 이외의 것이 아님"을 일깨워 주려고 하였다(같은 책, 7). 이러한 대중의 허구를 추구하는 사람들은 그 누구도 정신적으로 건강할 수 없다. 부와 권력은 정신을 병들게 만든다. 부자와 권력가는 권력 강박증과 권력을 향한 조울증적인 탐욕에 시달린다. "회오리바람은 이러한 무리에 속한 사람들의 영혼을 휘감아 이내 깊은 나락으로 떨어뜨린다."(같은 책, 46)

부와 권력은 우리의 자아를 지배한다. 부와 권력은 우리의 손아귀에 있는 것이 아니다. 부를 소유하는 것은 진정한 소유가 아니다. 물질적 부는 덧없는 것이다. 영혼의 강인함만이 덧없는 것이 아니다.

연습 당신은 부와 권력보다 영혼의 강인함을 더 중요하게 여기는가?

부와 권력의 허구가 통찰되어야 한다. "극도의 부유함과 극도의 가난을 생각해 보라. 두 상황에서 네가 선택할 수 있는 것은 무엇인가?"(같은 책, 40)

루킬리우스Lucilius의 사례

기원후 62년 세네카는 네로 황제에게 퇴임을 요청한 후 자신의 시골 영지로 돌아갔다. 그는 거기에서 심리치료의 주요 저작 『루킬리우스에게 보내는 서한집』을 썼다. 이 작업으로 인하여 세네카는 천식으로 인한 발작을 일으키고 죽음의 고통에 시달렸다. 그러는 동안 네로는 세네카가 자신의 영지로 돌아간 것에 대해 모욕감을 느꼈기 때문에 그에게 자살하라는 명령을 내렸다.

시칠리아의 총독으로 반대자에 의해 소송을 당하는 어려움을 겪고 있었던 루킬리우스는 세네카의 주요 의뢰인이었다. 124개의 편지들은 전체적으로 "영혼을 단순한 것에서 복잡한 것으로 인도하는 안내서"로 기획되어 있다(Giebel 2003, 110). 루킬리우스에게 보내는 편지들은 최초의 위대한 철학적 심리치료 보고서이다. 세네카는 루킬리우스에게 권위자로 접근하지 않고, 자신을 고통을 함께 나누는 사람으로 여기도록 배려하였다. 그는 내담자와 치료자를 동등한 존재로 생각하였다. "나는 자만하지 않으며 숙련된 의사처럼 뽐내지도 않는다. 나는 우리가 치료소에 함께 있는 것처럼 너와 대화하고, 공동의 질병에 대해 이야기하며 동일한 치료법을 사용할 것이다."(Seneca 2004, 3권 100)

세네카는 편지마다 마음의 병에 대한 광범위한 학설을 펼쳐 낸다. 이 학설은 병을 만들어 내는 망상에 대한 비판으로 시작한다. 삶은 불안이라는 망상을 만든다. 삶은 인간에게 끊임없는 관념을 불러일으킨다. "그러나 모든 것은 허구와 조작과 날조다. 죽음은 나쁜 것이 아니며 그것에 대한 관념이 나쁜 것일 뿐이다. 우리는 망상에 성급하게 자신을 내던지며, 바로 그 근거 없는 망상이 우리를 혼란 속으로 몰아넣는다. 참된 것은 지나침이 없다."(같은 책, 40) 세네카에게 모든 것은 망상에 따른 것이고, 망상에 의해 결정되는 것은 공명심, 거만함, 탐욕일 뿐만 아니라 우리의 괴로움도 망상에 기인한 것이다.

연습 어떤 지나친 허구들이 당신의 삶을 결정하는가? 당신은 어떤 논거로 이러한 허구들을 논파할 수 있는가?

병을 만들어 내는 망상들은 무한하게 팽창하는 경향을 가진다. "자연은 적게 요구할 뿐이지만 광기는 무한한 것을 요구한다. 자연적인 욕구는 한계가 있지만 망상에 기인한 것은 끝도 없이 나아간다."(같은 책, 56)

연습 당신이 가장 두려워하는 망상은 무엇인가? 그것은 언제 떠오르는가?

몰락해 가는 로마사회로부터도 병을 만들어 내는 망상이 생겨난다. 세네카가 비판적으로 묘사하는 것처럼 검투경기의 방문은 사람들을 "더 탐욕스럽고, 더 야욕이 넘치며, 더 향락을 즐기고, 더 잔혹하며, 더 비인간적"으로 만든다(같은 책, 15). 끊임없이 지나친 요구를 받는 자아는 사회에 의해 극단적인 감정의 상태로 추락하며 그로 인해 우울증에 빠진다. "많은 사람들이 끊임없이 같은 것을 행하거나 보는 것에 싫증을 내고 있으며, 그로 인해 삶에 대한 증오와 권태를 느낀다. 사는 것이 고통스럽지는 않지만 허무하다고 여기는 사람들이 많다."(같은 책, 94)

연습 자신의 삶이 권태로 인해 허무하다고 느끼는 날들이 있는가? 만약 그렇다면 아주 사소한 것까지 기억하려고 애쓰면서 어제 있었던 일들을 기록해 보시오. 그리고 다음날 세세한 것까지 가능하면 많이 변화시키려고 노력해 보시오. 예를 들어, 아침을 다른 것으로 먹고, 다른 길로 직장에 가고, 책상의 위치를 바꾸거나 저녁에 춤을 추러 갈 수 있을 것이다. 이후에 당신의 삶의 태도가 바뀌는지 살펴보시오.

멜랑콜리 뒤에는 자살을 유도하는 속성이 숨어 있다. 세네카는 자신처럼 우울함으로 인해 고통스러워하는 루킬리우스에게 다음과 같이 편지를 썼다 "반복해서 나는 자살하려는 충동을 느꼈다."(같은 책, 327)

연습 자살의 충동을 느낀 적이 있는가? 이때 당신을 '구한 것'은 무엇인가?

신경증적 허구에 대한 진단에는 치료도 포함된다. 세네카는 루킬리우스를 위해 고통의 치료 방법에 관한 체계를 발전시켰다. 이 방법은 보편적인 무상함에 관한 학설들을 통해 허구와 환상을 파괴하는 것으로 시작한다. "당신이 우리 위에서 움직이고 있다고 여기는 모든 별들도 … 성숙하여 끝나는 날을 맞이할 것이다. 모든 것은 정해진 나이가 있다. 존재하는 모든 것은 계속해서 머무르지도 않지만 그렇다고 파멸하지도 않는다. 오히려 그저 소멸될 뿐이다."(같은 책, 275 이하) "모든 인간사는 무상할 수밖에 없으며, 우리는 어떠한 영속성도 부여받지 않은 환경 속에 살아간다."(Seneca 2004, 4권 102)

연습 인생의 무상함을 깨닫는 것이 당신에게 어떤 도움이 되는가?

무상함에서 이끌어 낼 수 있는 가장 중요한 의미는 죽음과 대결하고 죽음의 불안을 극복해야 한다는 것이다. 이러한 주제와 관련하여 세네카는 치료를 위한 자신의 풍부한 사상을 펼쳐 나간다. 그 중심에는 사람에게 자신의 삶 이전의 천 년과 자신의 죽음 이후의 천 년 동안에 무슨 일이 일어났고 일어날런지는 전혀 중요하지 않다는 사상이 놓여 있다. "당신은 자신이 천 년 전에 살지 않았다고 해서 우는 자를 최고의 바보로 생각하지 않겠는가? 천 년 후에 살지 못한다고 해서 우는 자도 마찬가지로 어리석다."(Seneca 2004, 3권 323 이하)

세네카는 모든 무상함 뒤에는 영원한 것이 있다는 것을 알았다. 영원한 것은 자기 자신에서 출발한다. "더 나은 자아를 만들기 위해 전념하라!" 이러한 자기성찰은 내적 증인을 발견하게 한다. 세네카는 말한다. "당신 자신의 관찰자가 되어라!"(같은 책, 334) 이는 마침내 다음과 같은 사상으로 발전된다. 내적 증인의 정신은 무상함에 의해 파괴될 수 없다. "그러므로 정신에게는 육체를 관통하는 탈출구가 열려 있다."(같은 책, 200)

연습 당신 자신에게서 파괴될 수 없는 것은 무엇이라고 생각하는가? 이것이 당신의 삶에 긍정적인 영향을 미치는가, 아니면 부정적인 영향을 미치는가?

파괴될 수 없는 것에 대한 깊은 통찰은 철학함을 통해 일어난다. 세네카는 다음과 같이 쓰고 있다. "나는 나를 회복시켜 일으켜 준 철학에 대해 감사한다. 내가 살고 있는 것은 철학 덕분이다."(같은 책, 327) "왜냐하면 철학은 신이 당신에게 가까이 있고 당신 곁에 있으며, 당신 안에 있다는 사실을 가르쳐 줄 수 있기 때문이다."(같은 책, 140) 모든 자연의 신비로운 경험, 위대한 인물들과의 모든 만남은 다음의 사실을 가르쳐 준다. 흘러가는 일상적 자아 이상의 것이 있다. 파괴될 수 없는 내적인 가치들은 자기분석을 통해서 분명히 제시된다. "그러므로 가능한 한 자신을 질책하고, 자신에게 엄격하라. 먼저 원고의 역할을, 그다음에 재판관의 역할을, 마지막으로 변호인의 역할을 맡아라."(같은 책, 105)

연습 자신이 겪고 있는 삶의 문제를 하나 고르시오. 가장 먼저 원고의 글, 그다음에 재판관의 글, 마지막으로 당신의 문제를 좋게 해결해 줄 변호인의 글을 써 보시오.

철학함은 육체로부터 자유롭게 해 준다. "나에게 있어 불법이 발생할 수 있는 곳은 유일하게 육체이다. … 나는 결코 육체와 같은 것으로 인해 부자유스럽게 살지는 않을 것이다."(같은 책, 237)

연습 당신은 자신에게서 죽음을 이겨 낼만한 것이 무엇이라고 생각하는가?

세네카는 치료사로서 공포증에서 우울증에 이르는 모든 신경증의 현상이 죽음에 대한 불안과 무상함에 대한 불안에서 기인한다고 여겼다. 따라서 그의 철학치료는 자기사유라는 철학적 수단을 가지고 신경증의 원인을 제거하려는 시도였다.

네로 황제로부터 비난을 받았던 세네카는 네로의 암살을 계획했고, 그의 계획이 탄로 나 황제로부터 자살을 명령받았다. 세네카는 이 명령에 따라 기원후 64년에 혈관을 끊어 처음 자살을 시도하였다. 그러나 그는 죽지 않아서 독배를 마셨다. 그래도 죽지 않자 결국 노예에게 자신을 목을 조르도록 시켰다.

세네카는 소크라테스의 전통을 따라 철학의 순교자로 생을 마감하였다. 그의 마지막 말은 다음과 같다. "당신이 어디서 끝나는지는 중요하지 않다. 그저 모든 것에게 좋은 결말을 선사하라."

현대 심리치료에서 세네카의 의의

세네카의 심리치료는 위대한 철학자들로부터 많은 관심을 받았다. 토마스 폰 켐펜Thomas von Kempen, 1340-1471은 그의 저서 『그리스도를 닮아서』에서 세네카로부터 많은 것을 수용하였다. 미셸 드 몽테뉴Michel de Montaigue, 1533-1592는 세네카와 함께 살았다고 할 정도로 깊은 영향을 받았다. 또한 세네카는 아르투어 쇼펜하우어Arthur Schopenhauer가 가장 좋아하는 작가이기도 하다. 피에르 아도Pierre Hadot와 미셸 푸코Michel Foucault에 따르면 오늘날 철학적 삶의 기예들은 세네카의 영혼의 안내가 지니는 마력에서 벗어나지 못하고 있다. 프레데릭 칸퍼Frederick. H. Kanfer의 현대 행동요법, 자기관리 치료법, 알버트 앨리스Albert Ellis의 합리적 정서치료는 세네카 없이는 결코 이해되지 못할 것이다.

알프레드 아들러Alfred Adler에 따르면 세네카는 신경증의 원인에 대한 허구이론에 큰 기여를 했으며 자신의 개인 심리학에도 큰 영향을 끼쳤다. 이러한 영향 아래 아들러는 다음과 같이 쓰고 있다. "신경증의 초기에 불안정한 느낌이 위협적으로 나타나면서 주도적이고 안정적인 목표 설정, 즉 도움의 구조와 허구가 요구된다."(Adler 1972, 34)

마지막 연습 세네카의 어떤 사상이 당신의 고통을 감소시키고 치유하는가? 그렇지 않은 것도 있는가?

◎ 참고문헌

Seneca: *Philosophische Schriften* [철학적 저술들]. Wiesbaden 2004.

Adler, A.: *Der nervöse Charakter* [신경증적 성격]. Frankfurt 1972.
Forschner, M.: *Die stoische Ethik* [스토아학파의 윤리학]. Darmstadt 1995.
Foucault, M.: *Die Sorge um sich selbst* [자기 자신에 대한 염려]. Frankfurt 1986.
Giebel, M.: *Seneca* [세네카]. Reinbek 2003.
Grimal, P.: *Seneca. Macht und Ohnmacht des Geistes* [세네카. 정신의 힘과 무기력]. Darmstadt 1978.
Hadot, J.: *Seneca und die griechisch-römische Tradition der Seelenleitung* [세네카와 영혼의 안내에 대한 그리스 로마의 전통]. Berlin 1969.
Hadot, P.: *Philosophie als Lebensform* [삶의 형식으로서 철학]. Berlin 1991.
Hinterhuber, H.: *Die Seele* [영혼]. Wien 2001.
Hofstätter, P. R.: "Das Primat des Handelns in der Philosophie nach Seneca" [세네카 이후 철학에서 나타난 행위의 우위성]. In: Kuhn, R., Petzold, H. (Hrsg.): *Psychotherapie und Philosophie* [심리치료와 철학]. 29 이하, Paderborn 1992.
Maurach, G.: *Seneca* [세네카]. Darmstadt 2000.
Pohlenz, M.: *Die Stoa* [스토아학파]. Göttingen 1978.
Rabbow, P: *Seelenführung* [영혼의 안내]. München 1954.
Sörensen, V.: *Seneca* [세네카]. München 1995.
Storabinski, J.: *Geschichte der Melancholie. Behandlung von den Anfängen bis 1900* [멜랑콜리 진료의 역사. 시작부터 1900년까지]. Basel 1960.

4. 죽음의 불안과 대화하기: 보에티우스

"너의 영혼이 힘든 고통에 사로잡혀 있다면
이성의 우월한 힘으로 그것을 물리치려고 노력하라."
— Demokrit

보에티우스Boëthius, 480-526는 고통과 죽음의 불안에 대한 플라톤의 치료를 체계화하였다.

보에티우스의 생애와 그의 시대

플라톤의 심리치료는 6세기 초 이탈리아의 아니키우스 만리우스 세베리누스 보에티우스Anicius Manlius Severinus Boëthius를 통해 가장 잘 계승되었다. 당시 서로마에는 황제가 없었고, 이탈리아는 동고트족 테오데리히Theoderich 대제의 통치를 받고 있었다.

보에티우스는 480년에 명망 있는 로마인의 집안에서 태어났다. 테오데리히는 보에티우스를 집정관으로 임명하였다. 그는 로마인과 고트족 사이를 중계하는 역할을 맡았다. 보에티우스는 집정관으로서 동로마 황제의 전통적인 권위를 고트족의 권력보다 더 높게 평가하는 것처럼 보였다. 그로 인해 보에티우스는 동로마의 황제와 협력한다는 의심을 받았다. 이런 이유로 테오데리히 대제는 보에티우스를 대반역죄로 고발하고 감옥에 가두었다.

보에티우스는 감옥에서 유명한 그의 책 『철학의 위안』을 썼다. 이 책은 철학적 자기치료의 형식을 가진 것으로 신플라톤주의적 심리치료의 새로운 개념을 발전시킨 것이다. 이 책은 아주 인상 깊은 형식으로 구성되어 있다. 파비아 감옥에 갇혀 갖은 고문과 죽음의 위협을 겪으면서 저자는 삶을 위한 모든 외적인 조건들을 포기하였다. 죽음에 직면한 그에게 유일하게 남아 있는 것은 철학뿐이었다.

철학은 자신의 병든 영혼을 낫게 하는 치료사였다. 『철학의 위안』 앞부분에서 보에티우스는 먼저 나쁜 의사들을 축출한다. 그리고 그 자리에 철학을 등장시키고 환자에게 자신의 상태를 기술하게 하고, 진단을 내리며 치료하게 한다. 이때 치료는 경험을 가진 치료사들처럼 먼저 간단하게 고통을 감소시키는 가벼운 수단을 적용하다가 점점 더 강한 수단을 거쳐 결국에는 치유하는 수단으로 넘어간다(Gigon 1991, 11 이하).

보에티우스는 철학적 심리치료의 방법을 죽음의 불안에 대한 진단으로부터 시작하고, 그것을 운명의 분석에 적용한다. 그리고 행복 또는 불행의 물음을 탐구하고, 그와 함께 세계 안에 있는 악의 근거를 해명한 후 인간의 자유에 대한 탐구로 끝을 맺는다(Gomberzn 1997, 352-355). 철학치료는 보에티우스에게 수감 생활에서 겪는 가장 힘든 불안을 극복하는 데 도움을 주었다. 526년에 보에티우스는 테오데리히 대제의 명령으로 파비아 도시 앞 벌판에서 참수되었다.

527년에 고트족은 서로마 황제 유스티누스에 의해 멸망하였다. 유스티누스는 529년에 신플라톤주의를 금지하였고 아테네에 있는 플라톤 학당의 문을 닫았다. 그러나 보에티우스의 『철학의 위안』은 오늘날까지도 사람들에게 감명을 주고 있다.

보에티우스의 철학적 배경

철학적 심리치료의 고대적 전통은 보에티우스에게 많은 영향을 주었다. 그는 고대철학으로부터 영혼을 치유하고, 영혼을 평안하도록 강화시키는 모든 내용을 이끌어 내고, 이것이야말로 철학이 제공해야 할 것이라고 여겼다. 무엇보다 보에티우스에게 모범이 된 철학자는 사형 직전의 소크라테스였다. 보에티우스는 플라톤의 『파이돈』을 통해 독배를 마시기 직전에 소크라테스가 마지막 순간을 어떻게 보냈는지에 대해 알고 있었다. 소크라테스는 간수에게 기도할 시간을 부탁하였다. "이 세상에서 저세상으로 평안하게 옮겨갈 수 있도록 신들에게 기도하는 것을 허락해 주시오."

그리고 보에티우스는 소크라테스가 자신의 죽음 직전에 가졌던 두 번째 소원을 알고 있었다. "크리톤, 우리는 아스클레피오스에게 닭 한 마리를 바쳐야 하네. 그것을 잊지 말아 주게." 소크라테스를 따르는 자는 죽음을 삶의 치유로 여겨야 하며 그렇게 함으로써 죽음의 불안을 극복할 수 있다는 것을 보에티우스는 분명히 알고 있었다(J. Braun, G. Braun 1983, 166 이하).

기독교 사회에서 글을 쓰고 있던 보에티우스가 나사렛 예수의 이름을 한 번도 등장시키지 않는다는 것은 이상하게 보일 수 있다. 그러나 『철학의 위안』에는 저자가 기독교인이라는 것을 증명할 만한 내용이 단 한 줄도 없다. 보에티우스는 소크라테스, 플라톤, 세네카, 그리고 세 명의 신플라톤주의자들, 플로티노스Plotinos, 205-270, 포르피리우스Porphyrius, 234-305, 프로클로스Proklos, 411-485를 언급하고 이들과 치유하는 자기대화를 전개하였다. "고대철학자는 조용하면서도 분명하게 나와 실재로 대화하였다."(Rabbow 1954, 190)

자기대화에는 자주 철학적인 자기와 일상적인 자기가 서로 말을 걸고 대답하는 장면이 나온다. 자기 자신에게 영향을 주려는 의도적 목적을 가진 글쓰기는 "의식적인 자기강화, 개선, 교훈, 위로"를 위해 고대철학에서부터 사용되었다(같은 책, 213). 이는 고대철학자들이 "불안의 감정으로부터 벗어나는 치유"에 대해 알고 있었다는 것을 의미한다(같은 책, 213).

이 모든 방법을 보에티우스는 그의 철학적 자기치료에서 정리하고 있다.

보에티우스의 영혼론

보에티우스는 플라톤이 영혼을 삼등분하여 제시하고 있듯이 죽음과 관련하여 불사의 영혼이 어떤 위협을 받는지에 대해 알고 있었다. 영혼은 육체와의 균형이 깨질 때 심각한 불행에 빠지며, 이성과 균형을 이룰 때 행복을 얻는다. 그러나 영혼은 주위 세계와 사회적 가치로 인한 영향을 세심하게 검토하고, 세상에 휩쓸리기 보다는 자기 자신을 유지하는 데 힘써야 한다.

내적 행복을 획득하는 데 철학은 큰 역할을 한다. 이 역할은 고차적인 이성의 내적인 힘으로서 모든 인간에게 현존하는 것이며, 영혼이 위험한 상황에서 치유하는 말을 전해 준다. 결론적으로 철학과의 내적인 대화는 정신의 행복을 위해 결정적으로 중요하다.

그러므로 보에티우스에게 철학적 심리치료는 자기치료를 의미한다. 그는 죽음에 직면한 삶의 문제에 관하여 철학적 자기와 내적인 철학적 대화를 수행하였다.

연습 당신의 내면에 있는 철학의 목소리에 이름을 부여하시오. 그리고 죽음에 관하여 당신의 철학적 목소리와 대화한 내용을 기술하시오.

죽음의 불안으로 인한 고통과 그에 대한 치유

보에티우스는 『철학의 위안』을 다섯 권으로 나누어 철학적 심리치료를 전개한다. 다섯 권은 심리치료의 5단계에 상응한다.

> 보에티우스가 제시하는 철학적 심리치료의 5단계는 다음과 같다.
>
> 1단계: 진단
> 2단계: 의미상실의 치료
> 3단계: 불행의 치료
> 4단계: 악의 치료
> 5단계: 부자유의 치료

『철학의 위안』 1권에서는 **진단**을 위한 **치료의 1단계**가 제시되고 있다. 철학은 보에티우스를 그의 병에 관한 대화로 이끈다. 철학은 먼저 보에티우스의 정신적 혼란이 감옥에 갇힌 것과 사형선고로 인한 것임을 진단한다. 그리고 철학은 다음과 같이 말한다. "그는 현혹하는 유령에 의해 걸리는 흔한 병, 즉 무감각함으로 인한 고통을 받고 있다. 그는 자기 자신을 망각하고 있다. 그가 우리[철학]를 앞서 알았다면 쉽게 자기 자신을 숙고했을 것이다." (Boëthius 1991, 70)

연습 눈을 감고 당신이 "철학"을 만나고 있다고 생각해 보시오. 어떤 불안에 관하여 당신은 철학과 대화하고 싶은가?

철학은 보에티우스에게 외상적 고통을 공개하라고 요구한다. 철학은 다음의 물음과 그에 상응하는 대답으로 그의 정신 상태를 점검한다.

1. 세계는 의미가 있는가, 아니면 없는가?
2. 세계는 어떻게 조종되는가?
3. 자연의 목적은 무엇인가?
4. 세계는 악한 신에게서 나온 것인가?
5. 인간은 자유로운가?

연습 위의 다섯 가지 물음에 대해 다섯 문장으로 답하시오.

첫 번째 물음에 대한 보에티우스의 대답에서 철학은 다음과 같은 진단을 계속해서 전개한다. "너는 자신이 누구인지 더 이상 알지 못한다. … 너는 너 자신에 대해 망각하고 혼란스럽기 때문에 네가 추방되고 너의 재산을 빼앗긴 것을 고통스럽다고 느낀다. 너는 모든 것의 최종 목적이 무엇인지 알지 못하기 때문에 보잘것없는 악인을 힘이 있고 행복하다고 여긴다. 너는 세상이 어떤 수단으로 통치되는지를 망각했기 때문에 인생의 화복이 조종자 없이 일어난다고 생각한다. 원인은 아주 분명하다. 이는 병에 있어서 뿐만 아니라 소멸되는 것에 대해서도 마찬가지다."(같은 책, 84) 철학은 보에티우스에게서 자아분열, 기억상실, 의미상실과 함께 동반되는 심각한 "정체성 분열의 장애"를 진단한다(Fisch, Riedesser 1998, 48).

연습 당신은 세계의 의미, 행복, 신, 자유를 의심하는가?

이제 철학은 **치료의 2단계**에서 **의미상실에 대한 치료**를 시작한다. "이 안개를 나는 점차 부드럽고 가벼운 치료를 통해 밝게 비추려고 할 것이다. 그러면 헛된 정욕의 어둠은 사라지고 너는 진리의 밝은 빛을 인식할 수 있을 것이다."(Boëthius 1991, 85)

철학은 가벼운 수단으로 치료를 시작한다. 철학은 2권에서 내담자와 함께 "세계는 의미가 있는가, 아니면 없는가?"라는 물음으로 대화를 시작한다. 외적으로 보기에 세계는 의미가 없으며 모든 사람들의 노력과는 반대로 만드는 변덕스런 운에 의해 지배되는 것처럼 보인다. 철학은 외적인 것들의 무상함을 제시하고 보에티우스에게 충고한다. "불운에서 벗어나는 너의 길을 바깥에서 찾지 말고 안에서 찾아라. … 너 자신보다 가치 있는 것이 있는가? 아무것도 없다고 너는 말할 것이다. 그러므로 너 자신이 강해진다면, 너는 네가 그때마다 잃어버리고 싶지 않고, 운이 너에게서 빼앗아 갈 수도 없는 것을 너는 소유하게 될 것이다."(같은 책, 96)

연습 자아가 잃어버릴 수 없는 내적 선善이라면 삶은 어떤 의미를 가지는가?

내적으로 본다면 세계는 의미가 있다. 외적으로 드러나는 재물, 권력, 공적인 지위에 대한 추구가 어떤 사람에게는 좋아 보이지만 어떤 사람에게는 전적으로 의미 없는 것이다. 철학은 외적 가치의 상실이 내적인 가치를 높이고, 체험된 외상을 세계를 의미 있게 보는 관점을 가진 인식으로 변화시킬 수 있다고 말한다.

연습 당신은 가치의 전도, 즉 외적 가치의 무가치함과 내적 가치의 고귀함을 경험하는가? 아니면 그 반대를 삶에서 경험하는가? 이러한 가치의 전도는 무엇에 의해 발생하는가?

철학은 **치료의 3단계**에서 **불행의 치료**와 관련하여 한층 더 날카로운 수단을 사용한다. 3권에서는 "자연의 목적은 무엇인가?"라는 물음이 중요하게 다루어진다. 자연은 인간의 내적인 행복을 목적으로 가지고 있다. "너희들이 행복의 진정한 목적을 분명하게 인식하지 못할지라도 어떤 방식으로든 너희들은 자신들의 생각 속에서 그 목적을 희미하게 감지하고 있다."(같은 책, 116)

연습 당신은 자신의 내적 행복에 대하여 어떤 생각을 가지고 있는가? 당신이 추구하는 내적 행복에 대해 기술하시오.

철학은 말한다. "내적 행복이란 인간이 자족하고, 강해지며, 명예를 존중하고, 빛을 발하며, 명랑해지는 것을 의미한다."(같은 책, 129) 이 목적은 신 안에 있다. 신은 자연의 근원으로서 완전한 선과 진정한 행복을 소유하고 있다. 철학은 말한다. "그러므로 모든 지복은 신의 것이다. 본래부터 신만이 유일하게 존재한다. 그렇다고 해서 참여를 통해 존재하는 것과 가능한 것이 많다는 것을 부정하는 것은 아니다."(같은 책, 134)

연습 당신은 절대적 행복의 경험에서 신과 같은 느낌을 가져 본 적이 있는가? 그 느낌을 다섯 낱말로 기술하시오.

우리는 자신의 내적 본성을 통해 존재하는 모든 것이 연결되어 있다고 배운다. 그러므로 세계에 있는 서로 다른 것들을 연결시키는 유일한 힘이 있어야 한다.

연습 당신은 현실 속에 있는 다양한 모든 것들이 단지 일자一者의 표출이라는 것을 믿는가?

철학은 4권에서 **악의 치료**와 연관된 **치료의 4단계**로 넘어가 보에티우스의 정신적 외상에 대한 핵심적인 물음을 다룬다. 철학은 묻는다. "세계는 악한 신에게서 나온 것인가?" 왜냐하면 보에티우스는 다음과 같은 것을 확신했기 때문이다. "나의 고통의 최고 원인은 세계의 선한 조종자가 존재하는 반면에 악도 존재할 수 있으며 그 악이 처벌받지 않고 지나갈 수 있다는 사실에 있다."(같은 책, 149)

연습 악, 즉 고통이 존재한다는 사실로 인해 선한 신의 존재가 지속적으로 명백하게 반박될 수 있는가?

철학은 해명한다. "선한 것들은 내면으로 향하면서 선해지며, 악한 것들은 외부로 향하면서 욕망의 제물이 된다. 왜냐하면 외적인 것들은 모두 사라지지만, 불멸하는 것은 내면에 있기 때문이다. 선한 것들은 내면으로 향하면서 신처럼 되고, 악한 것들은 외부로 향하면서 동물이 된다." 그러나 보에티우스는 자신이 항상 불안에 의해 혼란스러워진다는 것을 알고 있었다. 결국 철학은 세계의 근거에 속한 선함의 통찰이 보에티우스를 치료하게 될 것이라고 말한다.

연습 세계의 근거에 속한 선함의 통찰이 모든 외상들로부터 벗어나게 할 수 있는가?

철학에 따르면 세계의 근거에 속한 선함은 섭리 활동에서 나타난다. 섭리는 모든 것에 질서를 부여한다. 일상에서는 이 질서가 인식될 수 없다. 거기에서 모든 것은 "혼란스럽고 무질서하게" 나타난다. 인간조차 자신의 내면에 있는 정신을 통해서 비밀스러운 신의 활동을 파악할 수 없고, 말로 표현할 수도 없다. 악마가 아니라 선한 조종자로서의 신이 세계를 창조했기 때문에 신만이 세계를 진정으로 이해한다.

연습 악마가 세계를 완전하게 창조할 수 있는가? 어떤 근거들이 악마의 세계 창조를 주장하는가?

부자유의 치료와 관련하여 5권에서 다루어지는 **치료의 5단계**에서 보에티우스의 정신은 날개를 가진다. 이를 통해 그의 자아는 세계의 근거에 속해 있는 자신의 원천으로 되돌아갈 수 있게 된다. 여기에서 다음의 물음이 제기된다. "인간은 자유로운가?" 그러나 보에티우스는 계속해서 이 물음에 대해 토론하는 것을 거부한다. 그는 반대로 묻는다. 여전히 우연이 세계를 지배하고 있지 않은가?

연습 당신은 세계에서 일어나는 사건들을 우연의 연속으로 여기는가?

철학은 우연이란 인간의 지식이 가진 결핍일 뿐이라고 대답한다. 보에티우스는 계속해서 죽음의 외상을 위한 마지막 치유에 저항한다. 그는 묻는다. "신이 모든 것을 규정한다면 도대체 자유의지가 있는가? 나의 자아가 나 자신에게서만 나온 것이라면, 나는 죽어서도 유지되고 있는 나의 자아를 알 수 있는가?" 그러나 철학은 이 물음을 완전히 해소시켜 준다. 어두운 신의 본질은 근거가 없는 것이다. "어둠의 근거는 인간 이성의 운동이 신적인 섭리의 단순함에 도달할 수 없다는 사실에 있다."(같은 책, 190)

연습 신은 궁극적으로 우리에게 낯선 것인가?

그러나 철학은 보에티우스에게 신의 인식에 이르는 길을 제시한다. 신은 감각 또는 표상력 또는 이성이 아니라 직관을 통해서만 파악될 수 있다. 철학은 말한다. "우리 인간이 자신을 최고 지성으로까지 끌어올린다면 이성은 자신에게서 볼 수 없는 것을 보게 될 것이다."(같은 책, 197) 우리의 최고 지성은 신의 영원성을 무한한 생으로서 보게 될 것이다.

연습 신을 죽음과 삶, 선과 악의 저편에 있는 무한한 생으로 생각해 보시오. 이러한 무한한 생을 표현할 수 있는 상징을 제시해 보시오.

신은 선과 악, 과거와 미래에 대해 모든 것을 알고 있다. 인식할 수 없는 방식으로 선한 것은 선을 유지하고, 악한 것은 형벌을 받게 된다. "신을 향한 소망과 기도는 결코 헛된 것이 아니다. 소망과 기도가 올바르다면 모두 이루어 질 수 있다."(같은 책, 203)

연습 알려지지 않은 신, X에게 죽음의 불안으로부터 해방되기를 간청하는 철학적 기도를 기술하시오.

신에 대한 직관적 인식의 요구와 함께 다섯 번째 단계에서 이루어지는 계획적인 치료를 통하여 죽음의 불안으로 외상을 겪고 있는 보에티우스의 영혼은 죽음 앞에서 초연함을 되찾게 되었다.

정신적 치유의 철학적 방법

보에티우스는 다음과 같은 철학적 치유의 방법을 전개한다.

1. 외상을 겪는 자아와 철학 사이의 내적 대화
2. 진단을 위한 다섯 개의 물음과 그것을 해석할 수 있는 대답
3. 세계의 무의미함, 행복의 문제, 악한 신, 인간의 자유의 문제에 대한 철학적 정리
4. 발전하는 통찰에 담긴 모순들에 대한 작업
5. 외부에서 내면으로, 정신적으로 가까운 것에서 높은 것으로 향하는 대화의 체계적 구성
6. 철학적 통찰을 확신하고 유지할 수 있게 해 주는 시와 기도의 사용

사례: 해방된 자

보에티우스는 궁극적인 근거로서 이데아의 중심을 향해 가고 있는 해방된 영혼의 여행에 관한 플라톤의 이론을 가져온다. 그는 고통으로부터 해방된 영혼의 여행을 다음과 같은 시로 정리하였다.

덧없는 방황은 나로 인한 것이다.
그 방황은 너를 최고의 극으로 데려다줄 것이다.
서둘러 그곳을 향하여 갈 준비를 한다면
정신은 여기 이 땅을 가볍게 여기고
이 세계를 뒤로 돌아볼 때까지
끝없이 향해 가리라.
그리고 정신은 에테르의 흐름을 뚫고,
빛나는 불의 정수리를 관통하여
결국 별들의 집들로 올라간다.
…
정신은 빛나는 밤을

항상 수놓고 있는 별들 사이를 노닌다.
정신은 그것을 보는 것에 흠뻑 취했지만,
가장 멀리 있는 극을 향하여 다시 나아간다.
…
여기에서 왕은 통치권을 가지고
세계를 조종한다.
…
그 길이 너를 여기로 다시 데려왔을 때,
말하라! 다시 나는 오랜 고향을 찾았다고.
(같은 책, 150 이하)

연습 눈을 감고, 이데아의 궁극적 근거가 있는 세계 밖의 근원으로 향하는 여행을 생각해 보시오. 궁극적 근거에로의 여행을 자신의 시로 써 보시오.

죽음의 불안에 대한 현대 심리치료에서 보에티우스의 의의

보에티우스는 그의 치료 계획에서 외상을 극복하는 4단계를 제시하였다. 엘리자베스 퀴블러 로스E. Kübler-Ross는 이것을 처음으로 발전시켰다. 퀴블러 로스는 이러한 단계를 저항, 부정, 수용, 의미 발견이라고 부른다(Kübler-Ross 1976).

현대 정신외상학은 보에티우스가 죽음에 직면하여 겪은 가장 극단적인 불안의 경험을 다음과 같이 말한다. “죽음의 불안을 가진 인간은 항상 죽음이 닥쳐올 수 있다는 기다림 속에서 살고 있다. 그것은 항상 특별하고 강력하며 지속되는 불안을 야기한다.”(Fisch, Riedesser, 1998, 126)

현대 정신외상학은 예를 들어 보에티우스가 기다리고 있던 사형과 같이 위협적 상황에 대면하여 일어날 수 있는 정신적 과정에 대해 다음과 같이 주장한다. "위협을 받는 자기는 자아를 병들게 하는 모든 위협적인 것으로부터 벗어나 자기에게로 돌아간다. 자기는 정신적인 한 점으로 집중된다. 그 점으로부터 의지할 수 없는 육체적 자아는 낯설고 심지어 비현실적인 것으로 여겨진다. … 육체 자체로부터 벗어나는 능력, 즉 정신적이고 심리적인 자아와 연관된 자기의 체계와 육체의 체계 사이의 분리를 가능하게 하는 능력은 내적 자유를 창조한다. 내적 자유에서 자기는 체험의 중심으로서 육체의 의존성을 넘어설 수 있다."(같은 책, 328) 덧없는 육체와 육체로부터 독립된 자기 사이의 분리 과정을 신플라톤주의자 보에티우스는 이미 1500년 전에 철학적 심리치료에 정확하게 도입하였다. 그의 인식은 오늘날 정신외상학에서도 여전히 의식적 또는 무의식적으로 적용되고 있다.

보에티우스가 의인화한 내적 철학이 보여 주는 것처럼 현대치료에서도 죽음의 불안에는 다음과 같은 치료가 동반된다. 단계적으로 불안의 덮침, 부정, 그리고 악, 무의미, 행복의 상실과 관련된 내적 심상과의 대결, 파괴될 수 없는 자아를 구출하는 작업이 치료 과정에서 중요하게 여겨진다(같은 책, 95).

마지막 연습 보에티우스의 어떤 사상이 당신의 고통을 감소시키고 치유하는가? 그렇지 않은 것도 있는가?

◎ 참고문헌

Boëthius: *Trost der Philosophie* [철학의 위안]. München 1991.

Braun, J. Braun, G.: *Der unhandliche Philosoph. Berichte zur Biographie des Sokrates* [다루기 힘든 철학자. 소크라테스의 전기에 대한 보고]. Frankfurt 1983.

Fisch, G., P. Riedesser: *Lehrbuch der Psychotraumatologie* [정신외상학 편람]. München 1998.

Fuhrmann, M. Gruber, J. (Hrsg.): *Boëthius* [보에티우스]. Darmstadt 1984.

Gomberz, W. L.: *Die Philosophie der ausgehenden Antike und des frühen Mittelalters* [고대 말기와 중세 초기의 철학]. München 1997.

Gruber, J.: *Kommentar zu Boëthius, "De Consolatione Philosophiae"* [『철학의 위안』에 대한 주석]. Berlin 1978.

Schmid, W.: "Philosophisches und Medizinisches in der Consolatio des Boëthius" [보에티우스의 『철학의 위안』에서 철학적인 것과 의학적인 것]. In: *Festschrift für Bruno Snell* [브루노 슈넬의 기념논문집]. 113 이하, Frankfurt 1965.

Schmidt, Kohl, V.: *Die neoplatonische Seelenlehre in der "Consolatione Philosophiae" des Boëthius* [보에티우스의 『철학의 위안』에서 신플라톤주의의 영혼론]. Meisenheim 1965.

Kübler-Ross, E. (Hrsg.): *Reif werden zum Tode* [죽음을 향한 성숙]. Stuttgart 1976.

Kübler-Ross, E.: *Das Rad des Lebens. Autobiographie* [삶의 바퀴. 자서전]. München 2000.

5. 노년과의 유쾌한 만남: 미셸 몽테뉴

"이번 생이 너무나도 괴로웠기에
나는 다른 생을 희망하지 않는다."
— J. J. Rousseau

미셸 몽테뉴Michel de Montaigne, 1533-1592는 노년의 고통에 관한 자기분석과 자기치료를 창안하였다.

몽테뉴의 생애와 그의 시대

미셸 몽테뉴는 1533년 프랑스에서 태어나 칼뱅교도와 가톨릭교도 사이의 종교전쟁으로 혼란스러웠던 시대를 살았다. 기독교도들 사이의 분쟁은 그 시대를 각인하고 있는 근본적인 문제였다. 미셸 몽테뉴는 이 다툼에서 어느 편에도 속하지 않았다. 그는 모든 판단의 대립에 대해 회의주의의 입장을 취하였다. 그런 중에도 그는 오랫동안 공무원으로 근무하였다. 1557년에서 1570년까지 그는 보르도 의회의 공직을 맡았다.

그러나 1570년 그는 노년의 위기에 관한 치료에 몰두하기 시작하였고, 자신의 관직에서 물러나 아버지로부터 2년 전에 상속받은 영지로 이사를 하였다. 그곳에 집을 짓고 둥근 탑으로 된 3층에 도서관을 설치한 그는 이 탑의 공간을 그리스어와 라틴어 비문들로 장식하였다.

연습 당신은 어떤 철학적 비문으로 자기치료의 공간을 장식하겠는가?

그는 이 공간에서 대부분의 여생을 보냈다. 몽테뉴는 37세 때부터 자기치료를 시작하였다. 훗날 그는 노년의 문턱을 넘어 이미 40대로 깊이 들어왔다며 자신에 대해 말하였다. 이때 그는 우리 시대의 60대와 같은 은퇴 상태를 경험하였다. 16세기 사람들은 40대가 되면 이미 늙었다고 생각하였다. 오늘날 "중년의 위기"가 당시에는 이미 노년의 위기로 여겨졌다.

몽테뉴는 자신의 철학적 자기치료를 발전시켜 가면서 체념, 죽음의 불안, 육체의 쇠약, 힘의 상실, 공포에 대한 상상, 광기 앞에서의 불안과 맞서 싸웠다.

미셸 몽테뉴의 심리치료는 다음의 주요 원칙을 포함한다.

1. 우리 모두는 자아도취로 인한 잘못된 생각과 왜곡된 현실로 인해 괴로워한다.
2. 그런 생각은 특히 자기에 대한 심정, 성, 노년과 관계가 있다.
3. 잘못된 생각은 자신의 사고능력에 대한 회의주의적 반성을 통해 파괴되어야 한다.

자기치료를 위한 몽테뉴의 방법은 독서, 글쓰기, 명상, 긴장 이완, 기회가 있을 때마다 공적 생활로 복귀하는 것이었다. 그는 1580-1581년 독일, 스위스, 이탈리아를 여행했고, 1581년부터 1585년까지 보르도의 시장을 역임하였다. 이러한 활동 중에 그는 자기치료의 경험을 순전히 개인적으로 기록한 『수필집』을 저술하였다.

몽테뉴의 철학적 배경

몽테뉴의 자기치유는 기원후 2세기나 3세기에 활동한 것으로 추정되는 섹스투스 엠피리쿠스Sextus Empirikus, 200-250의 회의주의로부터 주로 영향을 받았다. 그는 자기치료를 위한 공간으로 사용한 방의 천장에 회의주의에 대한 여덟 개의 격언들 중에서 다음의 두 문장을 써 놓았다.

“아무것도 확실하지 않다. 이 점만은 확실하다.”

“나는 판단을 억제한다.”

회의주의는 기원전 3세기 엘리스에서 활동하던 피론Pyrrhon이 가르쳤던 것이다. 그것을 물려받아 엠피리쿠스는 『피론의 회의주의 개요』를 저술하였다. 회의주의는 사고의 근본원칙으로서 모든 진술에 대해 반대 진술이 가능하다는 것을 제시한다. 세계와 자아의 모든 모순에 직면해 있는 인간은 진리를 알 수 없으며 그 때문에 판단을 유보해야 한다. 이러한 판단 유보가 회의주의적 심리치료의 핵심이다. “독단적으로 자연에 대해 좋거나 나쁘다고 여기는 자는 계속해서 불안을 느낀다. … 자연적 좋음이나 나쁨에 대해 결정된 확신을 품지 않는 자는 흥분을 피하거나 괴로움을 겪지 않고 평정을 유지할 수 있다. … 회의주의자는 모든 판단을 유보한다. 판단을 유보할 때 육체의 그림자처럼 영혼의 평정이 자연스럽게 뒤따른다.”(Sextus Empirikus 1985, 100)

판단 유보의 기술은 영혼의 안식을 가져다준다. “회의주의자가 치료하려는 병은 성급한 판단과 불명료함이다. 이 둘은 서로 연결되어 있다.”(Ricken 1994, 106) 왜냐하면 잘못된 판단으로부터 강렬한 격정이 생기며, 극단적인 경우에는 발작이 일어날 수도 있기 때문이다. “회의주의의 치료는 내적 불안을 동반하는 진리 추구로부터 환자들을 해방시키려고 한다. … 회의주의자는 모든 판단에서 병적 증상을 본다.”(같은 책, 107) 회의주의자는 모든 판단의 가치를 절하시키는 논거를 통해 심리학적으로 자유롭게 하는 작용을 강조한다.

연습 무엇이 당신을 끊임없이 판단하도록 강요하는가?

엠피리쿠스는 다음과 같은 근거로 회의주의를 지지한다.

- 우리의 감각적 인식은 신뢰할 수 없다.
- 우리는 특정한 사건에 대해 서로 다르게 반응한다.
- 다른 나라에는 다른 도덕과 철학이 있다.
- 소크라테스는 무지를 최상의 덕으로 칭송하였다.

연습 회의주의의 심리치료에 대한 찬성 논거와 반대 논거를 제시하시오.

몽테뉴는 엠피리쿠스와 자신의 시대에 인문주의자로 알려진 회의주의자들의 글을 읽었다. 그중에서 로테르담의 에라스무스Erasmus가 저술한 『바보 예찬』을 감명 깊게 읽었다. 몽테뉴가 가진 회의주의의 기본 태도는 처음부터 끝까지 그의 수필집에 드러나고 있다. 그는 종교전쟁 시기에 난무했던 견해들이 서로 다르며, 불확실하다는 것을 강조한다. 그는 도덕의 다양성과 종교의 차이성을 인정한다. 그리고 자신의 생철학에서 지속적인 변화를 발견한다.

그의 수필집을 읽을 때 "사람들은 정신적 현기증을 일으키는 강한 불쾌감에 사로잡힌다."(Burke 2004, 30)

연습 자신의 생철학이 시간이 지남에 따라 어떻게 달라졌는가? 다양한 삶의 국면(유년기, 청소년기, 청년기, 부모가 된 시기, 중년기, 노년기)에 따라 변한 자신의 생철학을 정리해 보시오.

그러나 몽테뉴는 회의주의가 가진 치료의 능력에 대해서는 의심하지 않았다. "인간의 상상이 만들어 낸 많은 오류 중 하나에 얽히는 것보다 입장 표명을 단념하는 것이 더 좋지 않겠는가?"(Montaigne 1996, 211)

연습 당신은 노년의 어려움에 대한 상상으로 생기는 고민을 어떻게 해결하고 있는가?

몽테뉴는 노년에 당연히 “지식과 경험이 성장한다”는 상상을 항상 거부하였다(Montaigne 2002, 1권 491).

몽테뉴의 영혼론

몽테뉴는 영혼이 육체와 함께 태어나고 성장하며 늙는다고 보았다(Montaigne 1996, 219). 몽테뉴에게 영혼의 불멸에 대한 생각은 신앙의 문제였다.

그러나 영혼은 서로 다른 부분을 가진다.

- 영혼은 **양심**을 포함한다. “나는 나에 대해 판단할 수 있는 나 자신의 법칙과 법정을 가지고 있다.”(같은 책, 288)
- 영혼은 **자아**로 이루어진다. “자아가 나의 자아에서 항상 전체로 존재하지 않을지라도 자아는 언제나 바로 곁에 존재한다.”(같은 책, 289)
- 영혼은 **무의식**을 가진다. “운명보다 더 강한 우리의 영혼은 삶을 형성하고, 자신이 원하는 대로 삶을 이용한다. 오직 영혼만이 삶을 행운 또는 불행으로 바꾸는 근본원인과 지배자로서 규정된다.”(같은 책, 135 이하)

몽테뉴에 따르면 고통은 영혼 부분들 간의 긴장에서 생긴다. “우리의 고통은 영혼 안에 있지만 영혼은 자기 자신으로부터 벗어날 수가 없다.”(같은 책, 121) 왜냐하면 영혼이 다음과 같은 모습을 보이기 때문이다. “우리는 두 영혼을 지니고 있고 … 이 두 영혼이 항상 우리 곁에서 우리를 끌어가고 있다. … 한 영혼은 선을 위한 것이고 다른 영혼은 악을 위한 것이다.”(같은 책, 122)

연습 당신도 자신의 정신적 고통을 영혼의 분열로 설명하는가? 그 예를 들어 보시오.

노년의 고통

몽테뉴의 고통이론은 회의주의 외에도 폭넓은 고대의 전형들에 기초하고 있다. 그리스 의사 히포크라테스Hippokrates, 기원전 460-기원전 380는 증상으로 병을 진단하는 규준을 발전시켰다. 이후 아리스토텔레스Aristoteles, 기원전 384-기원전 322는 정서적 증상의 형식들에 대해 논의하였다. 테오프라스트Theophrast, 기원전 372-기원전 288는 정서적 증상과 정신적 증상을 통해 인성을 진단하였다.

몽테뉴는 당시 인간들이 지닌 정서적 고통과 정신적 고통의 증상에 관한 분석을 발전시켰다. 특히 회의주의자 몽테뉴에게는 상상으로 인한 고통의 증상이 매우 중요하게 다루어진다. "사실 나는 상상의 힘에 강한 영향을 받는 사람들에 속한다. 상상의 힘은 모든 사람을 덮치고 많은 사람을 힘들게 만든다."(Montaigne 2002, 1권 148)

연습 노년에 대한 어떤 상상이 당신을 힘들게 만드는가? 그 목록을 작성해 보시오.

상상은 환각으로 발전한다. "환각에 빠질 때 우리는 땀을 흘리고 전율하며 붉어지다가 창백해지기 시작한다. 점차 환각은 이불을 감고 있는 것처럼 육체를 뒤흔들어 죽을 것 같다는 생각이 들게 만든다."(같은 책, 149) 상상의 위력 앞에 무의식적 힘도 정당화된다. "우리 모두는 각자에게 고유한 충동적 힘을 가지고 있다. 그 힘으로 인해 사람들은 미리 동의를 구하지 않고도 벌떡 일어나기도 하고 잠에 빠지기도 한다. 자주 자기도 모르게 얼굴의 경련이 일어나 은밀히 간직했던 생각들을 드러냄으로써 앞에 있는 다른 사람들에게 웃음거리가 되기도 한다."(같은 책, 157) 몽테뉴에게 상상은 "자주 육체적·정서적·정신적 병의 원인, 심지어 죽음의 원인"이 되는 것으로 여겨졌다(Ellenberger 1972, 1권 164).

연습 이전에 공상 혹은 상상으로 인해 육체적 또는 정신적 병을 앓은 적이 있는가?

몽테뉴는 **자기애로 인한 자아도취적 증상**을 제시한다. 이 증상은 공익을 위한 참여에서도 개인적인 명예욕을 숨기고 있다. 그리고 몽테뉴는 자부심을 가진 겸손과 겸허는 다르게 생각해야 한다고 가르친다. 몽테뉴는 자주 노년에 사회적 역할을 과장해서 말하는 데에는 개인적인 허약함이 감추어져 있다고 보았다.

연습 당신은 자신이 어떤 자아도취적 가면을 가지고 있는지 알고 있는가?

몽테뉴가 노년의 위기에 스스로 주목했던 본질적인 정신병은 죽음에 대한 공포, 즉 **죽음 앞에서의 불안**이었다. 이 불안은 당시 퍼져 있었으며 시민전쟁으로 인해 증폭되었다. "고대에 있었던 끔찍한 보도들보다 더 심하고 잔인한 사건들이 오늘날 일상이 되었다."(Montaigne 1996, 304)

연습 당신은 일상적인 폭력 보도를 어떻게 여기는가? 그것이 당신을 동요시키거나 불안하게 만드는가? 아니면 이미 그것에 익숙해졌는가?

끝으로 몽테뉴는 성적 공포증, 즉 **노년의 성적 불능에 대한 불안**을 다루었다. "내 생각에 우리 남자들이 말할 수 없을 정도의 위협으로 느끼는 성적 불능은 불안과 공포의 소산일 뿐이다."(Montaigne 2002, 1권 151)

연습 노인의 성적 불능을 청년의 성적 불능과 다르게 다루는 근거가 무엇인가?

결국 몽테뉴에게 있어 **광기는 정상과 밀접한 관계**가 있다. "우리는 정신병자의 행동에서 광기가 창조적인 영혼의 기능과 얼마나 밀접한 관계에 있는지를 알게 된다."(Montaigne 2002, 2권 246) 그러나 광기는 창조적일 뿐만 아니라 파괴적이기도 하다. "수많은 인물들이 자신들의 재능과 능력에 의해 혼미해지고 몰락하였다."(같은 책, 247)

연습 당신은 정상과 광기 사이의 경계를 어디에 긋는가?

노년의 고통에 대한 치유

몽테뉴의 회의주의적 치유는 다음과 같은 내용을 중요하게 생각한다. 그는 자신의 고통을 공개적으로 고백하는 것이 과도한 상상을 진정시켜 준다는 것을 알았기 때문에 자기의 수필집을 쓰고 발표한다. 그는 수필집에서 항상 전기傳記와 많은 유사한 사례들을 통해 과도한 자신의 상상을 가라앉히려 한다. 그는 지속적으로 다양한 문화에서 모든 도덕과 관습이 상대적임을 고려함으로써 자신의 양심을 병적인 죄책감으로부터 자유롭게 한다. 또한 몽테뉴는 회의주의적 방법이 노년의 과대망상을 없애는 데 효과적이라고 추천한다. "어떤 사람이 끊임없이 다른 사람을 업신여기고 자기의식에 취해 있다면 지난 백 년을 되돌아보기 바란다. 거기에서 자신을 보잘것없는 사람으로 만드는 수천의 인물들을 만나자마자 그는 즉시 자신의 자만심을 꺾을 것이다."(같은 책, 79)

연습 당신을 과대망상에서 벗어나도록 도와줄 수 있는 것은 무엇인가?

몽테뉴는 예를 들어 자기실험을 통해 죽음의 공포를 극복하려고 하였다. 심한 낙마 사고를 겪은 그는 죽음과 가까워지는 경험을 통해 죽음의 공포가 약화됨을 느꼈다. "죽음의 느낌은 잠에 빠질 때 느끼는 것처럼 … 아주 약하고 매우 섬세하게 내 영혼의 표면을 가볍게 스치는 그런 것이었다."

(Montaigne 2002, 1권 69)

연습 당신도 죽음을 상대화할 수 있는 죽음과 가까워지는 경험을 갖고 있는가?

사례 1: 미셸 몽테뉴 자신

회의주의적 심리치료의 주요 사례는 몽테뉴 자신이었다. 그는 수필집 세 권에서 자신의 자기치료를 포괄적으로 보고하였다. 그는 자신이 겪는 노년의 위기를 정확히 분석하였다. 그는 노년의 성적 불능은 결코 상실이 아님을 주장한다. 그러나 노년에 이성理性은 까다로워지며 쉽게 지친다. 그리고 노년은 인간을 고약하게 만들며 돈에 욕심을 가지게 한다(같은 책, 294). 노년 자체가 정신적·육체적 병이다.

연습 당신에게 노년은 병인가?

이때부터 몽테뉴는 자신이 겪는 노년의 위기에 대한 치료를 더 철저하게 수행하였다. 가장 중요한 것은 자기관찰과 자기교정이다. 몽테뉴는 사람들이 **밖으로 시선**을 돌려야 한다고 말한다. 넓은 세계 전체는 자기치료의 부분이 된다. 왜냐하면 세계는 자신의 운명을 상대화하도록 가르치기 때문이다.

연습 시선을 넓은 바깥 세계로 돌릴 때 당신은 무엇을 보는가? 밖으로 향한 시선은 당신에게 무엇을 가져다주는가?

그러나 **안으로 향한 시선**이 더 중요하다. 안으로, 즉 의식의 움직임으로 향한 시선은 현실이 왜곡되었다는 사실을 알게 한다. 이러한 목적을 위해 내적 실재가 기록되고 분석되어야 하며 가까운 유형들과 비교하여 수필집 형식으로 작성되어야 한다.

연습 노년에 글쓰기 치료가 효과가 있다고 여기는가? 그렇다면 "나"를 주제로 자유롭게 글을 써 보시오.

몽테뉴는 치유 수단인 암시력에 대해서도 알고 있었다. "상상력도 육체적이고 심리적인 고통의 치유에 이용될 수 있다."(Ellenberger 1972, 1권 164)

의식은 지속적으로 흐르기 때문에 자기에 대해 기술하는 것과 자기를 평가하는 것이 어렵지만 자기관찰의 어려움이 극복되어야 한다. "이 경우에 전적으로 양심에 맡겨야 한다." 모순은 알려지고 해명되어야 한다. "숨김없이 숙고하는 자는 자신이 결코 두 번 동일인이 될 수 없다는 것을 알고 있다."(Montaigne 1996, 162)

연습 자신의 삶의 과정에서 나타난 자화상에 어떤 변화들이 있었는지 당신은 알고 있는가?

몽테뉴는 자아와 내면의 많은 변화를 통찰함으로써 자아에 대한 근본적인 회의주의를 발전시켰다. 이러한 회의주의는 노년에 자아도취에 빠지는 것과 자신에게 집착하는 것을 약화시킨다. 그는 노년에 회의주의를 통해 자아로부터 벗어나는 것을 중요하게 여겼다. 그는 말한다. "우리 모두는 조각으로 구성되어 있다."(같은 책, 165) 대립하고 있는 모든 것이 자신의 영혼 안에서 항상 발견될 수 있다. 비이성은 자주 강해지고 이성은 자주 약해진다. 노년에는 다른 사람들의 생각들을 반복하는 것보다 자신의 생각을 더 많이 하는 것이 중요하다. 몽테뉴는 "나는 키케로보다 나 자신을 올바로 이해하는 편이 더 좋다"고 생각하였다.

연습 젊은 시절보다 노년에 들어서야 자신을 더 잘 이해하게 되는 것은 무엇 때문인가?

그리고 노년에 자연을 올바로 이해하는 것 또한 중요하다. 자연은 우리에게 "이 기계의 어떤 부분도 그것을 만든 자를 부정하지 않는다"는 것을 보여 준다(Montaigne 2002, 2권 178). 별들의 경관은 위안을 준다. "우리가 천체로부터 보는 모든 것은 경이로움에 말을 잃게 만든다."(Montaigne 1996, 185)

연습 당신은 자연을 이해함으로써 노년에 위로를 받을 수 있는가?

따라서 몽테뉴는 자신의 자아에 대한 마지막 통찰에서 다음과 같이 말한다. "나는 자연과 하나가 될 것이다. 자연은 나의 탄생을 준비했고, 내가 죽을 때도 나를 도울 것이다."

사례 II: 절대적 우정

에띠엔느 드 라 보에띠Etienne de la Boetie는 몽테뉴와 가장 친한 친구였다. 에띠엔느가 갑자스레 너무 일찍 세상을 떠나는 바람에 그들의 우정은 빨리 끝날 수밖에 없었다. 그러나 몽테뉴는 평생 친구의 모습을 기억하며 살았다. 친구의 모습은 노년의 그에게 위로가 되었으며, 모든 사랑과 결혼조차 넘어선 것이었다. "사람들이 왜 내가 에띠엔느 드 라 보에띠를 사랑했는지에 대해 말하도록 한다면 나는 하나의 대답으로만 그것을 표현할 수 있으리라고 생각한다. 왜냐하면 그는 나였고, 나는 그였기 때문이다. … 우리는 만났으면서도 서로를 찾았다. … 이름만 들어도 이미 부둥켜안고 있었다. … 내가 다른 그 누구에게도 밝히지 않겠다고 맹세한 그 비밀을 나는 거짓 없이 그에게는 전할 수 있다. 그는 타인이 아니다. 그는 나이다. … 그를 잃은 후 나에게는 무상하고 외롭고 어두운 밤 이외에 아무것도 존재하지 않았다. … 항상 둘이 있는 것에 이미 익숙했기 때문에 나는 그의 죽음 이후 줄곧 반쪽으로 살았다고 생각한다. … 그가 나에게 없다는 것은 생각조차 할 수 없다. 나는 그가 없어 너무나 쓸쓸하다."(Montaigne 2002, 1권 293-302)

연습 가장 친한 친구를 잃은 상실감에 대해 기술하시오. 이러한 기억이 노년에 당신을 어떻게 강하게 만드는지 또는 강하게 만들 것인지를 생각하고 이에 대해 기술하시오.

현대 심리치료에서 몽테뉴의 의의

몽테뉴는 새로운 치료 분야, 즉 노인치료, 노년의 위기치료에 대한 분야를 개척하였다. 이 분야는 오늘날 비로소 주목을 받고 있다. "종말의 분위기로 은퇴에 대해 반응을 보이는 많은 사람들이 있다."(Langmaack 2002, 42) 죽음의 불안은 노년에 삶의 중심이 된다(Schlaffer 2003, 21). 노년은 "내가 예견한 것보다 더 좋지 않다."(Amery 1968, 12) 그러나 "노년은 대학교에서 다룰 주제가 아니다."(Bobio 2004, 25)

몽테뉴는 첫 번째 노인치료사이다. 그는 오늘날에도 노년의 위기를 위한 치료 분야에 영향을 줄 수 있다. 다음과 같은 회의주의적 치료의 격언은 오늘날도 여전히 타당하다.

죽음은 나쁘지 않다.
오히려 사람들이 그것에 대해 가지고 있는
생각이 나쁘다.
(에피쿠로스)

노인치료를 위한 몽테뉴의 기초

노년의 고통

1. 상상은 노년의 삶에서 점점 더 큰 역할을 수행한다. 사람들이 외부 세계로부터 멀어질수록 그 만큼 더 내적 정신 세계는 발달한다. 이 내적 세계는 공포, 불안, 절망, 그리고 불면증, 발한증, 폐쇄불안증과 같은 육체적 불안의 반응들로 가득 찬다.

2. 이성이 약해지기 때문에 무의식은 노년에 점점 더 큰 역할을 수행한다. 마지막 순간을 상상하는 것과 노년의 성적 욕구에 대한 극복은 계속되어야 한다.
3. 정상에서 노년에 발생하는 광기로의 이행은 조용히 찾아온다. 예를 들어, 알츠하이머 또는 치매와 같은 광기와 함께 사회적 고립, 기괴한 행동, 폐쇄로 인한 침묵이 나타난다.
4. 노년의 과도한 상상들은 남자의 경우 성적 불능에 대한 불안으로부터, 여자의 경우 모든 성적 매력을 잃어버릴지도 모른다는 불안으로부터 생긴다.

고통의 치료

1. 회의주의를 통한 판단 유보는 노년에 접어들면서 나타나는 불필요한 많은 불안들로부터 벗어나게 해 준다.
2. 불안의 장소로서 늙어 가는 자아는 점점 더 단편적으로 드러나고, 삶의 이력과 연관된 정체성 및 기억들이 점차 해체되기 시작한다. 그렇지만 이를 통해 노년 앞에서의 불안도 감소한다.
3. 노인들은 자주 소극적으로 되기 쉽다. 따라서 사회적인 외부 세계와 정신적인 내적 세계를 같이 분석하는 것이 중요하다. 이 분석은 불안, 욕망, 분노, 의심이 세계뿐만 아니라 노년에 있는 자신의 정신조차 불필요하게 지배하고 있다는 것을 보여 준다.
4. 퇴행은 읽기와 글쓰기 치료로 극복되어야 한다. 노인들은 노년을 유쾌하게 극복한 사람들의 사례를 읽어야 한다 그리고 자신의 삶을 가장 사랑할 수 있어야 한다.
5. 죽음 앞에서의 불안은 사고와 수술을 봄으로써 감소될 수 있다. 이것들은 죽음을 깨어 있다가 잠드는 것처럼 보이게 한다.
6. 육체적인 쇠약은 유쾌하게 할 수 있는 모든 것, 예를 들어 노래, 연애, 춤, 여행과 같은 것을 함으로써 만회될 수 있다.
7. 삶의 근본태도는 중년의 위기까지는 스토아의 금욕 생활이 필요하고, 노년의 위기를 위해서는 에피쿠로스의 기쁨이 요구된다.
8. 노인들은 자신의 노년을 더 분명하게 결정하는 생성과 소멸의 자연법칙에 더 친숙해져야 한다.

마지막 연습 미셸 몽테뉴의 어떤 사상이 당신의 고통을 감소시키고 치유하는가, 그렇지 않은 것도 있는가?

◎ 참고문헌

De Montaigne, de M.: *Essays* [수필집]. Stuttgart 1996.
De Montaigne, de M.: *Essays* [수필집]. Bd. 1-3, Frankfurt 2002.

Amery, J.: *Über das Altern* [늙음에 관하여]. Stuttgart 1968.
Bobio, N.: *Vom Alter* [노년에 관하여]. Berlin 2004.
Burke, P.: *De Montaigne* [몽테뉴]. Hamburg 2004.
Ellenberger, H. F.: *Die Entdeckung des Unbewussten* [무의식의 발견]. Bd. 1, Zürich 1972.
Friedich, H.: *De Montaigne* [몽테뉴]. Bern 1967.
Laconture, J.: *Michel de Montaigne* [미셸 몽테뉴]. Frnakfurt 1998.
Langmaack, B.: *Ruhestand* [은퇴]. Stuttgart 2002.
Ricken, F.: *Antike Skeptiker* [고대 회의주의자]. München 1994.
Schlaffer, H.: *Das Alter* [노년]. Frankfurt 2003.
Schmidbauer, W.: *Psychotherapie im Alter* [노년의 심리치료]. Stuttgart 2002.
Schultz, U.: *De Montaigne* [몽테뉴]. Reinbek 1996.
Sextus Empirikus: *Grundriss der pyrrhonischen Skepsis* [피론의 회의주의 개요]. Frankfurt 1985.
Storabinski, J.: *De Montaigne* [몽테뉴]. München 1986.
Weigand, W.: *Michel de Montaigne* [미셸 몽테뉴]. Zürich 1985.
Westerwelle, K.: *De Montaigne* [몽테뉴]. München 1992.
Zimmer, R.: *Die europäischen Moralisten* [유럽의 도덕주의자들]. Hamburg 1999.

6. 멜랑콜리의 치료에 대해: 로버트 버턴

"나는 우리 심리치료사들이
본래 고통의 철학자이어야 한다는 것을 숨길 수 없다."
— C. G. Jung

로버트 버턴Robert Burton, 1577-1640은 멜랑콜리를 치료하기 위해 평생을 바쳐 연구하였다.

버턴의 생애와 환경

르네 데카르트René Descartes는 17세기에 광기의 이론을 위한 기초를 다졌다. 그는 몸과 정신의 근본적인 분리로부터 출발하였다. 그는 광기를 육체에 속하는 것으로 여기는 반면, 이성을 통해 광기로부터 정신을 보호하려고 하였다. 데카르트는 '송과선松果腺'이 정신과 육체 사이를 중개한다는 이론을 통해 광기와 고통의 근원을 신체 기관에서 찾으려는 경향을 강화시켰다. 뇌해부학은 정신병의 근원에 대한 탐구에 중심을 두고, 정신을 치료하는 데에는 관심을 가지지 않았다. 프리드리히 대왕의 궁전에 머물고 있던 철학자 라 메트리La Mettrie, 1709-1751는 철저한 유물론자로서 육체로부터 정신을 완전히 배제시킴과 동시에 정신의 치유와 철학을 철저하게 분리시켰다. "지금부터 병과 건강의 육체적 측면만이 의학에 의해 더 정확하게 파악되고 탐구되어야 한다. 반면 정신-영혼은 의학의 관할 영역의 저편에 있는 육체의 일부로 남아 있다."(Kutzer 1998, 155)

로버트 버턴의 연구는 이보다 더 놀라운 것이었다. 그는 "멜랑콜리"라는 집합 개념 아래 광기에 대한 정신적이고 육체적인 모든 형태를 종합하고, 2천 년의 철학적 사고를 정리하였으며, 광기의 원인과 치료에 대한 전체적인 내용을 포괄적으로 평가하였다. 버턴에 따르면 멜랑콜리는 "우울함, … 소질 또는 습관, 고통과 불쾌감의 원인, 정신박약, 의기소침, 중독, 비애 또는 정신착란"으로 파악될 수 있다(Burton 2003, 47). 오늘날 멜랑콜리의 개념은 사라지고, 우울증Depression이라는 개념으로 대체되었다.

로버트 버턴의 심리치료는 다음의 진료를 포함하는 6단계로 나뉜다.

1. 중심 문제 인식하기
2. 감정적 장애 설명하기
3. 편안한 활동 촉진하기
4. 잘못된 생각과 상상 정리 및 교정하기
5. 문제 해결 능력 향상시키기
6. 새로운 위기 준비하기

연습 당신은 멜랑콜리를 어떻게 정의하는가?

평생을 바쳐서 진행된 '멜랑콜리의 해부학'에 대한 버턴의 연구는 이후 『우울증의 해부학』이라는 제목으로 출판되었고, 오늘날까지 이와 관련된 모든 책을 위한 주요 자료로서 활용되고 있다. 버턴은 이 책의 서문에 자신의 삶에 대한 중요한 언급을 하면서 옥스퍼드대학의 신학자로서 자신이 소극적인 삶을 살았다고 전하고 있다. "나는 대부분 나의 방에 파묻혀 지혜에 대한 연구에 몰두하였다."(같은 책, 19)

본래 신학자로서 매우 멜랑콜리하고 우울했던 그는 30년 넘게 광기와 관련된 책을 읽었고, '멜랑콜리'에 관한 책을 썼다. 그는 결혼하지 않았으며 따라서 부인도 아이도 없었다. 그러나 그는 30년전쟁과 같은 종교전쟁으로 인해 피폐된 사회에 멜랑콜리한 분위기가 날로 확장되고 있다는 것을 전하면서 자주 "자신이 변화시킬 수 없는 폐해의 증인이 되었다"는 사실에 분통을 터트렸다(같은 책, 22 이하).

그는 철학자 데모크리토스에게서 영향을 받았다. 사람들은 그리스의 압데라 Abdera에 살던 데모크리토스가 동물의 시체 사이에 앉아 웃었다고 해서 그를 미친 사람으로 간주하였다. 그를 치료하기 위해 압데라 시민들의 요청으로 방문한 유명한 고대의 의사 히포크라테스는 데모크리토스에게 웃는 이유가 무엇인지 물었다. 데모크리토스는 "나는 광기의 근원을 찾고 있다"고 대답하였다. 히포크라테스는 그의 답변에서 그가 뛰어난 지혜를 가진 자임을 알아차리고 압데라 시민들에게 그를 경계할 필요가 없다고 말하였다.

연습 당신에게 있어 광기를 일으키는 신체 기관의 원인은 무엇인가?

로버트 버턴은 자신을 고대에 광기에 대한 책을 쓴 데모크리토스의 후계자로 생각하였다. 그러나 데모크리토스의 책은 지금 남아 있지 않다. 버턴은 다음과 같이 기술한다. "데모크리토스의 저작은 완성되지 않았고 분실되었다. 그러나 나는 마치 그의 대변인처럼 그의 관심 주제를 되살려 그의 연구를 다시 시작하고 그 책을 완성하려 한다."(같은 책, 23) 계속해서 버턴은 자신의 연구 이유를 밝힌다. "나는 연구를 통해 우울증으로부터 멀어지기 위해 그것에 관한 글을 썼다. 왜냐하면 한가함보다 더 심한 우울증의 원인은 없으며, 우울증에 몰두하는 것보다 더 좋은 치료약은 없기 때문이다."(같은 책, 24) '멜랑콜리'에 대한 연구를 시작할 때 그는 "무거운 마음, 희미한 머리, 결코 자유로울 수 없었던 일종의 강박증을 가지고 있었다. 글을 쓰는 것 이외에 그보다 더 좋은 강박증을 위한 해결책을 생각할 수 없었다."(같은 책, 25)

연습 마음의 평정을 위해 자신에 대해 글을 쓰는 것이 어떤 효과가 있는가?

버턴은 더욱 분명하게 말한다. "나는 다른 사람들이 피상적으로 읽고 들어서만 알고 있는 것을 느끼려 했고 그것을 실천하였다. 그들은 책을 통해 멜랑콜리에 대한 지식을 얻지만 나는 나의 멜랑콜리에서 나타나는 변화로부터 직접 지식을 얻었다. 나는 고통의 경험으로부터 말하고 공감을 통해 다른 사람들을 돕고 싶다."(같은 책, 25)

연습 당신은 어떤 정신적 고통에 대해, 그리고 누군가를 위해 글을 써 보고 싶었던 적이 있는가?

버턴의 책은 "뒤죽박죽 모아 놓은 메모들을 평소에 말하듯이 옮겨 적은 것이다."(같은 책, 36) 그는 "문학 애호가와 국외자"로서 글을 썼지만 신학자로서 치료법에 참여할 수 있다는 생각을 가지고 있었다. 그러나 당시의 학자들은 "이 책에서 모든 가능한 정신병을 위한 최고의 치유약을 발견할 수 있음에도 불구하고 자연의 진정한 보물을 건드리지 않고 방치하였다."(같은 책, 41)

버턴에게 분명한 것은 그가 다루는 멜랑콜리라는 병이 정신병으로서 "의학자의 영역과 마찬가지로 신학자의 영역과도 관련된 것"이라는 사실이었다(같은 책, 42). 육체와 관련이 있는 것은 의학적 진료가 필요하듯이 정신과 관련이 있는 것은 정신적 치료가 필요하다.

연습 당신에게 멜랑콜리는 얼마나 정신적인 근원을 가지며, 얼마나 육체적인 근원을 가지는가?

버턴은 전적으로 자신의 전기적 배경에서 멜랑콜리라는 주제를 선택하였다. 그는 "지속적이며 전혀 줄어들지 않는 세계에 대한 불만을 가졌던" 유년기를 보냈다(Alexander, Selesnick 1969, 141).

연습 당신의 유년기는 부정적인 자신의 생철학과 정신적 고통에 어떤 영향을 미치는가?

특히 30년전쟁은 '멜랑콜리'에 대해 연구를 하던 버턴에게 많은 영향을 주었다. 그는 계속해서 묻는다. "우리는 미친 세계에 살고 있지 않은가? 이 전쟁은 미친 것이 아닌가?"(Burton 2003, 71)

연습 오늘날 이 세계도 우리를 미치게 하지 않는가?

버턴은 말한다. "전쟁은 끝없이 긴 시대를 걸쳐 지속되고 있다. 믿을 것은 아무것도 없으며 죽고 죽이는 살육과 살인, 황폐화만이 있을 뿐이다. 하늘에는 유례없는 무기 소리만이 울린다."(같은 책, 68)

버턴의 철학적 배경

버턴은 『멜랑콜리의 해부학』에서 히포크라테스로 소급되는 갈레노스Galenos의 고대 멜랑콜리 이론의 요약을 참조하고 있다.

갈레노스의 이론은 멜랑콜리를 세 종류로 나눈다.

1. 뇌의 병으로 인한 멜랑콜리
2. 검은 담즙이 몸 전체의 피를 중독시켜 발생하는 일반적인 병
3. 소화기관에서 유래하여 뇌에 영향을 미쳐 발생하는 병으로서의 멜랑콜리 (Storabinski 1960, 28 참조)

그러나 버턴은 신으로부터 정신적으로 멀어진 결과로서 멜랑콜리를 이해한 중세의 멜랑콜리에 관한 이론에서도 중요한 내용을 이끌어 내었다. 멜랑콜리는 "신에 헌신하다가 신이 갑자기 자신에게 현현하는 기적"을 체험한 은둔자와 수도자에게도 엄습한다(같은 책, 35). 그러나 중세 사상에 따르면 멜랑콜리는 마귀의 활동으로도 여겨진다. "마귀는 모든 수단을 동원하여 멜랑콜리에 빠진 자를 신으로부터 멀어지게 만들기 때문이다."(Földényi 2004, 88)

그렇지만 버턴은 멜랑콜리를 정신병으로 파악하고 환자들에게 "절망에 이르게 하는 양심의 강력한 요구를 내려놓으라고" 충고한다(Storabinski 1960, 32).

버턴은 멜랑콜리에 대한 육체적 형태의 이론과 정신적인 형태의 이론이 서로 모순적으로 보이지만 충돌하지 않고 공존할 수 있다는 것을 일찍이 분명하게 받아들인다. 멜랑콜리는 아주 복합적인 정신병이기 때문에 버턴은 고통에 대한 이러한 모든 이론들을 의미 있는 것으로 평가한다.

버턴의 영혼론

버턴은 영혼을 상상과 이성 사이에서 일어나는 전쟁터로 여긴다. 영혼은 소우주이기 때문에 대우주를 통해 규정된다. 따라서 멜랑콜리와 모든 정신병은 영혼을 황폐화시킬 수 있다. 왜냐하면 세계 전체가 멜랑콜리하기 때문이다. 세계 자체는 육화된 죄이며, 죄는 혼란 속에 빠져 있는 영혼의 나타남이다. 그러므로 영혼의 혼란은 마귀의 영향으로 인한 결과이거나 체액, 특히 신체의 검은 담즙의 편재로 인한 것이다. 영혼이 멜랑콜리하다면 세계 전체도 그러하며, 세계 전체가 멜랑콜리하다면 개인도 그러하다(Földényi 2004, 180 이하).

버턴은 영혼이 육체로부터 발생한 결과로서 원래부터 멜랑콜리의 성향을 가지고 있다는 플라톤적 입장을 주장한다. 영혼은 자기 자신에 대해 완고한 적대성으로 구성되어 있다. 그러므로 영혼은 세계가 개인에게 심어 놓은 내적인 자기증오와 지속적으로 싸우는 개인의 전쟁터이다. 이러한 자기증오는 질투심에서, 경쟁심에서, 이성異性에 대한 상반된 태도에서 지속적으로 영혼에 상처를 준다(Alexander, Selesnick 1969, 141 참조).

연습 당신은 자신의 영혼 속에 있는 자기증오의 증후를 알고 있는가? 당신은 질투심, 경쟁심 또는 상반된 감정을 가지고 있는가?

멜랑콜리의 원인

버턴은 『멜랑콜리의 해부학』의 1부에서 멜랑콜리의 29가지 근원과 원인을 나열한다. 이 근원들은 신에서 시작하여 행성, 나이, 유전, 잘못된 섭생, 배변, 나쁜 공기, 고독, 긴 수면, 과도한 공포, 수치감, 악의, 경쟁심, 욕망, 소유욕을 거쳐 이기심, 지식욕, 가난에까지 이른다.

연습 당신에게 가장 설득력 있는 멜랑콜리의 원인은 무엇인가?

그중에서도 버턴은 멜랑콜리의 주요 원인으로 **상상력**을 들고 있다. "상상력은 인간의 주요 별자리이자 동시에 이성에 의해 인도되어야 할 우리 인생의 배를 위한 노와 같다. 그러나 이성이 상상에 의해 지배되면 자신의 과제를 더 이상 수행하지 못하고 배 전체가 통제되지 못하여 결국 전복되고 만다."(Burton 2003, 243) 멜랑콜리한 사람은 상상력의 장애를 가지고 있다. 그 사람은 자주 "불합리하며 위험한 것"을 상상한다(같은 책, 237). 그 사람은 가위에 눌리고 악몽에 시달리며, 천당과 지옥에 대해 이상한 이야기를 한다. 격정에 시달리다 결국 상상력은 폭발한다. "많은 사람들이 상상에 사로잡혀 웃고 울고 한숨 쉬고 신음하고 흥분하고 전율하고 땀을 흘린다."(같은 책, 239)

연습 당신은 과도한 상상에 대해 알고 있는가? 그것은 당신에게 어떻게 작용하는가?

병에 걸렸을 때, 멜랑콜리한 상상은 즉각 치명적인 결과를 가져온다. "때때로 강한 상상력은 심지어 죽음에 이르게 한다."(같은 책, 241) 우리가 이성을 거부하면 행성들, 특히 토성이 멜랑콜리의 원인이 될 수도 있다.

연습 행성이 당신의 삶의 리듬에 영향을 주는가?

그러나 행성들에 의한 것뿐만이 아니라 30년전쟁으로 인해 황폐화된 사회는 멜랑콜리의 심각한 원인이 되었다. "신의 계명과 인간의 규범은 땅에 떨어지고 칼로 모든 것이 결정된다."(같은 책, 69)

연습 400년 전 30년전쟁이 당시 사람들에게 영향을 미친 것처럼, 오늘날 테러와 반테러의 전쟁도 당신에게 비슷한 영향을 주는가?

사회의 지배적인 기준으로서 "돈, 계급, 명예, 권력은 이 기준을 채우지 못하는 사람에게 자기증오와 멜랑콜리에 빠지게 한다."(같은 책, 79)

연습 위에 나열한 지배적인 기준들 중에 어떤 것이 당신을 자기증오와 멜랑콜리에 빠지게 하는가? 당신이 그러한 견해를 가진 이유를 설명하시오.

불안과 과도한 신앙심은 멜랑콜리의 증후가 될 수 있으며 머지않아 절망적인 광기로 나타날 수 있다(Solomon 2001, 304 참조).

멜랑콜리의 치유

버턴은 『멜랑콜리의 해부학』 2부에서 치유의 방법을 다루고 있다. 여기에서는 상상력의 억제가 중심주제로 등장한다. 멜랑콜리한 사람은 그가 자신의 짐을 가장 무겁게 여긴다는 사실을 알아야 한다. "멜랑콜리한 사람은 다른 사람보다 더 슬퍼한다."(Burton 2001, 260) 이런 사람은 자신이 궤도를 이탈한 상상의 희생물이라는 것을 알아야 한다. 그 때문에 이런 사람은 자신의 상상을 위안을 주는 생각으로 바꿔야 한다.

연습 당신은 긍정적으로 사고하는 기술을 아는가?

멜랑콜리한 사람은 자신의 유별난 소심함을 경쟁이 모든 것을 불행하게 만드는 세계에 대한 염려라고 생각한다. 멜랑콜리로 인한 고독은 매우 주의 깊은 관찰을 하게 만든다. 따라서 멜랑콜리한 사람은 대부분 세계의 덧없음을 통찰하고, 사라지는 기쁨에 더 이상 연연하지 않는다.

버턴은 "멜랑콜리가 인간을 바보로 만드는가?"라고 묻고 다음과 같이 대답한다. "차라리 바보가 낫다. 완전한 바보는 확실한 염려 앞에서도 결코 자신을 괴롭히지 않는다."(같은 책, 262) 버턴에 따르면 멜랑콜리한 사람은 꾀병을 앓는 사람이 아니다. "왜냐하면 바보와 미친 사람은 대부분 진리를 말하기 때문이다."(같은 책, 263)

연습 당신은 멜랑콜리한 기분 속에서도 장점을 이끌어 낼 수 있는가? 그렇다면 그것은 어떤 것인가?

버턴은 치료를 위해 다른 규칙을 제시한다. 치유에는 치유의 소망과 병으로부터 벗어나려는 의지가 포함된다. 가벼운 체중 감소가 장려된다. 여행은 기분을 전환시키고 우울증을 감소시킨다. 무한히 많은 세계에 대한 생각은 당면한 세계의 짐을 가볍게 해 줄 수 있다. 노동을 통한 육체 운동, 시골에서의 삶, 좋은 음악, 약초와 같은 것은 침울함으로부터 벗어나게 해 준다. 그 외에도 철학함은 좋은 치료약이 된다. 왜냐하면 철학함은 늙음을 기꺼이 받아들이고 젊게 만들어 주기 때문이다. 이를 위해 멜랑콜리한 사람은 시를 짓고 독서를 할 필요가 있다. 버턴은 옥스퍼드대학 도서관에서 독서하는 자신의 삶에 대해 다음과 같이 기술한다. "영원의 품속에서 나는 숭고한 정신과 온전한 행복 속에 있는 천상의 많은 영혼들과 함께 거하면서 우리가 알고 있는 위대하고 부유한 인물들에 대해 연민을 느낀다. 왜냐하면 그들은 자신의 행복을 몰랐기 때문이다."(같은 책, 245 이하) 그러나 철학함은 부정적인 상상으로부터 벗어나도록 하는 목적을 위해서만 멜랑콜리한 사람에게 처방된다.

연습 당신은 어떤 철학적 매개를 통해 우울한 생각과 느낌을 없애는가?

버턴은 멜랑콜리에 대항하는 일반적인 수단으로 "지배적인 멜랑콜리에 대한 반대의 상"을 소유하도록 유토피아적인 사회를 소개한다(Lepenies 1998, 29). "이제부터 나는 내 마음에 드는 나만의 유토피아로서 새로운 아틀란티스, 즉 방해받지 않고 바꾸고 지배하며, 도시를 설립하고 법과 질서를 공포할 수 있는 정치적 공동체를 내 마음대로 기획할 것이다."(Burton 2003, 123)

버턴의 유토피아는 적당한 면적을 가진 13개의 지방으로 나뉜다. 사회는 신분에 따라 분리되며, 이 사회는 정치적으로 군주제를 표방하지만 대부분의 법을 폐지하고 근본적으로 지배가 없는 무정부 상태를 찬양한다.

연습 다섯 문장으로 모든 멜랑콜리를 넘어서는 유토피아를 기획해 보시오.

멜랑콜리의 사례

버턴은 멜랑콜리한 사람들에 대한 많은 사례를 제시한다. 어떤 사람은 자신을 "갑각류"라 여기고, 어떤 사람은 자신이 마치 유리잔 같다고 생각한다. 어떤 사람은 자신이 코르크와 깃털처럼 가볍다 여기는가 하면, 어떤 다른 사람은 자신을 납처럼 무겁다고 생각한다. 그리고 어떤 사람은 다리 위를 지나려고 하지 않는다. 왜냐하면 그 사람은 다치거나 떨어지거나 자살하고 싶은 유혹을 느끼고 있기 때문이다. 어떤 사람은 자신을 허수아비로 여기고 매순간 불에 타는 위험에 노출되어 있다고 생각한다. 어떤 사람은 자신을 죽였다고 여기고 다시 자신을 살리는 일에 관심을 가진다. 어떤 제빵사는 자신을 버터로 여기고 녹는 것을 두려워한다. 그래서 그는 빵을 구울 때 항상 발가벗고 있다. 상상력으로 인한 이러한 병은 모두 "실제로 과대망상, 음모에 대한 공포, 정상적인 요구에서는 결코 생길 수 없는 염려로부터 만들어진다."(Solomon 2001, 307)

그러나 버턴은 이미 들었던 것처럼 신이 멜랑콜리의 원인이라는 사실도 인정하였다. "성경의 많은 사례가 신이 직접 죄를 벌하기 위하여 우울증을 보낼 수 있다는 사실을 증명하고 있다."(Burton 2003, 184) 이교도의 많은 이야기도 이러한 유사한 벌에 대해 보고하고 있다. "리쿠르고스Lykurgos는 바쿠스Baccus에 의해 미치게 되었다. 왜냐하면 그가 자신의 나라에 있는 포도나무를 도끼로 베었기 때문이다."(같은 책, 184) 로마의 검열관 풀비우스Fulvius는 이성을 잃었다. "왜냐하면 그가 새로운 건축물로 주피터의 신전을 가렸기 때문이다. 크세르크세스Xerxes가 델피의 아폴로 신전을 약탈했을 때 그 일을 행하던 모든 사람들이 미쳐 버렸다."(같은 책, 184)

연습 신이 우리를 멜랑콜리하게 만드는가?

나이도 무기력함의 필연적인 동반 현상으로서 멜랑콜리를 가져온다. 70세가 넘으면 모든 것이 근심과 걱정거리가 된다. 특히 살아오면서 오랫동안 명령을 내리던 사람들에게 이런 경우가 많다. 갑자기 왕좌에서 물러나야 했던 칼Karl 5세는 "즉시 멜랑콜리에 빠졌다. 그는 고통, 염려, 슬픔에 시달리며 어린아이처럼 혼란스럽게 행동하며 혼자서 중얼거리고 화를 내며 민감해지고 모든 것에 불만족스럽게 되었다."(같은 책, 192)

연습 당신은 노년의 멜랑콜리에 대해 아는가?

현대 심리치료에서 버턴의 의의

다양한 요인으로 설명되는 정신병에 대한 버턴의 입장은 매우 선구적인 것이었다. 따라서 멜랑콜리에 대한 그의 책은 당시 후속 연구로 이어질 수 없었다. 오늘날 비로소 사람들은 버턴이 "멜랑콜리에서 가장 중요한 정신역동학적 요인들을 인식하였고, 정신분석에서 본질적인 몇 가지 원리를 기술했다는 사실을 확인하였다."(Alexander, Selesnick 1969, 140) 좋은 친구가 병을 해석하는 대화에 중요한 도움을 준다는 버턴의 통찰은 이미 그가 "긍정적 전이"에 대한 이론을 알고 있었다는 것을 보여 준다. 이 이론은 비로소 20세기에 와서야 제대로 실천되었다. 버턴의 『멜랑콜리의 해부학』은 프로이트의 수필집인 『꿈과 멜랑콜리』가 출판되기 이전에 이 주제와 관련하여 가장 빈번하게 인용되었던 저서이다.

오늘날 우울증으로서의 멜랑콜리는 "복합적이며 다양한 요인을 가진 사건으로 파악된다. 그 사건에는 제도적인 요인, 생물학적 손상, 좋지 않은 조기 경험, 대상 연관의 구조와 같은 것이 포함된다. … 우울증의 증후를 일으키는 다양한 통로가 있다. — 또한 현대사회의 위기도 우울증을 일으키는 역할을 하는 것처럼 보인다."(Bohlerber 2005, 59권 787, 793)

로버트 버턴은 이미 이러한 다양한 요인을 알고 있었다. 그는 오늘날 3억이 넘는 사람들이 세계 곳곳에서 우울증을 겪게 될 것이라는 사실을 몰랐을 것이다. 독일에는 대략 280만 명의 남자와 5백만 명의 여자가 우울증에 걸려 있다. 우울증은 오늘날 정신병 중에서 1위를 차지하고 있다.

오늘날 우울증의 주요 치료로 여겨지는 인지 행동치료는 6단계의 진료를 제안한다.

1. 중심 문제 인식하기
2. 감정적 장애 설명하기
3. 편안한 활동 촉진하기
4. 잘못된 생각과 상상 정리 및 교정하기
5. 문제 해결 능력 향상시키기
6. 새로운 위기 준비하기

(같은 책, 797)

현대에 적용되고 있는 6단계의 진료도 앞에서 언급했던 그대로 로버트 버턴에게 의존하고 있다.

로버트 버턴은 오늘날에도 많은 영역에서 중요한 역할을 하고 있다. 버턴은 오늘날 중심적인 과제로 여겨지고 있는 우울증 치료를 위해 철학적 심리치료가 중요하다는 것을 보여 준다. 한 현대의 작가는 다음과 같이 말한다. "우리는 심리치료를 부차적인 것으로 여겨서는 안 된다. 왜냐하면 심리치료는 약에 익숙해진 자신을 새롭게 돌아보고 좌절로 인한 충격을 극복할 수 있도록 환자에게 도움을 주기 때문이다."(Solomon 2001, 103 참조)

마지막 연습 로버트 버턴의 어떤 사상이 당신의 고통을 감소시키고 치유하였는가? 그렇지 않은 것도 있는가?

◎ 참고문헌

Burton, R.: *Anatomie der Melancholie* [멜랑콜리의 해부학]. Mainz 2001.

Burton, R.: *Anatomie der Schwermut* [우울증의 해부학]. Hrsg.: Ulrich Horstmann. Frankfurt 2003.

Alexander, F. G., Selesnick, S. T.: *Geschichte der Psychiatrie* [정신의학의 역사]. Konstanz 1969.

"Depression". Sonderheft "Psyche" ["우울증". "정신병" 특별호]. 59. Jg. September/ October 2005.

Ehrenberg, A.: *Das erschöpfte Selbst. Depression und Gesellschaft in der Gegenwart* [소진된 자아. 우울증과 현대사회]. Frankfurt 2004.

Földényi, L. F.: *Melancholie* [멜랑콜리]. Berlin 2004.

Lepenies, W.: *Melancholie und Gesellschaft* [멜랑콜리와 사회]. Frankfurt 1998.

Solomon, A.: *Saturns Schatten. Die dunklen Welten der Depression* [토성의 그림자. 우울증의 어두운 세계들]. Frankfurt 2001.

Storabinski, J.: *Geschichte der Melancholie. Behandlung von den Anfängen bis 1900* [멜랑콜리 치료의 역사. 시작부터 1900년까지]. Basel 1960.

B. 근대에서 심리치료로서의 철학

고대와 중세

1. 해탈을 향한 네 단계: 붓다

2. 이데아를 통한 치유: 플라톤

3. 고통을 지나 영혼의 안식으로: 세네카

4. 죽음의 불안과 대화하기: 보에티우스

5. 노년과의 유쾌한 만남: 미셸 몽테뉴

6. 멜랑콜리의 치료에 대해: 로버트 버턴

근대

7. 이성을 통한 치유: 임마누엘 칸트

8. 무의식적 삶의 에너지: 프란츠 안톤 메스머

9. 개별자의 불안과 절망의 치유: 쇠렌 키에르케고르

10. 무의식의 발견: 아르투르 쇼펜하우어

11. 신체의 영원회귀: 프리드리히 니체

20세기

12. 무의식으로 인한 고통: 지그문트 프로이트

13. 무력함으로 인한 고통: 알프레드 아들러

14. 정신병자의 밤바다 여행: 칼 구스타프 융

15. 신만이 우리를 구원할 수 있다: 마르틴 하이데거

16. 광적인 사회를 넘어서: 에리히 프롬

17. 절망의 절정을 넘어서: 에밀 미셸 시오랑

18. 광기의 뿌리를 파헤침: 미셸 푸코

19. 삶의 의미에 대한 숙고: 어빈 데이비드 얄롬

20. 붓다 의식을 통한 치유: 켄 윌버

7. 이성을 통한 치유: 임마누엘 칸트

"고통의 철학은 본래 도처에서 안정을 찾으려는 향수-충동이다."
— Novalis

임마누엘 칸트Immanuel Kant, 1724-1804는 고통과 광기에 대해 이성의 힘을 강조한다.

산업화 시대와 광기의 축출

산업사회의 시작부터 합리적 변화에 대한 엄청난 요구가 있었다. 중세와 르네상스 시기에 일상 세계에 속했던 모든 형태의 광기가 새로 생긴 정신의학에 의해 봉쇄되었다. "유럽이 처음으로 비이성적으로 여겨지는 인간을 위한 집단수용소를 만드는 체계로 옮겨 갔다."(Döner 1995, 20) 정신적으로 병든 식구와 함께 거주하며 그들을 책임지던 가족의 기능은 임금노동의 억압 아래 상실되었다. 비이성을 축출하는 것은 중상주의와 절대주의의 사회가 근대화하는 과정과 일치한다.

쾨니히스베르크의 철학자, 임마누엘 칸트는 이성의 자기계몽을 통해 비이성의 축출을 기획하였을 뿐만 아니라 비이성의 발생과 치유에 대한 분석을 제시하였다.

연습 오늘날 사회는 비이성을 어떻게 다루는가?

당신은 다른 사람의 비이성을 어떻게 다루는가?

칸트의 생애와 환경

임마누엘 칸트는 1724년 쾨니히스베르크에서 태어나 1804년 거기에서 죽었다. 그는 살면서 한 번도 그곳을 떠나지 않았으며, 1747-1754년 당시에 이례적이었던 가정교사로 활동하였다. 칸트는 가장 유명한 계몽주의 철학자가 되었다. 『이성비판』에 대해 칸트가 쓴 세 저서는 독일 계몽주의 철학의 주요 저서이다. 이성철학의 주요한 관점 중의 하나로 그는 비이성과 그것의 발생 및 치유에 대해 관심을 가졌다. 비이성에 대한 풍부한 통찰은 그가 많은 친구들과 나눈 전설적인 대화를 통해 알려졌다. 미혼으로 살아온 그의 전 생애는 사유의 부드러운 힘으로 유지되었다. 이 힘을 통해 그는 자신의 정신적 고통, 즉 우울한 소질, 초기 우울증, 지속적인 멜랑콜리를 극복하였다. 칸트는 청년 시절부터 말년까지 그를 지배했던 암울한 감정과 싸워야 했다(Irrlitz 2002, 12 참조).

칸트의 철학적 배경

심리치료에 대한 칸트의 개념은 계몽주의의 힘에 기초하고 있다. "계몽은 자기로 인한 미성숙으로부터 벗어나는 인간의 출구이다. … 너 자신의 이성을 사용하는 용기를 가져라! 이것이 계몽의 슬로건이다."(Kant 1964a, 6권 53) 칸트는 다음과 같은 희망을 가지고 있었다. "인간은 거기에 머무르기 위해 의도적으로 부자연스럽게 행동하지 않는 한 점차 야만에서 벗어나기 위해 스스로 노력한다."(같은 책, 60) 인간은 내적이거나 외적인 부자유함으로 인한 고통 앞에서 자신을 보호하기 위해 자신의 이성을 공적일 뿐만 아니라 사적으로도 사용해야 하며 사용할 수 있다. 인간은 기계보다 더 나은 존재이기 때문에 "그는 자신의 성향과 자유로운 사고의 소명을 통해 비이성도 완성시킬 것이다."(같은 책, 61)

연습 자립적인 사고는 심리치료에서 어떤 가치를 가지는가?

심리치료를 위한 칸트의 근본원칙은 다음과 같다.

1. 모든 정신병은 이성의 장애이다. 정신병은 상상의 과잉으로 나타나며 유년기에 있었던 원인 때문에 자주 발생한다. 장애를 일으키는 상상은 육체 또는 아집으로 인한 이성의 왜곡에 그 근원이 있다.
2. 정신병은 우둔함, 바보짓, 정신이상, 멜랑콜리, 광신 또는 정신착란으로 등장한다.
3. 가벼운 정신병 중에서 상상으로 인한 병을 이성의 판단이 "경감시킬 수 있다."
4. 이성은 병적 느낌을 극복할 수 있는 많은 방법을 준비하고 있다. 특히 칸트에게는 자기치료의 방법이 중요하다. 철학자도 "그가 돈을 요구하지 않는다면" 치유자로 활동할 수 있다.

칸트의 심리론

칸트는 육체를 마음과 같은 표상으로 이해한다. 그러므로 그는 마음과 육체가 서로 다른 실체라는 데카르트의 낡은 이념을 거부한다. 마음은 육체의 부분이며 또한 물질적인 것이다. 따라서 마음의 경우에 우리는 "심정Gemüt 속에 있는 모든 감각표상들의 통일을 가능하게 하는 물질에만 관계하고 있다."(같은 책, 256)

심정은 세 가지 능력을 가진다.

1. 도덕과 연관되는 한에서의 이성
2. 예술에 가까워지게 하는 판단력
3. 자연법칙을 앞서 기술하는 지성

모든 이성의 인식은 경험과 연관된다. 이론적 인식의 범위는 감각 대상을 넘어가지 않는다. 그러나 이성은 시도, 수업, 연습을 통해 더 발전될 수 있다. 그러나 이성은 열정에 기초를 두고 있다. "열정이 특별히 강하다면, 지성의 능력은 그에 비해 조금밖에 도움이 되지 않는다. 왜냐하면 열정에 빠진 사람은 자신이 선호하는 경향에 대립되는 근거들을 아주 잘 알지만 그것들을 적극적으로 표현할 수 없기 때문이다."(Kant 1960b, 1권 889) 그러므로 마음은 이성을 가지고서는 자신을 지배할 수 없다. 열정은 모든 이성을 넘어설 수 있다.

연습 어떤 열정이 당신의 이성을 넘어설 수 있는가? 그것에 저항하여 당신은 무엇을 하는가?

비이성으로 인한 고통

모든 정신적 고통의 상태를 칸트는 이성의 능력에서 이끌어 낸다. 모든 정신병은 이성의 장애로 소급될 수 있다. 칸트에 따르면 이성의 장애를 발생시키는 원인들 중에 어떤 병은 유전적인 것도 있다. "씨앗이 자라 번식하는 것처럼 정신이상의 씨앗도 자라며 마찬가지로 유전된다."(Kant 1964a, 6권 533)

연습 정신병도 유전적인가? 사례를 통해 근거를 제시하시오.

칸트에 따르면 많은 정신적 병은 육체, 특히 "뇌보다 소화 기관에 더 뿌리를 두고 있다."(Kant 1960b, 1권 889)

그러나 육체로부터 기인하지 않은 정신적 병에 대해 칸트는 비이성의 측면을 상정한다. "정신이상의 본질은 공통감의 상실과 그와 대립하여 등장하는 논리적 아집이다."(Kant 1964a, 6권 535, 612 이하) 이때 비이성은 다음과 같은 점에서 주목된다. "어떤 사람은 대낮에 그의 책상에서 옆에 있는 사람이 보지 못하는 불타는 빛을 보거나 다른 사람이 듣지 못하는 소리를 듣는다."(같은 책, 535)

자신의 지성이 다른 사람의 지성으로부터 고립되어 있고 우리가 자신의 사적인 표상을 가지고 진리에 대한 공적인 주장을 한다면 광기와 고통은 더 심해진다. 자신의 사적인 생각을 상식이라고 주장하는 사람은 인간의 공동 세계로부터 벗어나 꿈에서처럼 자기세계에 살고 있는 것이다.

이성의 자기파괴에 기초하여 칸트는 특별히 **정신적 고통의 유형**을 제시하였다.

a) **우둔한 사람**: 지성의 우둔함은 그의 판단력을 약화시킨다.

b) **바보 같은 사람**: 이런 사람은 왜곡된 이성의 상태에 빠져 있다.

c) **정신이 이상한 사람**: "정신이 이상한 사람은 깨어 있는 상태에서도 꿈을 꾸는 사람이다."(Kant 1960b, 1권 894) 이런 사람은 자신의 상상에 의해 지배되고 있다. 발광하는 사람은 그가 알고 있는 모든 병을 앓고 있다고 느낀다.

d) **멜랑콜리한 사람**: 이 사람은 "세계의 폐해를 보는 공상가"이다(같은 책, 896).

e) **광신적인 사람**: 이 사람은 형이상학적 망상에 몰두한다. 그는 "하늘의 힘에 큰 신뢰를 소유하고 있다."(같은 책, 896)

f) **정신착란에 빠진 사람**: 이 사람은 모든 것을 완전히 주관적으로 해석한다. 그는 과대망상과 피해망상을 가진다. "그는 도시 전체가 그에게 관심을 가지고 있고, 모든 사람이 자신에 대해 음모를 꾸미고 있다고 믿는다. 그는 스스로 만든 상상을 진리라고 여긴다."(Kant 1964a, 6권 530)

연습 당신은 정신적인 병에 대해 어떤 유형론을 제시할 수 있는가? 시도해 보시오.

이성을 통한 치유

칸트는 고통에 대한 정신의 치유가 원시민족들에게 더 쉽게 이루어진다고 말한다. "왜냐하면 그들은 자유롭고 운동을 하기 때문이다."(Kant 1960b, 1권 890) 유전적이지 않은 정신병은 의사의 손에 맡겨진다. 그와 함께 철학자도 "심정의 다이어트를 처방할 수 있으며 그가 하는 대부분의 일에서처럼 돈을 요구하지 않는다는 조건 아래" 치유자로서 받아들여질 수 있다(같은 책, 901). 상상으로 인한 병에 대해 "사람들은 아마도 이성적 판단을 하게 함으로써 병의 악질적인 부분을 제거할 수는 없더라도 병의 고통을 경감시킬 수 있다"고 칸트는 말한다(같은 책, 900). 완전히 정신착란에 빠진 사람의 경우에 그렇게 하는 것은 무의미한 짓이다. 왜냐하면 정신착란에 빠진 사람에게는 불합리한 것의 제거를 통해서만 새로운 것을 부여할 수 있기 때문이다. 반박은 정신착란을 개선하는 것이 아니라 오히려 그것을 강화시킬 수 있다. 따라서 이런 사람들을 대할 때 냉철하고 효과적인 것을 제시할 필요가 있다. 이러한 조치는 사람들이 자신의 지성에 문제가 있다는 것을 알지 못할 때에도 필요하다(같은 책, 900).

철학적 치유방법

칸트는 정신적 고통에 대해 개인적인 준비를 강조한다. 이는 도덕적 갈등에서 '정언명령定言命令'을 실천하는 것과 같다.

> 칸트의 정언명령은 다음과 같다.
> "너의 의지의 준칙이 항상 동시에 보편적 입법의 원리로 타당할 수 있도록 행동하라."

연습 당신이 도덕에 따라 행동할 수 없는 특정한 상황이 있는가? 이러한 상황에서 당신은 자신의 의지에 따라 행동하는가?

칸트에 따르면 도덕적 관점에서 획득된 일상적인 자기인식은 통제되지 않는 열정으로 인한 이성의 왜곡을 막는다. "자기인식의 지옥행은 미신으로

가는 길을 만들 뿐이다."(Kant 1964a, 6권 576)

연습 당신은 일상적인 자기인식의 실천을 어떻게 하고 있는가?

칸트는 철학적 자기치료 또는 상담자의 주요 과제로서 심정의 다이어트를 자신의 저서 『순수한 결심을 통해 자신의 병적 느낌을 지배할 수 있는 심정의 힘에 관하여』에서 정확하게 묘사하고 있다(같은 책, 371 이하).

다음의 도표에는 칸트의 자기치료에 대한 내용이 정리되어 있고 그에 대한 평가가 소개되고 있다.

연습 칸트의 범주에 따른 도표를 통해 고통에 대해 자신의 정신적 사전 예방과 준비를 계획하시오.

측면	칸트의 자기치료 개념	자기치료 프로그램
예방	모든 기관에 균등하게 부담을 줄 것	
위생	머리, 발, 가슴은 차게 하고 적게 잘 것	
영양	적게 먹고, 먹을 때는 생각하지 말 것	
호흡	항상 코를 통해 숨을 쉴 것	
부부생활	정신을 쇠약하게 만들기 때문에 피할 것	
철학함 / 스스로 사유하기	다양한 불쾌함을 막기 위해서 필요한 정신의 훌륭한 도구	
약	대부분 피할 것	
죽음	일을 통해 가치 없는 것으로 여길 것	

상호 주관적인 이성의 틀을 넘어서는 병적 표상에 대해 칸트는 비판적으로

그 근거를 묻고 가치 없는 것으로 간주한다. 그와 함께 그는 묵시록적 불안도 "이성이 스스로 만든 표상들"일 뿐이라고 말한다(같은 책, 181). 세계가 **도덕적 타락**으로 붕괴하면 **비도덕성**의 고양이 그것을 막을 수 있다. 모든 형태의 붕괴는 행성의 충돌처럼 인간의 힘으로 해결할 수 있는 것이 아니다. 그것은 완전히 인간과 무관한 것이다.

연습 당신은 묵시록적 불안에 대해 어떻게 대처하는가?

칸트는 머리가 아프도록 골똘히 생각하는 것에 대해서도 경고한다. 그는 "신문 또는 소설을 읽으면서 정신의 원기를 회복하는 것"을 권장한다(같은 책, 520). 정신적 노동을 오래했을 경우에는 "정신적 힘의 균형을 산출하는 것이 필요하다."(같은 책, 520) "그 외에도 우리는 자신의 생각이 다른 지성과 일치하는지를 알기 위해 공적으로 사고해야 한다. 왜냐하면 그렇지 않을 경우 순수하게 주관적인 것이 … 결국 객관적인 것으로 여겨지기 때문이다."(같은 책, 536)

철학치료사는 상담하는 대화에서 언어 비판을 할 수 있어야 한다. 왜냐하면 "표현된 사상들이 정신적으로 이상이 있는 것은 아니지만 상식의 원리에 맞지 않는" 잘못된 표현들이 있기 때문이다(같은 책, 536).

연습 당신은 어떤 사람도 이해하지 못하는 개념을 가진 사상을 아는가?

물론 천재는 상식의 한계를 뛰어넘는 사상을 전개할 수 있는 권리를 가진다. 그러나 칸트는 천재적인 지성의 능력을 태어날 때부터 가지는 것으로 여긴다. 그 힘은 "지성이 풍부하게 사유할 수 있는 재료를 제공할 때" 어느 정도의 범위에서 발전될 수 있다(같은 책, 537).

연습 당신은 자신의 지성에 풍부하게 숙고할 수 있는 재료를 제공하는가? 이 재료는 당신 스스로 선택하는가, 아니면 환경에 의해 미리 주어지는가?

사례와 자기치료

칸트는 신지학자神知學者이며 투시하는 능력을 가진 엠마누엘 스웨덴보리 Emanuel Swedenborg, 1688-1772의 저작에 대해 "이성의 한계를 연구하는 형이상학"의 입장에서 사람들이 광기라고 말하는 심정의 장애가 어떤 결과를 야기하는지 보여 주었다. 칸트는 이에 대해 다음과 같이 말한다. "혼란에 빠진 사람은 순전한 상상의 대상을 만들어 내고 그것을 실제로 자신 앞에 현재하는 사물처럼 여긴다."(Kant 1960a, 1권 956)

칸트에게는 스웨덴보리가 계몽되지 않은 상상가로서 "환영이 그에게 나타나고 갑자기 사라졌을지라도 그 자신 외에는 아무도 지각하지 못한 많은 것을 아주 분명하게 보거나 또는 들었다고 믿는 것"은 놀랄 만한 것이 아니었다(같은 책, 958). 스웨덴보리는 감각의 기만에 희생된 것이다. 칸트에 따르면 그는 정신적 세계의 동거인이라기보다는 정신병원의 후보자라 할 수 있다. 이 때문에 칸트는 비록 스웨덴보리가 새로운 교회를 건립하도록 신으로부터 부름을 받았다고 주장할지라도 그의 저작 전체를 "헛소리"로 여긴다. 스웨덴보리에 따르면 이 새로운 교회는 인간이 머리로는 사회의 시민이지만, 영적으로는 초월적인 영적 왕국의 구성원이라는 믿음에 기초하고 있다.

영적 왕국에 대한 상세한 설명을 스웨덴보리는 다음의 세 원천에서 이끌어 낸다고 한다(같은 책, 975).

1. 그가 육체로부터 해방되어 영을 보고 듣고 심지어 느꼈다는 반쯤 깨어 있는 상태에서
2. 정신적인 환각상태에서
3. 일상의 백일몽에서

스웨덴보리는 영적 세계의 지형, 영들의 정원, 거실, 아치를 묘사하기도 한다. 이것들을 그는 "자신의 눈으로 가장 밝은 빛 속에서 보았다."(같은 책, 979) 모든 영들은 하나의 전체 사회로 이루어져 있고, 그 영들은 스웨덴보리에게 "가장 큰 인간"의 모습으로 나타났다고 한다. 이러한 상들을 칸트는 "아마도 오래된 유년기의 표상이 연장된 무시무시하고 엄청난 상상"으로 분석한다(같은 책, 980).

연습 당신의 삶에서 오래된 유년기의 표상에서 생길 수 있는 상상적 이미지가 있는가? 또는 있었는가?

칸트는 경험과 일반 지성의 근거로 다시 돌아오기 위해 스웨덴보리의 신지학을 해체한다. 여기 경험의 세계에서만, "우리가 유용한 것에 머물러 있는 한에서만" 인간은 자신을 만족시킬 수 있는 모든 것을 보유한다(같은 책, 983).

계몽은 광기를 산업사회에서 축출하려고 노력하였다. 그러나 광기에 대해 전혀 무관심했던 것은 아니며 가벼운 사례에서는 어느 정도 그것에 대한 치유를 시도하였다. 칸트에게 스웨덴보리는 광신적인 광인으로서 치유가 가능한 사례에 속하지 않았다.

1796년 C. W. 후페란트Hufeland의 책 『인간의 생명을 연장시키는 자연식 또는 기예*Makrobiotik oder Kunst, das menschliche Leben zu verlängern*』에 대해 언급하면서 칸트는 그가 얼마나 병적 느낌을 이성의 힘을 통해 극복했는지를 보여 주었다. 칸트는 "'참고 단념하라'라는 스토아학파의 공리처럼 실천철학을 자기 자신에게 주어진 원칙을 통해 감각적 느낌의 주인이 되는 능력"을 위한 것으로 여긴다(Kant 1964b, 6권 375). 칸트는 "철학함이란 그러므로 당장 철학자가 되는 것이 아니라 많은 불편한 느낌과 동시에 심정의 동요를 방어하는 수단이기도 하다"는 것을 알고 있었다(같은 책, 377). 그는 다음과 같이 고백한다. "나는 일찍부터 삶에 염증을 느낄 정도의 경계에 이르는 자연적 소질로 인한 우울증을 가지고 있다."(같은 책, 379) 칸트는 지속적으로 심장 협착을 유발시키는 납작하고 좁은 가슴으로 인한 우울증을 "그러한 느낌들에 신경 쓰는 것을 나와 전혀 관계가 없는 것처럼 다른 쪽으로 방향을 돌림으로써" 극복하였다(같은 책, 380).

연습 당신은 자신의 고통을 다른 방향으로 전환시킬 수 있는가? 무엇을 통해 그렇게 하는가?

칸트는 잠잘 때 경련이 일어나 고생하였다. 이럴 때 그는 사력을 다하여 모범적인 로마의 철학자 "키케로"의 이름을 떠올리면서 생각의 방향을 다른 쪽으로 전환시켰다. 그렇게 하면 경련에 대한 생각이 "무디어졌다."

연습 당신이 수면 장애를 겪는다면 그것을 극복하기 위해 어떤 생각을 하는가?

칸트는 산책하면서 깊이 생각할 때 덮치는 피로감을 제거하기 위해 더 이상 깊이 생각하지 않고 기분을 전환시키는 외적인 대상의 고찰에 몰두하는 방법을 사용하였다. 그는 기침, 재채기 또는 수분갈증에 대한 병적 자극을 신체 이완을 할 수 있는 반대 자극을 통해 해결하였다. "반대 자극을 통해 제거되는 병적 자극이 항상 있었다."(같은 책, 389)

칸트가 67세에 한쪽 눈이 멀게 되었을 때 그는 "건강한 한 눈으로 밝게 보는데 조금도 어려움을 느끼지 않는다"는 생각으로 자신을 위로하였다(같은 책, 393). 노년의 칸트는 "먹고 걷고 잘 수 있다는 것을 충분한 것으로 여겼으며, 자신을 머지않아 새로운 세계에 자리를 만들어야 하는 죽음의 후보자로서 생각하였다.

연습 시력이 상실될 때 죽음에 대한 생각이 당신에게 위로가 되는가?

칸트는 다음과 같은 후페란트의 이성적인 충고를 명심하였다. "어떤 공포도 죽음에 대한 공포보다 더 불행하게 만들지 않는다. 공포는 피할 수 없는 것을 두려워한다."(Hufeland 1984, 139)

현대 심리치료에서 칸트의 의의

칸트의 심리치료는 이성이 계몽을 견인해 냈던 것처럼 이성을 신봉한다. 칸트는 예를 들어 우울증과 같은 가벼운 정신적 고통은 완전히 나을 수 있다고 낙관적으로 생각하였다. 그의 이성적인 심리치료는 또한 요술과 신들림을 상상력의 장애로 이해하고 마귀의 영향으로 돌리지 않도록 하는 데 기여하였다. 칸트는 정신병을 과학적 방식으로 파악하려고 시도하였다. 그는 고통에 대한 치료의 핵심을 뇌의 손상 또는 통제되지 않는 열정의 영향에서 찾았다. 그러나 그는 치료의 한계를 인정한다. 고통에서 나타나는 지배적인 비이성은 본유적인 동시에 자신의 책임으로 인한 것이거나 스스로 부가한 것이다. 개인의 이성적 힘이 풍부하다면 고통으로부터 스스로 벗어날 수 있지만 유전적인 요인이 작동하면 치유와 치료는 불가능하다. 감정에 대한 철학적 탐구가 칸트를 거쳐 온 것은 이상한 것이 아니다.

철학자 칼 필립 모리츠Carl Philipp Moritz의 『경험심리학잡지』(1783-1793)는 고통의 내적 세계를 보여 준다. 고통은 이제 상상력의 장애인 동시에 기억의 장애가 된다. 치료는 모리츠에게서 자기인식, 억압하는 유년기 기억에 대한 의식화, 정신적 균형의 회복을 의미한다. 고통을 겪는 자를 사회에서 축출하던 경향은 이러한 생각을 통해 완화되기 시작한다.

이성에 대한 칸트의 강조와 병들게 하는 상상에 대한 그의 비판은 이후에 신경증의 원인으로 여겨지는 허구에 대한 알프레드 아들러Alfred Adler의 이론에 포함되며, 나아가 신경증을 해석하는 기준에 대한 비판과 함께 행동치료에서도 나타난다.

이성에 대한 칸트의 강조는 빠른 시기 안에 비이성적 무의식에 대한 철학적 탐구를 위한 원동력이 되었다.

마지막 연습 임마누엘 칸트의 어떤 사상이 당신의 고통을 감소시키고 치유하였는가? 그렇지 않은 것도 있는가?

◎ 참고문헌

Kant, I.: "Träume eines Geistersehers, erläutert durch Träume der Metaphysik" [형이상학의 꿈으로 해명된 시령자의 꿈]. In: Ders.: *Werke*. Bd. I , 923-992, Darmstadt 1960a.

Kant, I.: "Versuch über die Krankheiten des Kopfes" [뇌병을 위한 시론]. In: Ders.: *Werke*. Bd. I , 887-906, Darmstadt 1960b.

Kant, I.: "Anthropologie in pragmatischer Hinsicht" [실용적 관점에서의 인간학]. In: Ders.: *Werke*. Bd. VI, Darmstadt 1964a.

Kant, I.: "Von der Macht des Gemütes durch den bloßen Vorsatz seiner krankhaften Gefühle Meister zu sein" [순수한 결심을 통해 자신의 병적 느낌을 지배할 수 있는 심정의 힘에 관하여]. In: Ders.: *Werke*. Bd. VI, 371-393, Darmstadt 1964b.

Benz, E.: *Swedenborg in Deutschland* [독일에서 스웨덴보리]. Frankfurt 1947.

Dörner, K.: *Bürger und Irre* [시민과 정신병자]. Hamburg 1995.

Ebbinghaus, J.: *Kant und Swedenborg* [칸트와 스웨덴보리]. Hildesheim 1968.

Ellenberger, H. F.: *Die Entdeckung des Unbewussten* [무의식의 발견]. Bd. 1, Zürich 1972.

Florschütz, G.: *Swedenborgs verborgene Wirkung auf Kant* [칸트에 대한 스웨덴보리의 잠재적인 영향]. Würzburg 1992.

Höffe, O.: *Immanuel Kant* [임마누엘 칸트]. München 1983.

Irrlitz, G.: *Kant Handbuch* [칸트 안내서]. Stuttgart 2002.

Leibbrand, W., Wettley, A.: *Der Wahnsinn* [광기]. Freiburg 1961.

Zimmermann, R.: *Kant und der Spiritismus* [칸트와 심령론]. Wien 1879.

8. 무의식적 삶의 에너지: 프란츠 안톤 메스머

"현자는 이것을 알기에 고통스러워하지 않는다.
1. 신 앞에서 사람은 공포를 가질 필요가 없다.
2. 죽음은 완전히 나와 무관한 것이다.
3. 아픔은 단지 잠깐 지속된다.
4. 쾌락은 쉽게 얻어진다."
— Epikur

프란츠 안톤 메스머Franz Anton Messmer, 1734-1815는 고통 제거의 왕도를 최면에서 찾았다.

메스머의 생애와 그의 시대

근대 철학치료가 시작될 무렵 프란츠 안톤 메스머가 등장하였다. 그는 뉴턴이 우주 법칙으로 중력을 발견하고 프랭클린이 전기를 발명하여 큰 주목을 끌고 있던 시대에 우주적 에너지, 즉 "동물적 자력"을 생명의 원천으로 설명하였다. 뉴턴은 모든 큰 물체를 관통하며 그 안에 감추어진 최고의 신비한 정신이 중력이라고 기술하였다(Darton 1986, 20 참조).

메스머는 건강을 "인간의 자력이 참여하고 있던 천상의 대우주와 개인적 소우주 사이의 조화로운 상태"로서 설명하였다(같은 책, 23). 메스머의 시대에는 전기와 자력이 우주적 에너지와 고통받는 자를 연결함으로써 정신적 고통을 극복할 수 있는 신통한 수단이라고 여겨졌다.

우주의 근원적인 힘에 대해 기술했던 많은 철학자들의 생각은 메스머의 생각과 유사성을 가졌다. 이러한 철학자들에는 로크, 베이컨, 라이프니츠, 흄, 뉴턴, 루소가 속한다.

메스머는 계몽에 대한 이성의 믿음을 극단적인 방식으로 수용하였다. 그는 고통받는 자의 감금과 육체적 학대에 대해 반대하였다. 그가 즉각적으로 당시의 의학과 대립했던 것은 이상한 일이 아니다.

프란츠 안톤 메스머는 1734년 보덴제Bodensee에서 태어났다. 그는 신학과 철학을 공부하였다. 마지막에 그는 "인간의 병에 미치는 행성의 영향에 대하여"라는 제목으로 의학 박사논문을 썼다. 이 논문에서 그는 신비한 중력에 관한 뉴턴적인 의미에서 "행성들은 살아 있는 육체의 모든 부분, 특히 모든 것을 통과하는 유동체를 수단으로 신경계에 영향을 준다"는 논제를 발표하였다(Messmer 1985, 8). 메스머는 비엔나에 자력병원을 설립하였다. 그는 자력이 전혀 없어도 의사와 고통받는 자 사이에서 자력을 산출하여 정신적 고통을 치유할 수 있다는 사실을 발견하였다. 내담자 중심적인 방법은 기존의 정신병원에서 행해지는 독재적 방식과는 맞지 않았다(Kollak 1997, 76 참조). 메스머는 즉시 돌팔이 의사로 낙인이 찍혔다. 그는 파리로 갔다.

메스머는 파리에 도착한 이후 고된 삶을 살았다. 프랑스혁명의 시기에 그는 다시 비엔나로 돌아왔다. 이후 그는 스위스를 거쳐 다시 파리로 갔으며, 이후 보덴제에 있는 메르스부르크Mersburg로 이주하였다. 1815년 사람들과 접촉을 거의 하지 않고 살면서 점점 잊혀졌고 뇌졸중으로 쓰러졌다.

그러나 메스머이론은 그 사이에 유럽 전체에 영향을 주었다. 이때부터 자력치료사는 철학적 심리치료를 위한 새로운 인물로 등장하였다.

심리치료를 위한 메스머의 근본원칙은 다음과 같다.

1. 메스머에 따르면 고통받는 자는 우주의 다양한 힘에서 분리되는 것이다. 환자의 육체는 충분한 자성을 가진 삶의 힘을 더 이상 갖고 있지 않다. 그 때문에 결핍된 삶의 힘은 병을 통해 육체를 계속 손상시키는 나쁜 생각을 만들어 낸다.

2. 치유는 고통받는 자의 육체와 우주의 다양한 힘과의 접촉을 재생산함으로써 이루어진다. 자력치료사는 환자를 최면 상태에 빠지게 하여 그에게 우주적 힘을 전이시킨다.
3. 최면은 대립의 제거를 통해 새로운 삶의 에너지를 일으킬 뿐만 아니라 병을 만드는 생각을 제거할 수 있다.
4. 메스머가 치유를 위해 사용했던 최면은 최면치료, 자생훈련, 신경언어 프로그래밍으로 발전되었을 뿐만 아니라 무의식에 대한 실천적 치료의 접근을 처음으로 가능하게 하였다.

"동물적 자력"의 원천

인간의 전체적 유대에 관한 메스머의 근본이념은 오래전부터 철학적 전통에 있었다. 그의 근본이념은 고대의 철학적 마법Magie으로까지 소급된다(Luck 1990 참조). 이미 플라톤은 인간에게 끼치는 행성들의 영향을 알고 있었다. 아리스토텔레스도 행성들과 항성들이 지구에 있는 생명에 영향을 준다고 확신하였다.

연습 당신은 점성술에 대해 어떻게 생각하는가?

이러한 우주적 힘을 이용했던 철학은 검은 마법으로 박해를 받을 위험 속에 있었다. 근대의 파라셀수스Paracelsus에게서 사람들은 우주적 힘의 존재를 알게 되고 치유의 목적으로 그것의 마법적 힘을 사용하는 시도를 하게 된다.

이후 로버트 플러드Robert Fludd, 1637-1703는 인간을 자력을 가진 작은 세계로 여기고 "인간에게 양극과 적도를 가지게 하고, 두 인간이 서로 가까워지게 함으로써 자력을 발생시켰다."(Leibbrand 1937, 125)

연습 당신은 두 인간 사이의 자력을 아는가? 첫눈에 사랑에 빠졌을 때 작용하는 힘에 대해 기술하시오.

메스머는 처음부터 모든 것에 영향을 미치는 별들의 힘에 관한 중세적 사상과 철저하게 연결되어 있었다. 그러나 메스머는 자신을 계몽주의자로 여겼고, 그래서 뉴턴의 중력이론이나 생물학자 갈바니Galvani가 실험한 개구리 뒷다리의 전기 발생에 관한 논쟁을 벌였다. "갈바니의 이론은 메스머에게 분명히 우주에서 통일적으로 작용하는 힘에 대한 최고의 설명을 제시하였다."(같은 책, 120) 그 때문에 메스머는 자신을 "뉴턴이 멈춘 거기에서 계속 연구하는" 계몽주의자로 여겼다(Ellenberger 1972, 1권 281).

메스머의 심리론

메스머는 그의 자력요법에서 마음이 두 영역을 포함하고 있다는 것을 즉각 인식하였다. 일상의식과 함께 두 번째 의식, 즉 무의식은 "자력적 수면 상태"에서 나타난다. 이후에 상층의식과 하층의식으로 파악된 두 의식의 영역이 모두 고유한 사고 형식에 상응한다. 무의식은 다른 세계를 개방한다. "자력적 수면 상태는 자력을 가진 자를 세계의 정신과 연결시키고, 이를 통해 과거를 보고 미래를 예언하는 능력을 가지게 한다."(같은 책, 215) 무의식에서 사람들은 "직접 또는 다양한 상징 형식으로" 고차적인 진리를 이해할 수 있다.

연습 당신은 일상적인 나 이외에 두 번째 나, 즉 무의식에서 무엇을 경험하였는가? 이에 대해 보고서를 작성하시오.

삶의 힘에 대한 상실로서 고통

메스머는 자력을 통해 우주와 개인의 질서를 파악한다. "천체, 지구, 동물의 육체는 상호 영향을 준다. 그것은 일반적이고 광범위하며 지속적으로 바깥으로 향하는 미세한 액체를 통해서 이루어진다. … 이러한 방식으로 … 천체와 지구, 그리고 그것들의 본질적인 구성 부분들은 활발한 상호 관계 속

에 있다."(Messmer 1985, 47)

연습 눈을 감으시오. 천체, 지구, 동물, 인간이 유동체로, 즉 상호적으로 영향을 주는 미세한 액체로 채워져 있다고 생각해 보시오. 이때 당신은 어떤 느낌을 가지는가?

메스머에 따르면 고통받는 자는 우주와의 자력적 접촉에서 벗어나 있다. 고통은 부조화, 즉 에너지가 없는 나쁜 환경이 드러난 것이다. 고통받는 자의 육체에는 자력적 삶의 힘인 유동체가 불충분하거나 잘못 퍼져 있거나 나쁜 성질을 가지고 있다. 메스머는 자력적 삶의 힘이 상실되어 육체를 손상하는 나쁜 생각을 산출하는 상상력에 대한 이론도 믿는다. 그는 다음과 같은 사실을 주장한다. "모든 형태의 정신적 혼란은 간단히 말해 불완전한 잠과 같은 것이다."(Kollak 1997, 80)

치유와 자력

메스머에 따르면 자력치료사는 우주의 힘과 인간의 접촉을 복원한다. "자력적 효력과 그 힘은 인간의 육체를 통해 강화되고 전이될 수 있다."(Messmer 1985, 48) 왜냐하면 "자력은 쌓이고 뭉쳐지며 한 장소에서 다른 장소로 옮겨질 수 있기 때문이다."(같은 책, 49) 자력은 자력치료사에 의해 환자에게 전이될 수 있다. 왜냐하면 자력치료사는 자력의 효력을 "더 온전하게 만들어 치료가 필요한 병을 드러나게 하며, 원하는 대로 조절하고 그것을 완전히 극복할 수 있도록 하기 때문이다."(같은 책, 51) 자력치료사는 새로운 치료를 수행하는 철학자이며 새로운 의사이다. "이러한 통찰을 가진 의사는 병의 근원, 본성, 진행을 알고 있으며 합병증도 판단할 수 있다. 그리고 그 병이 깊어지는 것을 막고 환자가 그때마다 더 위험한 병 또는 심각한 결과에 노출되지 않도록 병을 제거할 수 있다."(같은 책, 51) 자력치료사는 환자와 만지고 쓰다듬으면서 육체적 문제와 경련으로 인해 발생한 에너지의 흐름을 풀어 준다. 이렇게 함으로써 육체의 병과 경련을 돌보고, 자력과 힘을 상실한 영혼에 힘을 다시 불어넣어 줄 수 있다.

고통받는 자는 최면 속에서 병에 대한 직관을 얻기도 하고, 치유를 위해 자신의 힘을 모을 수 있다.

연습 고통을 치유할 때, 최면을 통해 활동하는 당신의 무의식은 어떤 의미를 가지는가?

치유를 위한 철학적 방법

자력치료사는 자력치료를 통해 환자에게 병의 증후를 드러내고, 그것으로부터 벗어날 수 있는 암시를 준다. 이때 위기라고 표현되는 자기정화의 발산이 일어난다. 최면의 상태에 있는 "자력적 수면"은 자궁으로 돌아가도록 하는 강한 힘을 가지고 있다. 최면 속에서는 질병을 일으키는 생각들이 사라질 수도 있다. 자력치료사는 이러한 병을 일으키는 생각들과의 싸움 속에 자주 휘말린다. 의사와 고통받는 자 사이의 자력적 관계를 형성하는 기초는 **관계형성**Rapport이다. "자력적 관계형성에서 주어지는 에로틱한 부속음의 가능성은 처음부터 알려져 있었다. … 사람들은 자력치료사와 자력치료사 사이 또는 자력치료사와 자력치료를 받는 자 사이에 일종의 플라톤적 유대가 발전될 수 있었다는 것을 알았다."(Ellenberger 1972, 223 이하) 자력적 관계형성은 "자궁 속에 있는 태아의 상태와 비슷한" 두 인간 사이의 관계로도 고찰된다(같은 책, 224).

관계형성은 두 가지 국면을 포함한다. 첫 번째 국면에서는 정신적 병의 증후가 사라지고, 두 번째 국면에서는 환자가 자력치료사에 대해 사랑, 질투, 공포 또는 존경으로 변질된 일종의 열정을 가지게 된다. 그러므로 관계형성의 특징은 철저히 참여하는 두 사람 사이의 에로틱한 관계를 통해 드러난다.

연습 당신은 첫 번째 국면의 결과를 위하여 발생 가능한 두 번째 국면의 과정에 대해 감수할 수 있는가?

자력치료사의 자력은 환자를 무의식의 수면 상태로 옮겨 놓는다. 환자의 치유 과정에서는 어떤 심문도 없고 고통스러운 진료도 없다. 자력치료사에게 "중요한 것은 가장 큰 별에서부터 가장 작은 원자에 이르기까지 우주 전체를 관통하는 흐름을 자유롭게 해 주는 것이다. 이는 자력으로 치료하는 자가 에너지의 전이와 제거를 통해 병을 발생시키는 이러한 흐름의 장애들을 극복하는 데 도움을 준다."(Kollak 1997, 80)

메스머의 방법들에는 손을 얹어서 에너지를 전이시키는 것과 인간사슬, 수면거울, 음악을 통한 에너지 축적이 있었다. 물로 가득 찬 '바케트Baquet'라는 용기에 모인 환자들이 집단으로 치료를 받았다. 환자들은 선을 통해서 그 용기의 에너지를 받아들였다. "모든 환자는 쇠로 된 줄을 자신의 신체의 아픈 부분에 걸치고 동물적 자력의 큰 용기(바케트)에서 방출되는 치유력을 지닌 에너지를 자신에게로 끌어들였다."(같은 책, 81)

연습 당신은 신체의 어떤 부분에 쇠로 된 줄을 걸치고 싶은가? 이런 방법으로 에너지 전이가 일어날 수 있다고 생각하는가?

치유의 주요 동인은 치유자 자신이다. 자력을 사용하는 치유자는 심문하는 자도 아니며, 판단하는 자도 아니다. 그의 진단은 어떤 판결이 아니다. 메스머는 의사와 환자의 관계에 주목하였다. 이때 환자는 정신병원에 있는 환자와 완전히 다르다. 환자는 어떤 복종의 표시도 할 필요가 없다. 환자는 어떤 서열도 가지고 있지 않다. 자력은 계급, 신분, 삶의 양식, 수입, 나이, 성性과는 무관한 민주적이며 우주적인 유동체이다. 이로 인해 메스머는 즉각 혁명적인 치유의 시도라는 신랄한 비판을 받을 수밖에 없었다.

연습 당신은 메스머에 대해 무엇을 비판할 수 있는가?

1775년 베를린 학술원은 "메스머는 틀림없이 자기기만에 빠져 있다"고 판정하였다(Messmer 1985, 27). 왜냐하면 일반적인 자석의 성질은 탐구되고 설명될 수 있지만, 메스머가 그의 시술에서 사용한 자력은 확인될 수 없었기 때문이다. 메스머의 연구는 다음과 같은 파리학술원의 결정에 따라 계속해서 사기꾼이라는 비난을 받았다. "결론적으로 파리위원회는 동물적 자력과 같은 것은 없으며 이것은 상상 속에서만 존립한다는 것을 발견하였다." (Alxenander, Selesnick 1969, 172) 결국 이러한 비난은 메스머를 보덴제로 다시 돌아가게 만들었다.

사례

메스머의 가장 유명한 사례는 비엔나에 살았던 18살의 맹인 소녀 파라디스Paradis에 관한 것이었다. "이 소녀는 눈 전체에 백내장이 걸렸고 통풍을 앓고 있었으며, 우울증과 함께 사람들이 완전히 미쳤다고 말할 정도로 자주 광기와 분노의 발작을 일으키는 비장과 간의 폐색으로 고통을 겪었다." (Messmer 1985, 31)

맹인 소녀 파라디스에 대한 메스머의 시술은 다음과 같은 단계로 진행되었다.

1777년 1월 20일 첫 번째로 자력치료를 행하였다.
1778년 2월 9일 환자가 처음으로 형태를 인식하였다.
1778년 6월 초 시력이 회복되었다.
1778년 6월 8일 환자는 치료를 중단하였고 그 이후 치료는 없었다.

이 치료의 결과에 대하여 세 집단이 논란을 벌였다. 첫 번째 집단은 소녀 파라디스가 다시 볼 수 있었다는 사실에서 출발한다. 두 번째 집단은 치유의 실패를 상정한다. 세 번째 집단은 결과를 판정할 수 있는 가능성 자체에 대해 의구심을 갖는다. 왜냐하면 작성된 서류의 상태가 여전히 불확실하기 때문이다(Kollak 1997, 50 이하 참조).

현대 심리치료에서 메스머의 의의

메스머의 의의는 낭시Nancy의 최면학파를 통하여 유지되었다. 이 학파의 수장인 베르넹H. Bernheim, 1840-1919은 다음과 같이 기술하고 있다. "오늘날 자력이론은 연금술과 마찬가지로 극복되었다. 그러나 연금술에서 화학이 출발한 것처럼 자력이론에서 최면암시에 대한 이론이 싹텄다."(Bernheim 1985, 97) 우주의 자력적 유동체에 대한 이론을 비난하고 난 이후에야 사람들은 메스머의 치유방법을 탄생시킨 "상상의 영향"을 발견하고 스스로 다음과 같이 묻는다. "상상력에 의한 치료가 가장 효력이 있는 것이라고 한다면 왜 우리는 상상력을 통하여 치료하는 것을 경시하는가?"(같은 책, 101)

그러므로 낭시학파는 자력이론에 의한 치유는 원래 최면에 의한 치유를 제시한다는 사실로부터 출발하였다.

낭시학파는 다음과 같은 철학적 심리치료의 이념에 기초해 있다.

1. 정신은 의식적 영역과 무의식적 영역으로 나뉜다.
2. 최면은 무의식에 접근하는 주요 통로로서 상정된다.
3. 정신적 고통의 심화는 무의식의 자율적 또는 신화 제작 기능의 생성에 기초한다.
4. 낭시학파가 주장하는 특수한 질병의 이미지는 "다중인격"과 히스테리 환자와 관련이 있다.
5. 최면은 환자와 최면술사 사이의 관계형성과 최면과 암시의 실천에 기초한다.

(Ellenberger 1972, 163 참조)

연습 당신은 최면의 효과를 어떻게 설명하는가?

낭시대학의 교수 H. 베르넹에 따르면 자력치료사는 환자의 자기치유력을 조정하는 추진자Animateur가 되는 것이다. 암시를 통해 추진자는 환자의 상상적 역동에 개입한다. "말에 의한 자극을 통하여 추진자는 최면에 의한 긴장 완화의 느낌을 암시한다. 고요한 상태에서 암시력은 상상력을 방해하는 통제적 이성이 극복됨으로써 고양된다."(Kollak 1997, 119)

연습 자기최면을 한번 걸어 보시오. 눈을 감고 당신의 팔이 편하고 무겁다고 생각하시오. 이러한 시도에서 느낀 점을 기술하시오.

자기암시는 일상에서, 수면 상태에서, 백일몽에서 광범위하게 수행되지만 마녀사냥처럼 대중적 환각에도 작동될 수 있다. 베르넹은 주문을 외우면서 자기암시를 함으로써 고문에 대해 자신을 무감각하게 만드는 순교자에게서도 자기최면을 발견한다.

연습 맛이 신 레몬을 생각해 보시오. 어떤 현상이 일어나는가?

연습 어떤 주문이 죽음에 대한 당신의 불안을 무감각하게 할 수 있는가? 그 주문을 써 보시오.

베르넹에 따르면 최면은 의식적 또는 무의식적 암시에서 발생한다. "스스로 그가 잘 것이라고 말하고 그의 사고활동이 확실하게 잠의 상상에 돌입한 사람은 점점 수면의 모든 증후, 눈꺼풀의 무거움, 시야의 희미함, 육체의 무감각을 느낀다. 이어서 자신의 감각을 차단하고 모든 외적인 자극에서 벗어나 눈을 감고 결국 잠이 든다."(Bernheim 1985, 127)

연습 암시적인 수면 연습을 시도해 보시오.

인도의 요가에서 볼 수 있는 종교적 법열도 "상상의 점을 배꼽 또는 코끝에 고정시킴"을 통해 수행된다(같은 책, 127).

연습 30초 동안 공간 속에 있는 상상의 점에 집중해 보시오. 이에 대한 경험을 기술하시오.

무의식은 잠 속에서 의식적인 계획을 속행하면서 독립적으로 활동하기도 한다. "우리들 중 누군가는 자신이 해결하지 못하는 문제를 고민하면서 잠이 들었다가 문제에 대한 완전한 해결과 함께 잠에서 깨어난 경험을 한 사람이 있다."(같은 책, 139)

연습 잠 속의 무의식적 힘이 가진 창조적 힘에 대한 사례를 제시해 보시오.

베르넹은 사람들이 자신에게 병을 암시하면 병들게 된다고 말한다. 오래된 세네카의 학설은 죽음에 대한 잘못된 생각으로 인해 죽음의 불안이 일어난다는 것을 발견하였다. 망상에 사로잡힌 환자와 우울증 환자는 자기암시가 특별히 강하다. "이 환자들은 자신의 감각에만 귀를 기울이고, 그 속에서 다시 깨어나며 유일하게 자신과 관계를 형성한다. 간단히 말해서 그들은 자기를 암시하는 자들이다."(같은 책, 196) 근육 경련, 호흡 장애, 맥박의 빠름과 같은 장애는 모두 최면의 한 부분인 자기암시를 통해 일어날 수 있는 증후들이다. 이 증후들은 긴장 완화와 평정에 대한 꾸준한 자기암시적 훈련을 통해 사라질 수 있다.

연습 당신이 항상 귀를 기울이는 감각들이 있는가? 긴장 완화와 평정에 대한 자기암시 훈련을 통해 이러한 감각들을 진정시켜 보시오.

그러나 자기최면은 한계가 있다. 그것은 부러진 뼈, 찢어진 근육, 분절된 신체 부분을 재생할 수 없다. "그러나 파괴된 것은 어떤 치료로도 재생될 수 없다. 암시는 기관이 망가진 부분의 기능을 제공할 수 없다."(같은 책, 407)

메스머와 낭시학파의 암시는 아르투르 쇼펜하우어, J. G. 피히테, 낭만주의자 노발리스에게 큰 영향을 주었다. 노발리스는 다음과 같이 말한다. "병의 일부는 육체적 광기, 나아가 고착된 이념으로 간주되어야 한다."(Leibbrand 1937, 118)

심지어 장 폴Jean Paul에서 E. T. A. 호프만Hoffmann에 이르는 낭만주의 시 역시 인간이 가진 밤의 측면에 대한 메스머의 해명 없이는 생각할 수 없다. "자력적 수면처럼 자연적 수면은 낮의 인간에게 미지의 왕국으로 인도하는 입구가 된다."(Kollak 1997, 139)

결론적으로 최면은 20세기에 특히 밀턴 에릭슨Milton Erikson과 신경언어 프로그래밍NLP을 통해 독자적인 심리치료로 발전되었다. 지그문트 프로이트도 최면으로 시작하였다. 그는 병을 극복하는 힘이 무의식 속에 있다는 것을 몰랐으며, 오히려 그에게 무의식은 고통을 만드는 활동의 원천으로 여겨졌다. 의식에서 억압된 것이 병의 맹아로서 무의식에 놓여진다. 프로이트는 짧은 기간에 고통의 원천을 찾아내기 위해 최면을 무의식으로 가는 첫 번째 길로 선택하였다. 이후에 프로이트는 최면의 자리를 정신분석으로 대체하였다.

마지막 연습 프란츠 A. 메스머의 어떤 사상이 당신의 고통을 감소시키고 치유하였는가? 그렇지 않은 것도 있는가?

◎ 참고문헌

Messmer, F. A.: *Messmerismus* [메스머이론]. Berlin 1814.

Messmer, F. A.: *Abhandlung über die Entdeckung des thierischen Magnetismus* [동물적 자력의 발견에 관한 시론]. Tübingen 1985.

Alexander, F. G., Selesnick, S. T.: *Geschichte der Psychiatrie* [정신의학의 역사]. Konstanz 1969.

Bernheim, H.: *Die Suggestion und ihre Heilwirkung* [암시와 치유효과]. Tübingen 1985.

Carus, C. G.: *Über Lebensmagnetisierung und über die magischen Wirkungen überhaupt* [삶의 자력화와 마법적인 효과 일반에 대하여]. Andechsen 1986.

Darnton, R.: *Der Messmerismus und das Ende der Aufklärung in Frankreich* [메스머이론과 프랑스 계몽주의의 종말]. Frankfurt 1986.

Ellenberger, H. F.: *Die Entdeckung des Unbewussten* [무의식의 발견]. Bd. 1, Zürich 1972.

Fichte, J. G.: *Tagebuch über thierischen Magnetismus* [동물적 자력에 관한 일기]. Berlin 1962.

Hansmann, M.: *Die Psychologie Franz Anton Messmers* [프란츠 안톤 메스머의 심리학]. Graz Phil. Diss. 1957.

Kollak, I.: *Literatur und Hypnose* [문학과 최면]. Frankfurt 1997.

Leibbrand, W.: *Romantische Medizin* [낭만주의적 의학]. Hamburg 1937.

Luck, G.: *Magie und andere Geheimlehren in der Antike* [고대 마법과 다른 비법들]. Stuttgart 1990.

Sachs-Hombach, K.: *Philosophische Psychologie im 19. Jahrhundert* [19세기의 철학적 심리학]. Freiburg 1993.

Zweig, S.: *Die Heilung durch den Geist. Messmer, Mary Baker-Eddy, Freud* [정신에 의한 치유. 메스머, 메리 베이커 에디, 프로이트]. Frankfurt 1990.

9. 개별자의 불안과 절망의 치유: 쇠렌 키에르케고르

"삶의 목적과 의미가 붕괴하는 곳에서는 모든 윤리도 붕괴된다.
그렇게 되면 고통받는 자는 자신의 생을 끝낼 수도 있다."
— Hans Saner

쇠렌 키에르케고르Sören Kierkegaard, 1813-1855는 불안과 절망의 철학치료를 발견한 실존주의 철학자이다.

키에르케고르의 생애와 그의 시대

쇠렌 키에르케고르는 자신의 삶에서 깊은 우울과 불안을 직접 겪은 사람이다. 그는 이것을 자신의 일기에서 상세하게 기술하고 있다. 그는 실존주의의 창시자로서 여겨지며 실존주의적 심리치료의 첫 번째 대표자로 알려져 있다. 그의 치료적 실천은 한 번도 강의로 전달된 적이 없는 심리학적 분석과 탁월한 담화를 담고 있는 저작들을 통해 제시되고 있다. 그는 코펜하겐에서 소크라테스와 같은 실존적 삶을 살았지만 어떠한 직접적인 치료 상담도 수행한 적이 없다. 오히려 그는 철저하게 가명을 사용함으로써 자신의 저작을 숨겼다.

쇠렌 키에르케고르는 1813년 코펜하겐에서 태어났다. 그의 아버지는 키에르케고르가 태어났을 때 이미 은퇴하고 연금 생활을 하고 있었다. 그의 아버지는 엄격한 종교성으로 인해 많은 고통을 겪고 있었다. 이는 그가 불우했던 시절 신을 저주했다는 생각에서 비롯된 것이었다. 이러한 암울한 종교적 분위기는 키에르케고르에게 그대로 이어졌다. 키에르케고르는 "기독교적 광기"로 여겨지는 교육을 경험하였다. 어릴 때부터 외톨이었던 그는 10년 동안 신학을 공부하였다. 1837년 레기네 올젠Regine Olsen과 알게 되어 약혼까지 하였지만 그 때문에 이후 많은 난관을 겪었다. 파혼으로 말미암아 레기네는 자살 직전까지 갔으며, 이로 인해 키에르케고르는 평생 죄의식을 가졌다.

1843-1855년 키에르케고르는 빠른 속도로 중요한 책들을 출판하였다. 그러나 1846년부터 코펜하겐에서 출판된 풍자 잡지인 『코르사르*Corsar*』에서 그는 우스꽝스런 인물로 알려지게 된다. 코펜하겐에서의 삶은 그로서는 하나의 순교자의 삶과 같은 것이었다. 키에르케고르는 더욱더 위축될 수밖에 없었고, 자신이 겪는 경험들을 깊은 자기분석을 수행하는 일기를 통해 기술하였다. 그의 마지막 활동은 공적인 교회에 대한 강한 비판이었다. 이러한 비판을 위해서 그는 팸플릿을 출판하였다. 그러나 이 팸플릿은 그가 쓴 책처럼 거의 읽히지 않았고, 아무에게도 진지하게 받아들여지지 않았다. 그가 죽고 나서 10년 후에야 비로소 키에르케고르는 사람들에게 알려지고 그의 책이 번역되었으며, 20세기에는 "실존적 심리분석"에 가장 결정적인 영향을 주는 철학자가 되었다.

심리치료를 위한 키에르케고르의 근본이념은 다음과 같다.

1. 불안과 절망과 같은 모든 정신적 고통의 상태는 고립되고 제한된 자신의 개별성에 대한 인식 앞에서 개별자가 도피했기 때문에 발생한다.
2. 세 가지 절망의 형태
   - 정신분열증: 절망하여 자기 자신이기를 원하지 않는 것
   - 마조히즘masochism: 자기 자신에 대해 절망하고 있는 것
   - 자살 충동: 절망하여 자기 자신을 창조하려다 좌절하는 것
3. 불안은 성적 불안, 자유에 대한 현기증, 의욕 상실 또는 우울증으로 발전된다.
4. 불안과 절망의 치유는 개별자가 피상적 삶의 형식(감각적 삶)과 외적인 의무 이행(윤리적 삶)을 종교적 삶을 통해 극복할 때 이루어진다. 종교적 삶은 절대자에 대한 믿음에서 이성을 고양시키는 것이다.
5. 키에르케고르 철학에서 자기이해와 자기됨은 실존철학과 실존주의적 심리치료에 영향을 준다.

쇠렌 키에르케고르의 철학적 배경

키에르케고르에 가장 큰 영향을 준 철학자는 소크라테스이다. 키에르케고르는 고대 아테네의 시장에서 수행된 소크라테스의 심리치유, 즉 자기인식의 요구를 수용하였다. 그에게 소크라테스는 치유적 시도의 매개가 되었다. 이를 통해 키에르케고르는 자신이 중요하게 여기는 개별자에 대한 시각을 철저하게 무시한 헤겔의 체계철학과 대립한다. 그에 따르면 헤겔 철학은 역사적 세계의 보편자 속에서 개별적 실존을 평준화시키고 개별자를 세계의 과정으로 분산시키려고 시도하는 철학을 대표한다(Löwith 1978, 126). 헤겔이 주장하는 세계사의 변증법과 현실 속에서 이성의 승리는 개별자에게 아주 피상적인 것일 뿐이다.

키에르케고르는 인간적인 평등이 아니라 대중 속에 있는 개별자의 개별성을 강조한다. 또한 그는 칼 마르크스Karl Marx와 막스 슈티르너Max Stirner와 같은 헤겔 좌파에도 반대한다. 키에르케고르는 마르크스처럼 프롤레타리아의 계급 속에서 개별자를 규정하지도 않으며, 슈티르너처럼 개별자를 아무것도 아닌 것으로 사라지게 하지도 않는다. 그는 개별자를 세계의 창조자인 신 앞에서 규정한다.

연습 당신은 이 순간 어디에 있는가? 계급적인 것으로 자신을 규정하는가? 신 앞에 선 개별자로서 자신을 인식하는가?

키에르케고르에서 정신의 의미

키에르케고르는 개별자에게서 일어나는 자기와의 갈등과 근본적인 느낌을 통해 전달되는 강력한 자기의 요구를 인식하고, 개별자를 대중과 대립시킨다. “대중은 진리가 아니다.”(Kierkegaard 1990, 14)

연습 당신에게 다수, 대중은 잘못된 피상적 삶의 화신인가? 다수에게서 당신은 어떤 경험을 하였는가?

모든 개별자는 대중으로 도피하고 그 속에 숨기를 원하며 일상적 관습에 고착되려는 위험을 가지고 있다고 키에르케고르는 지적한다. 그러나 개별자는 영원성을 위한 시간적 형태로서 자기실현, 자기선택, 실존선택을 위한 힘을 가진다.

"그러므로 모든 개별자는 무엇인가 되려고 하는 힘을 가진다. 대중이 됨으로써 자기 자신을 배제시키려는 자를 제외하고는 개별자가 되려는 것을 아무도 피하지 못한다."(같은 책, 22)

연습 당신은 무엇을 추구하는가? 대중 속에 숨는 것인가? 아니면 영원성에서 유일무이한 실존이 되는 것인가?

사유하는 정신의 힘은 대중에서 개별자를 이끌어 낼 수 있다. "사유하는 자로서 나에게는 개별자가 되는 것이 무엇보다도 가장 중요한 것이다."(같은 책, 24)

"개별자"의 고통

모든 개별자는 그가 살아 있다는 것을 사유해야 하며 그가 사유하는 대로 살아야 한다. 그 때 그는 재산, 권력, 명예가 아니라 영원성 속에 있다는 것을 알게 된다. 키에르케고르는 모든 정신적 고통의 상태를 고립되고 시간적으로 제한된 자신의 개별성에 대한 인식 앞에서 도주한 결과라고 여긴다. 개별성 앞에서의 도주는 근본적으로 자신의 고독 앞에서 항상 바쁜 대중 속으로 도주하는 것이다.

연습 당신은 개별성 앞에서 도주하는 느낌을 아는가? 그것은 얼마나 강한가?

자기를 개별자로서 실현하지 못하는 사람은 "죽음에 이르는 병", 즉 절망으로 퇴락한다고 키에르케고르는 말한다. 이는 자기가 자기 자신을 부정하고 그 앞에서 도망가기 때문에 일어난다. "절망하는 자는 죽음에 이를 정도로 고통스럽다. 죽음을 통해서도 이러한 병에서 벗어나는 것은 불가능하다. 이 병과 죽음에서의 고통은 바로 죽을 수 없다는 것으로 인해 생겨나기 때문이다." (Kierkegaard 1962, 21)

절망에 이르는 세 가지 형태의 병

1. **정신분열증: 절망하여 자기 자신이 되려고 하지 않는 것 – 세속적인 것에 대한 절망**
   세속적인 것에 대한 절망에서 표현되는 것으로서 절망하는 자는 자신을 죽은 것으로 여기거나, 자신을 하나의 그림자처럼 생각한다. 이렇게 절망하는 자는 자기인식으로부터 벗어나 있다. 그는 조심스럽게 생각한다. 하지만 내면으로 향하는 길은 대개 짧다. 사소한 것을 즐기는 사람들의 삶에서는 무한성에 대한 것이 빠져 있다. 이는 절망으로 인한 한계와 편협함을 느끼게 만든다.
2. **마조히즘: 자기 자신에 대해 절망함 – 영원한 것에 대한 절망**
   이렇게 절망하는 자는 자기 자신, 그리고 영원한 것을 획득할 수 있는 자신의 힘을 믿지 않는다. 그는 절망하여 자기 자신이 아닌 다른 자가 되기를 원하며 새로운 자신이 되기를 소망한다. 그는 자기 자신을 미워한다. 그는 영원한 것을 대체하는 이념으로 살아간다. 그러나 사실상 그는 더 이상 나아갈 수 없다. 그는 마조히스트이기 때문이다.
3. **사디즘: 절망하여 자기 자신을 창조하기를 원함**
   영원한 것에 대해 반항함으로써 자기는 자기 자신을 창조하고 자기를 지키려고 한다. 절망한 자기는 여전히 모래 위에 집을 짓는 헛된 열정에 빠져 있다. 이때 자살과 사디즘이 발생한다. 자유는 개별자에게 모든 행위의 가능성을 열어 주지만 이러한 자유 앞에서 개별자는 두려워하며 불안을 가진다.

연습 당신은 절망에서 어떤 느낌을 가지는가?

- 자신을 그림자처럼 보는 한계를 가진 고독함의 느낌인가?
- 영원한 것을 획득할 수 있는 힘이 없어 다른 자가 되기를 원하는 마조히스트적 느낌인가?
- 탈출구인 자유 앞에서 불안해 하는 반항적 느낌인가?

당신에게 이러한 절망적인 상태에서 벗어나는 첫 번째 걸음은 무엇일 수 있는가?

키에르케고르에 따르면 절망적인 반항은 악마적인 것이다. 이러한 자는 침묵 속에 자신을 폐쇄시킨다. 그는 침묵 속에 빠진다. 왜냐하면 그는 자신의 폐쇄성 속에서 자기 자신의 처참함을 더 이상 말할 수 없기 때문이다. "악마적인 것은 자기 자신을 닫으려고 하는 부자유함이다. … 부자유함은 점점 더 폐쇄적이 되어 소통을 더 이상 원하지 않게 한다."(Kierkegaard 1960, 112 이하)

계속해서 키에르케고르는 다음과 같이 말한다. "폐쇄된 자가 그의 폐쇄성 속에 숨기고 있는 것은 너무 무서운 것이어서 결코 자기 자신 앞에서 그것을 말하려고 시도하지 않는다."(같은 책, 117)

연습 자기 자신에 대해 더 이상 말하고 싶지 않다고 느낀다면 평가하거나 판단하지 말고 당신이 방금 생각하고 느낀 것을 — 자기 자신에게만 큰 소리로 — 홀로 있으면서 규칙적으로 말하는 시간을 매일 가지시오.

개별자가 되지 못하는 사람은 비밀스런 절망 속에 살 뿐만 아니라 불안에도 휩싸인다. 1844년에 나온 키에르케고르의 책 『불안의 개념』은 개별자의 불안에 대해 다루고 있다. 여기에서 그는 불안 속에서 무에 대한 경험이 일어나는 것을 보여 준다(같은 책, 71).

불안은 자유에 대한 현기증의 경험이다. "자기가 되려는 절망적인 노력 속에서 자기는 정작 그 반대로 행동하고 있기 때문에 고유한 자기에 이를 수 없다. 겉으로만 절대적인 이런 지배자는 영토 없는 왕이다. 그는 본래 아무것도 통치하지 않는다."(같은 책, 67)

연습 당신은 자신을 영토 없는 지배자처럼 느끼는가? 지금 "지배 영역의 행차"를 계획하고, 조금씩 당신 자신을 위한 영역을 넓혀라. 즉시 행동하기 위해 예를 들어 규칙적으로 박물관 또는 체육관을 방문해 보라.

불안은 키에르케고르에서 섹스와 밀접한 관계를 가진다. 감각적 쾌락이 강해질수록 개별자의 불안도 강해진다. 불안은 대개 미래에 대한 불확실성과 연관된다.

불안이 고조되면 불안은 의욕 상실 또는 우울증으로 바뀐다. "권태로움으로 인해 부산한 것으로 도주하려던 숨은 의식이 그것이 근본적으로 소용없는 도주라는 것을 깨닫고 돌아올 때 우울증이 생긴다."(Bollnow 1978, 73)

"개별자"의 치유

키에르케고르는 1843년에 나온 그의 저서 『이것이냐 저것이냐』에서 개별자가 겪는 실존적 고통에 대한 3단계 치유를 발전시켰다.

이 단계는 다음과 같다.

1. 감각적 삶
2. 윤리적 삶
3. 종교적 삶

치유는 세 번째 삶의 형식, 즉 종교적 삶을 추구함을 의미한다. 종교적 삶은 이성의 제한을 대가로 희미한 치유의 가능성을 획득한다.

감각적 삶은 자신을 통제하지 못하는 사람이 사는 형식이다. 이러한 사람은 한동안 제멋대로 산다. 그는 오락적인 것, 자극적인 것, 재미있는 것을 통해 잠깐 지나가는 가상이 주는 모든 것에 흥미를 느낀다. 그는 항상 부산하다. 그는 많은 것을 생각하지만 혼란스럽다. 이러한 삶에는 지속성과 안정성이 없다. 이러한 삶은 그때마다의 기분과 상황에 따라 방향을 바꾼다. 생각은 그에게 약속되는 감각적 삶만을 따른다. 감각을 향유하는 자는 모든 것을 바깥으로부터 기다린다. 세계에 대한 그의 태도는 수동적이다. 때때로 그는 소유와 권력을 추구하거나 다른 인간의 경향을 따른다. 다음으로 그는 특별히 건강과 아름다움을 추구한다. 잠재적으로 이러한 삶은 불안과 절망에 사로잡혀 있다. 근거도 없고 전적으로 공허한 상황이 자주 나타난다. 그러나 이러한 자기인식은 다시 무시되고 다른 것으로 보상된다. 그렇지 않을 경우 감각적으로 사는 자는 자신의 삶이 고통이라고 생각한다. 이렇게 되면 그는 낭만적인 염세주의자의 추종자가 되거나 운명론 또는 유럽적 불교에 빠지게 된다.

연습 당신은 자신이 감각적 유형에 속한다고 생각하는가? 그렇다면 그 이유를 설명하시오.

윤리적 삶은 인격의 획득을 목적으로 한다. 이러한 인격은 자기인식, 자기책임, 자기실현을 통해 드러나야 한다. 따라서 윤리적으로 사는 자는 자기탐구를 위해 노력한다. 그는 자신의 경향과 소질을 발전시킨다. 그는 의식적으로 자신에 대한 책임을 받아들인다. 그는 자신에 대해 철저하려고 노력한다. 그는 "어떤 단순한 사색이 아니라 행동하는 자신에 대한 성찰"을 수행한다. 이러한 자기탐구를 통해 그는 자신이 진정으로 되길 원하는 것을 추구한다. 참된 자기는 실제로 주어진 자유를 신중히 고려할 때 형성된다. 윤리적 삶은 공적인 과제를 인수한다. 이러한 사람은 일하고, 결혼하고, 새로운 당파의 일원이 된다.

연습 당신은 자신이 윤리적 유형에 속한다고 생각하는가? 그렇다면 그 이유를 설명하시오.

종교적 삶은 특정한 교훈만이 아니라 특정한 삶의 원리를 포괄한다. 그러나 지성을 십자가에 못 박는 절대자에 대한 믿음은 객관적 불확실성도 포함한다. "그러므로 이것은 그 자체로 사고할 수 없는 것을 발견하는 고차적인 사유의 역설이다."(Kierkegaard 1964, 36) 이것이 의미하는 것은 다음과 같다. "그러므로 지성의 역설적 열정은 분명 거기에 있지만 알지 못하는 것이며, 그런 점에서 거기에 없는 것, 즉 알려지지 않은 것과 지속적으로 충돌한다." (같은 책, 42)

종교적 인간은 그의 사유를 믿지 않고 지성의 한계를 인정해야 하며 터무니없는 것으로 보이는 것을 믿어야 한다. "그러므로 내면성은 개별자에게서 정점에 이른다. 이는 숨김없이 그러한 역설적 요구에 자신을 내맡길 때 가능하다."(Gardiner 2002, 126) 따라서 종교적 인간은 초월자와의 연관을 맺으려고 한다. 초월자에 대한 믿음이 그가 인간과 사회에 대해 책무로 가지고 있던 것을 보상한다. 그러나 이러한 단계에서도 절망은 항상 조용한 동반자로 남아 있다. 왜냐하면 개별자는 어떤 삶의 형식 속에서도 항상 절망을 벗어날 수 없기 때문이다.

연습 당신은 자신이 종교적 유형에 속한다고 생각하는가? 그렇다면 그 이유를 설명하시오.

이러한 실존적 치유의 길을 키에르케고르는 세 단계로 해명한다. 그러나 끝내 그 자신은 이 길을 가지 못했다. “그는 완전히 다른 입장들 사이에서 결정하지 못하고 동요하고 있는 자신의 모습을 전해 주고 있다. 그 자신이 본래 어떤 것을 주장하려고 했는지는 결정되지 않고 있다.”(같은 책, 127) 그러나 결과적으로 키에르케고르는 주체성을 선택하였다. “주체성이 진리이다. 진리는 주체성이다.”

사례: 가장 불행한 사람

키에르케고르는 “가장 불행한 사람”의 극단적인 사례를 보여 준다. 이 사례는 다음과 같이 시작한다. “영국 어딘가에 ‘가장 불행한 사람’이라고 표시된 짧은 묘비명을 가진 무덤이 있다고 알려진다. 사람들은 그 무덤을 파헤쳐 시체를 찾았지만 찾지 못하였다고 한다.”(Kierkegaard 1975, 146) 여기에서 키에르케고르는 어떤 사람을 모든 사람들 중에서 가장 불행한 사람으로 생각해야 할지에 대해 스스로 묻고 있다.

연습 모든 사람들 중 가장 불행한 사람에 대해 기술하시오.

키에르케고르는 이후 가장 불행한 사람에 대해 다음과 같이 기술한다. “그는 넓은 세상에 자기 자신을 홀로 내버려 두고 세상 전체를 자신과의 갈등 속에 있는 너로 여기며 대항한다. … 그는 늙을 수가 없다. 왜냐하면 그는 결코 젊지 않기 때문이다. 그는 젊게 있을 수 없다. 왜냐하면 그는 이미 늙어 버렸기 때문이다. 여하튼 그는 죽을 수도 없다. 왜냐하면 그는 분명 스스로 살아오지 않았기 때문이다. … 그는 사랑할 수 없다. … 그는 힘이 없기 때문이다. 그것은 그에게 힘이 없어서가 아니라 그 자신의 힘이 그를 힘없게 만들었기 때문이다.”(같은 책, 151)

연습 이렇게 불행한 사람을 어떻게 도울 수 있는가? 제안해 보시오.

이런 사람보다 더 불행한 사람을 생각할 수 있을까? 키에르케고르는 이에 대해 다시 기술한다. "저기 한숨의 나라에서 보낸 사람, 고통을 사랑하는 자로 선택된 사람, 슬픔과 고통의 사도, 말 없는 친구가 서 있다. 그는 지쳐 있다. … 그는 허리가 굽어 있지만 자신의 젊음에 긴 삶을 약속한다. 그의 입술은 자신을 곡해한 세계에 대해 미소 짓는다. … 나는 너에게 인사한다. 너는 내가 그 이름을 모르는 알려지지 않은 위대한 자이다. 나는 너의 존경스런 이름, 가장 불행한 사람이란 이름을 가진 너에게 인사한다."(같은 책, 156)

이후 키에르케고르에 따르면 가장 불행한 사람은 다시 사라졌다. 우리는 다시 영국에 있는 빈 무덤 앞에 서 있다.

현대 심리치료에서 키에르케고르의 의의

키에르케고르는 현대 철학에 큰 영향을 끼쳤다. 그의 철학은 대화철학과 관련된 M. 부버와 F. 에브너Ebner, 그리고 비판이론의 대표자인 T. W. 아도르노, M. 호르크하이머, W. 벤야민, H. 마르쿠제, E. 블로흐에게서 흔적을 찾을 수 있다. 그리고 M. 하이데거, K. 야스퍼스, J. 사르트르, A. 카뮈도 키에르케고르의 영향을 받았다.

심리치료에서는 무엇보다도 키에르케고르로 소급되는 현존재분석이 있다. 현존재분석은 다음과 같이 주장한다. "키에르케고르의 실존철학은 자기실현을 위한 요구이며, 그와 함께 질병 속에 무의미의 결함만이 아니라 실존적 요청을 통찰하는 심리치료적 이해를 앞서 제시하고 있다."(Condrau 1974, 190)

마지막 연습 쇠렌 키에르케고르의 어떤 사상이 당신의 고통을 감소시키고 치유하였는가? 그렇지 않은 것도 있는가?

◎ 참고문헌

Kierkegaard, S.: *Der Begriff Angst* [불안의 개념]. Reinbek 1960.
Kierkegaard, S.: *Die Krankheit zum Tode* [죽음에 이르는 병]. Reinbek 1962.
Kierkegaard, S.: *Entweder-Oder* [이것이냐 저것이냐]. München 1975.
Kierkegaard, S.: *Ges. Werke* [전집]. Hrsg. von E. Hirsch, H. Gerdes. Düsseldorf 1979 이후.
Kierkegaard, S.: *Der Einzelne* [개별자]. Frankfurt 1990.
Kierkegaard, S.: *Philosophische Brocken* [철학 단편]. Reinbek 1991.
Kierkegaard, S.: *Furcht und Zittern* [공포와 전율]. Reinbek 1992.

Adorno. T. W.: *Kierkegaard. Konstruktion des Ästhetischen* [키에르케고르. 미학의 구조]. Frankfurt 1979.
Bollnow O. F.: *Existenzphilosophie* [실존철학]. Stuttgart 1978.
Condrau, G.: *Einführung in die Psychotherapie* [심리치료 입문]. München 1974.
Decher, F.: *Verzweiflung. Anatomie eines Affekts* [절망. 감정의 해부학]. Lüneburg 2002.
Dietz, W.: *Sören Kierkegaard. Existenz und Freiheit* [키에르케고르. 실존과 자유]. Frankfurt 1993.
Dischner, G.: *Es wagen ein Einzelner zu sein* [개별자가 되려는 모험]. Bodenheim 1997.
Gardiner, P.: *Kierkegaard* [키에르케고르]. Freiburg 2002.
Liessman, K. P.: *Sören Kierkegaard* [키에르케고르]. Hamburg 1999.
Löwith, K.: *Von Hegel zu Nietzsche* [헤겔에서 니체로]. Hamburg 1978.
Rattner, J. (Hrsg.): *Vorläufer der Tiefenpsychologie* [심층심리학의 선구자들]. Wien 1983.
Sock. M.: *Die Verzweiflung* [절망]. Kallmüz 1930.
Theunissen, M.: *Der Begriff Verzweiflung. Korrektur an Kierkegaard* [절망의 개념. 키에르케고르의 교정]. Frankfurt 1993.

10. 무의식의 발견: 아르투르 쇼펜하우어

"오늘날 공공연하게 이전보다 더 많은 사람들이
한 가지 정신적 장애는 가지고 있다는 진단을 받고 있다.
이것이 발전인가?"
— R. Porter

아르투르 쇼펜하우어Arthur Schopenhauer, 1788-1860는 붓다와의 만남을 통해 무의식으로 인한 고통을 다룬 첫 번째 철학자가 되었다.

쇼펜하우어의 생애와 그의 시대

쇼펜하우어는 자주 "세상과 등진 학자"로 여겨지고 그의 철학은 기괴한 것으로 받아들여지며, 심지어 그의 삶의 태도는 "이기주의"적인 것으로 폄하되기도 한다. 그러나 그는 철학적 심리치료의 역사에 중요한 전환을 이룬 사상가이다. 이미 17세에 쇼펜하우어는 붓다 체험을 하였다. 이때부터 그에게는 삶의 본질이 고통이라는 것이 분명한 것으로 여겨졌다. 쇼펜하우어는 정신병의 근원에 대한 구체적인 개념을 가지고 있었다. 그는 세계를 등진 사람이 전혀 아니다.

1811년부터 쇼펜하우어는 철학을 공부하는 학생으로서 베를린에서 가장 큰 샤리테Charité 병원의 우울증 환자의 병동을 방문하기 시작하였다. 이후에 쇼펜하우어는 "광기에 대한 그의 이론이 여러 정신병원을 다니면서 생겨난 것임"을 강조한다(Schopenhauer 1988, 3권 225). 정신을 정상으로 다시 되돌린다는 목적으로 신체를 고문하기 위해 당시 병원에서 적용하던 치료 방법 — 회전기, 차가운 물, 구토제, 설사제, 자루에 넣어 물에 빠뜨리기 — 에 반대하여, 그는 암호처럼 무의식을 해독하는 연구에 기초한 고통의 철학을 제시한다(Dörner 1984, 233 이하). 쇼펜하우어는 당시 정신의학에서 일반적으로 사용되는 광기에 대한 "충격요법"에 나쁜 사디즘이 담겨 있다고 지적하였다. 쇼펜하우어는 광기의 원인을 신체 기관에서 찾으려는 주장에 반대하였다. 당시 지배적이던 주장은 다음과 같은 것이다. "정신적 상태는 순전히 육체적 상태에 의해 결정되기 때문에 우리는 육체적 악을 개선함으로써 정신적 악을 동시에 제거할 수 있다."(Zentner 1995, 14)

쇼펜하우어는 정신병동을 방문하면서 몇 명의 환자들과 대면하였다. 그 중에 트라우고트 슐체Traugott Schultze와 같은 환자는 그에게 '동고同苦, Mitleid'에 관한 시를 주었으며, 에른스트 회프너Ernst Hoeffner와 같은 환자는 「광기에 관하여」라는 논문을 보내 주었다. 쇼펜하우어는 당시 이미 다음과 같은 것을 인식하고 있었다. "폭력을 통해서는 광기를 물리칠 수 없다. 이성은 폭력을 통해서 결코 발전될 수 없다."

쇼펜하우어는 청년 시절 자신의 삶에서 붓다처럼 생로병사를 통찰한 붓다 체험을 통해 삶이 광기에 빠질 수 있다는 것을 이미 파악하였다.

쇼펜하우어는 붓다와의 만남에 대해서 다음과 같이 기술한다. "17살 때 나는 학교교육을 받지 않고서도 붓다가 그의 젊은 시절에 생로병사를 통찰한 것처럼 삶의 고통을 파악하였다. 세상에서 나온 아주 분명하고 뚜렷한 이 진리가 나에게 각인되어 있던 유대교적 교리를 넘어서자마자 나는 이 세상이 지극히 선한 자의 작품일 수 없으며 아마도 창조물을 현존하게 하여 그들의 고통을 보며 연회를 즐기는 악마의 작품이라는 결론에 도달하였다. 많은 자료가 이를 해명하고 있고 그렇다는 믿음이 우세하다."(Pisa 1978, 125)

그리고 노년에 쇼펜하우어는 그가 죽음을 준비하던 방에 금으로 된 불상을 가져다 놓았다. 이 불상에 대해 그는 자랑스럽게 그것이 티베트에서 온 것이라고 말하였다. 마지막으로 그를 방문한 사람들에게 그는 자주 붓다에 대해 말하면서 "우리 불자들"이라는 표현을 사용하였다(같은 책, 383). 그러나 그 자신은 불자가 되지 않았다. "그리고 다행히 억지로 그렇게 되려고 하지도 않았다."(Safranski 1990, 511)

그러나 쇼펜하우어는 일찍이 불교의 중요성을 의식하고 있었다. "나는 역설적으로 보이지만 순화된 불교가 유럽을 한번 휩쓸 것이라고 믿는다." (Spierling 2003, 38)

결국 광기가 보여 주듯이 이러한 삶의 고통도 폭력을 통해 변화될 수 없었다.

연습 광기를 치유할 수 있는 폭력의 형식이 있는가?

위에서 환자로 언급한 회프너는 쇼펜하우어가 5년 후인 1818년에 그의 저서 『의지와 표상으로서의 세계』에서 다시 정리하고 있는 광기의 다음과 같은 측면에 대해 언급하였다.

회프너와 쇼펜하우어가 기술하는 광기의 측면

1. 광기에 빠진 자들은 절망한다.
2. 상실의 외상은 절망으로 인도한다.
3. 상실은 무의식적 의지의 불만족을 통해 심화된다.
4. 불만족은 기억의 억압과 제한으로 인도한다.
5. 억압된 무의식과의 대결은 자기인식으로 인도한다.
6. 의식한다는 것은 광기를 치유하는 길이다.
   (Zentner 1995, 199-208)

철학을 공부하는 학생으로서 쇼펜하우어는 정신병동 방문과 환자들과의 대화를 통해 당시 정신적 고통에 대해 관심이 없었던 많은 정신과 의사들보다 고통에 대해 더 많은 이해를 가지고 있었다. "베를린 샤리테 병원에서 19세기 초에 광기의 이론이 나왔다. 그 이론의 중심 논제는 얼마 지나지 않아 지그문트 프로이트의 정신분석 이론의 기초로서 다시 알려지게 되는 것이었다."(같은 책, 191)

쇼펜하우어의 철학적 배경

쇼펜하우어 이전에 이미 붓다, 플라톤, 몽테뉴, 드 라 로셰푸코De la Rochefoucault, 루소, 메스머, 심지어 라이프니츠, 헤르바르트, 셸링과 같은 사상가들이 마음속에 있는 무의식의 층을 철학적으로 발견하였다(Gödde 1999, 23-70 참조).

이후 낭만주의는 정신적 고통에 대한 특별한 관심을 바탕으로 이에 대한 이론을 발전시켰다. 낭만주의자들은 무의식에 주목하였으며 계몽주의자들이 전제하는 이성의 막강한 힘에 대해 저항하였다. 『경험심리학잡지』(1783-1893)에서 칼 필립 모리츠Carl Philipp Mortiz는 정신적 고통에 대한 많은 보고서를 실었다. '동물적 자력', 다시 말해 프란츠 안톤 메스머Franz Anton Messmer의 최면은 베를린에서도 유행하였다. 철학자 피히테는 상세하게 "동물적 자력에 관한 일기"를 기록하였다. 쇼펜하우어는 메스머의 최면을 배웠으며 크리스찬 볼파르트Christian Wolfart 교수가 운영하는 베를린의 개인 빈민구호 병원에서 환자에게 동물적 자력치료를 실행하였다. 또한 쇼펜하우어는 가족과 관련된 심리적 문제에 대해서도 잘 알고 있었으며 이에 대한 준비도 철저하게 하였다. 그의 아버지는 자살하였으며, 아버지의 조상들은 가벼운 정신적 고통에서부터 중한 정신적 고통까지 겪기도 했다. 그의 여동생 아델레Adele는 자살을 시도할 정도로 우울증이 심했다. 『자기분석』에서 쇼펜하우어는 다음과 같이 쓰고 있다. "그는 아버지로부터 물려받은 불안을 겪고 있다. 무서운 상상이 믿을 수 없을 정도로 이러한 소질을 부추겼다. 상상의 병들이 갑자기 나타나 청소년이었던 나를 괴롭혔다. 베를린에서 공부하는 동안 나는 폐병에 걸린 것으로 생각하였다. 베로나에서는 연기 없는 담배에 중독되었다는 확고한 생각이 나를 지배하였다. 밤에 소음이 발생하면 나는 칼과 총을 집었다. 나의 불안은 사소한 불쾌함조차 무한한 것으로 확대시켰다."(Schopenhauer 1985, 4권 120 이하)

연습 당신의 불안과 불안에 대한 반응을 다룬 짧은 자기분석을 다섯 문장으로 기술하시오.

쇼펜하우어의 심리론

쇼펜하우어에 따르면 마음은 나눌 수 있는 것이다. 이러한 생각은 플라톤에서부터 이미 발견될 수 있지만 쇼펜하우어는 비이성적이며 충동적인 마음의 부분 아래 의식적이고 이성적인 마음의 부분들이 놓여 있다고 기술하였다. 쇼펜하우어에게 있어 — 이성이 의지를 지배하도록 한 플라톤과 반대로 — 마음은 무의식적 의지에 의해 지배되는 것이다.

쇼펜하우어는 **의지**가 무의식을 대신하는 심적 구조를 발전시켰다. "의지는 우리의 본질의 핵심, 근원적인 것, 가장 앞서는 것이다. 의지는 충동으로서 지치지 않는 동력 장치이다. 의지는 인과와 시간으로부터 자유롭다. 의지는 무의식적이며 삶을 위한 의지와 동일한 것이다. 의지는 그 발화점을 성적 충동에서 가지고 있다. 그것의 근본주제는 쾌락의 만족이다. 의지는 온전한 만족의 상태를 추구한다. 의지는 이성을 완전히 억압하는 마음의 주인으로 파악될 수 있다."

연습 당신의 삶의 의지를 자유롭게 1분간 기술하시오. "나의 의지는 …"이라는 말로 시작하시오.

의지 아래 **지성**과 **이성**이 놓여 있다. 이성은 의지에서 유래한다. 지성은 의지에 의해 자극을 받는다. 지성은 시간과 공간 속에서 사유하고, 의식의 구조를 형성하며, 자기보존에 기여한다. 지성은 외부 세계와의 소통을 위해 의지에 봉사한다.

연습 당신의 지성을 자유롭게 1분간 기술하시오. "나의 지성은 …"이라는 말로 시작하시오.

지성과 의지 사이에는 지속적인 역동성이 존재한다. 지성은 이성적 근거를 통해 의지의 욕망을 숨긴다. 의지는 모든 이성을 배제하려고 시도한다. 특히 성적 특성을 통해 이러한 역동성이 작용한다. 성적 특성을 가진 의지는 자신의 종적인 힘Gattungskraft을 통해 모든 이성적 근거를 거부하려고 시도함으로써 이성적 자아를 배제한다.

연습 사랑의 문제에 직면하여 당신의 지성과 의지 사이의 대화를 기술하시오.

"의지는 단적으로 항상 삶을 원하기 때문에 즉각 성적 충동으로 나타난다. 이러한 충동은 불안, 우울을 의식하게 하고 삶에 사고, 염려, 난관을 초래함으로써 평안함, 명랑함, 순수함을 차단한다."(Schopenhauer 1977, 2권 651) 쇼펜하우어에게 사랑은 동물적인 것이다. 사랑은 개인적인 목표가 전면에 놓이는 광기를 생산한다. 사랑에서는 번식을 위한 종의 일반적인 강제만이 타당하게 여겨진다. 그러나 쇼펜하우어는 지성이 의지를 궁극적으로 극복할 수 있다고 확신한다. 이 극복은 충동의 저지와 충동의 포기에서 이루어진다. 성적 금욕은 고통에 맞서기 위한 쇼펜하우어의 주문이다. 왜냐하면 인류의 자연적 방향에 전적으로 대립하는 것은 생의 의지를 부정하는 것이기 때문이다(같은 책, 723).

연습 당신은 충동의 저지와 충동의 포기를 할 수 있다고 믿는가?

생의 고통으로서 광기

쇼펜하우어는 고통이론을 제시함으로써 다양한 정신병리학적 고통의 현상을 통일시켰다. 쇼펜하우어는 **모든 심리치료를 위한 전형으로 여겨지는 억압이론**에 정통해 있었다. 그에게 고통의 핵심은 기억의 혼란을 의미한다. 이러한 기억의 균열을 쇼펜하우어는 베를린 샤리테 병원의 환자에게서 확인하였다. 기억의 균열은 억압의 결과이다. 억압의 요인은 "통상적으로 강한 정신적 고통, 뜻하지 않게 손상된 자부심, 거부된 강렬한 사랑, 모든 종류의 예측할 수 없는 끔찍한 기질 … 이다. 이러한 경우에 그에 따르는 불안한 본성이 삶의 최후 구조 수단인 광기로 나타난다. 이 본성은 사고를 혼미하게 하여 개인의 현존재를 침해하고, 의식으로부터 생각을 빼앗는다. … 거기에서 본성은 악의 자리, 즉 기억을 공격한다. 광기가 생기자마자 정신적 고통은 사라진다. 이것은 광기가 치료 수단이 되었다는 증거이다." (Schopenhauer 1971, 395 이하)

연습 고통의 억압에 대한 경험을 해 보았는가? 삶에서 경험한 것을 말해 보시오.

기억에 대한 능력의 장애는 결국 정신병을 일으킨다. 삶의 지속성을 분명하게 의식하는 개인의 능력은 기억의 문제로 인해 방해를 받는다. 고통받는 사람들은 외적이고 내적인 많은 삶의 사실을 더 이상 기억할 수 없다. 이들은 기억상실Amnesie로 고통받는다. 억압된 것은 기억을 되살리는 것을 강하게 방해한다. "자신에 대립하는 것을 지성으로 밝히려는 의지의 저항 속에 광기가 정신을 공격할 수 있는 여지가 생긴다."(Schopenhauer 1988, 3권 457)

쇼펜하우어는 저항 활동을 아주 분명하게 해명하였다. "다시 말해 고통을 주는 생각, 특히 우리의 자부심을 손상시키는 생각이 갑자기 들 때 우리는 기계처럼 순간적으로 그것을 쫓아내려고 시도한다."(Schopenhauer 1971, 396) 나의 자부심은 자아를 고통스럽게 하는 것을 억압한다.

연습 당신의 자아가 결코 받아들일 수 없거나 견딜 수 없는 모든 상처들을 표로 한번 만들어 보시오.

억압된 것의 자리에는 대체 증후가 들어선다. 쇼펜하우어에 따르면 기억을 다시 떠올리지 않으려 함으로써 결과적으로 균열이 만들어지고 그 균열은 허구로 채워진다(Schopenhauer 1985, 1권 88 참조). 이 허구는 감정이 깊은 체험들을 긴장이 없는 상상을 통하여 해체하는 과제를 수행한다.

연습 좋지 않는 기억으로 남아 있는 "황금의 유년 시절"에 관한 당신의 상상을 생각해 보시오. "어두운 기억들"을 도표로 한번 작성해 보시오.

쇼펜하우어는 억압과 증후의 형성이 병의 획득, 자기치유의 시도, 압도적인 감정 앞에서의 도주로 나타날 수 있다는 것을 알고 있었다. 억압은 친숙한 과거부터 현재에 이르는 실재적 지각을 파괴하는 결과를 가져온다. 쇼펜하우어는 이미 광기의 발생이 일어나는 연관을 촉발 → 외상 → 억압 → 증후 형성 → 실재성의 파괴 → 특이한 행동의 인과 계열로 보았다.

<table>
<tr><th colspan="2">정신적 고통의 모델</th></tr>
<tr><td>의식(표상)</td><td>촉발   특이한 행동
↓   ↑</td></tr>
<tr><td>무의식(의지)</td><td>외상   실재성의 파괴
↓   ↑
억압   →   증후 형성</td></tr>
</table>

고통에 대한 통찰을 쇼펜하우어는 꿈에서도 해석한다. "꿈은 광기와 함께 부정할 수 없는 유사성을 가진다. … 우리는 기적적인 상황에서 꿈을 꾼다. … 우리는 불합리한 행동을 한다. … 기억은 정확하고 자유롭게 처리할 수 없는 것처럼 보인다. … 이러한 관점에서 꿈은 짧은 광기로, 광기는 긴 꿈으로 드러날 수 있다."(Schopenhauer 1977, 7권 254)

연습 당신은 "광기에 사로잡힌" 꿈을 기억할 수 있는가? 꿈에 어떤 광기의 요소가 있는지 당신은 아는가?

삶의 상황과 삶의 역사도 쇼펜하우어에게는 해독할 수 있고 원인을 제공할 수 있는 정신적 고통의 요소에 속한다. 쇼펜하우어는 고통의 증후와 초기 외상적 삶의 경험이 하나의 연관을 형성하고 있다는 것을 알았다.

연습 당신은 이미 오래전부터 습관화된 삶의 태도를 알고 있는가?

고통의 치유

치유의 핵심은 쇼펜하우어에게서 기억의 완성, 자아의 저항에 대한 극복을 통해 억압을 제거하는 것에 있다. 쇼펜하우어는 자아에게 과도하게 요구하고 자아를 억압하는 감정적인 고통의 경험을 기억하고 정리할 것을 강조한다. 이때 대체되는 상상은 원초적 상상과 구별되어야 한다. 치유는 대체되는 상상을 지성적으로 정리하는 과정에서 이루어진다. 이 과정을 쇼펜하우어는 다음과 같이 기술한다. "대립적인 모든 돌출 행위는 지성에 의해 확인되어야 한다. 다시 말해, 우리의 의지 및 관심과 연결된 진리의 체계 속에 대립적인 돌출 행위가 왜곡시켰던 것의 자리를 확보해야 한다. … 이러한 조치는 그 자체로 매우 고통스러우며 대부분 더디며, 저항을 동반한다." (Schopenhauer 1988, 3권 457 이하)

연습 당신은 예를 들어, 파시즘 또는 이전의 동독에서 일어났던 공산주의의 발발을 자신의 생철학적 체계에 어떻게 통합시켰는가?

의식의 균열을 해결하는 것이 아주 중요하다. 왜냐하면 "균열이 해결되는 즉시 대립적인 돌출행위로 인한 고통이 훨씬 더 감소하기 때문이다."(같은 책, 458) 쇼펜하우어는 정신적인 불균형을 바로잡는 것에 대해서만 말하지 않는다. 그의 치료 목적은 삶의 의지를 지양하고 비관주의를 가르치는 것과 연결된다. 그는 치유가 의지에 대한 전체적인 부정에서 완성된다는 것을 강조한다. 현존재의 목표로서 우리가 더 잘 현존하지 못할 수도 있다는 인식을 발전시켜야 한다. 노동, 결핍, 난관, 고통이 결과적으로 죽음과 함께 삶의 목표라는 것을 고통받는 자가 인식한다면 삶의 의지에 대한 부정이 일어날 수 있다. 특별히 죽음과 그것이 빨리 다가오는 것에 대한 불안에서 쇼펜하우어는 삶의 의지를 극복할 수 있는 힘을 찾는다. 고통받는 자는 죽음을 모든 고통의 원천이 되는 나로부터 벗어날 수 있는 기회로서 인식해야 한다. 쇼펜하우어는 이를 위해 유럽적 불교의 치료를 제공한다. 이 치료는 붓다가 이미 2500년 전에 인도에서 발전시켰던 것이다.

연습 당신은 삶의 모든 고통의 뿌리로부터 자유롭게 한다는 유럽적 불교에 대해서 어떻게 생각하는가?

예를 들어 쇼펜하우어는 우울증을 극복할 수 있는 결정적인 치료의 힘을 "철학적 비관주의"에서 찾았다. 그와 함께 쇼펜하우어는 비록 지성이 의지의 노예임에도 불구하고 지성에서 그 힘을 찾았다. 왜냐하면 지성에는 자신을 노예의 상태로부터 자유인으로 만들 수 있는 변증법적 계기가 있기 때문이다. 그러나 해방을 가능하게 하는 이러한 인식은 "특정한 감정적 자질"을 가져야 한다(Schopenhauer 1988, 2권 453). 고통에 대한 승리는 감정으로 변한 이성의 도움을 통해서만 획득될 수 있다. 왜냐하면 철학적 비관주의는 죽음을 끝이라고 여기지 않고, "오히려 철학적 행위, 예술, 사색에서 — 당연히 종교, 신비주의, 침잠 — 항상 경험할 수 있는 완전히 다른 것으로" 보기 때문이다(Gödde 1999, 402). 쇼펜하우어는 이미 고통으로부터 벗어나는 완전히 다른 것의 초월, 즉 니르바나를 알고 있었다.

연습 당신에게 "니르바나"는 무엇인가? "완전히 다른 것"—당신이 생각하는 니르바나—에 대하여 짧게 기술하시오.

인간의 치유는 적절한 상황에 의지로부터 벗어나는 이성의 힘으로 시작한다. 이성을 강화하고 삶의 의지를 약화시키는 수단은 신비주의, 명상, 미학, 금욕이다. 쇼펜하우어는 그의 후기 저서 『삶의 기예를 위한 잠언들』에서 고통을 감소시키는 것에 대한 목록을 작성하였다. 여기에는 예술, 충동 포기, 충동 억제, 해탈의 의미에 대한 통찰, 의지의 불멸에 대한 인식이 포함된다(Schopenhauer 1988, 2권 315 이하).

연습 당신에게 예술, 충동 포기, 승화는 정신적 붕괴에 대한 예방으로서 어떻게 적용되고 있는가?

쇼펜하우어는 프란츠 안톤 메스머의 모범을 따르는 훈련된 최면술사였다. 자신의 메스머에 관한 인식을 그는 아주 분명하게 자신의 저서 『유령을 보는 것과 그와 연관된 것에 관한 시론』에서 자세하게 소개한다. "1820년대에 쇼펜하우어는 베를린대학에서 자력을 위한 교수 칼 크리스찬 볼바르트의 최면 실험에 참여하였다. 이후 그는 심지어 직접 환자들에게 최면을 걸었다고 한다."(Gödde 1999, 436)

쇼펜하우어는 최면을 통한 치료이론도 발전시켰다. 그는 다음과 같이 주장한다. "내가 자력과 관련된 병의 사례를 모두 반복하기를 원했다면 두꺼운 책을 써야 했다. 오늘날 동물적 자력에 대한 사실을 의심하는 사람은 믿음이 없는 것이 아니라 무지하다고 할 수 있다."(Schopenhauer 1977, 7권 251)

연습 최면술의 힘에 대해 당신은 어떻게 생각하는가?

자력의 최면 상태를 쇼펜하우어는 치유 효과가 있는 것으로 보았다. 왜냐하면 최면 상태는 환자가 어떤 느낌을 말하지 않아도 고통을 진정시켜 주기 때문이다. 자력요법의 작용과 치유력으로서 쇼펜하우어는 "최면술사의 의지를 강조한다. 최면술사의 의지는 손의 사용을 통하여 의지의 방향과 결정을 부여한다." 최면술사의 치유력은 "잠의 자연적 치유력을 완전히 고양시키는 것 이외에 다른 것이 아니다." 자력요법은 자연의 치유력을 일깨워 고통받는 신체의 부분으로 향하게 한다. 이는 최면술사와의 유대를 이루는 관계형성을 통해 일어난다. 최면술사는 최면에 걸린 사람이 최면술사의 모든 생각, 지식, 언어, 나아가 모든 감각을 공유하게 만든다(같은 책, 286 이하).

연습 당신은 다른 사람에게 자신의 생각을 전이시키고 다른 사람의 생각을 읽어 내는 경험을 한 적이 있는가? 이것을 설명할 수 있는가?

따라서 쇼펜하우어에 따르면 관계형성에는 "최면술사의 의지로서 자신의 뇌로부터 최면에 걸린 사람의 뇌로 전이되는 긍정적인 생명력의 흐름"이 있다(같은 책, 287).

연습 당신은 인간의 긍정적인 생명력이 자신에게 영향을 끼치고 있다는 것을 체험한 적이 있는가?

"동물적 자력은 철학적 입장에서 볼 때 지금까지 발견한 것 중에서 가장 어려운 내용을 가진 것이다. 그것은 진정으로 실천적 형이상학이다."(같은 책, 292)

연습 당신은 뒤에서 누군가가 자신을 보고 있다는 느낌을 받은 적이 있는가? 다른 사람의 생각이 당신의 뇌에 영향을 주는 것에 대하여 어떻게 설명할 것인가?

쇼펜하우어는 형이상학적 사건이 실천적인 것이 될 수 있다고 확신한다. 그는 "살아서 무엇인가를 갈망하는 다른 사람의 생각은 우리 뇌 안에 형상을 만드는 시각을 자극할 수 있다고 믿는다."(같은 책, 314) 그 외에 다른 사람의 의지가 잠자고 있을 때, 예를 들어 최면 상태에 있을 때, 의지는 무의식적 의지에 영향을 줄 수 있다.

연습 당신을 갈망하며 생각하는 다른 사람의 형상이 당신에게 나타난 적이 있는가?

베를린 샤리테 병원의 사례

샤리테 병원과 다른 정신병원에서 수행한 쇼펜하우어의 연구는 그가 고통받는 자와 함께 정신적 관계형성을 경험할 수 있는 상황에 있었다는 것을 보여 준다. 쇼펜하우어는 자신의 윤리학 저서 『도덕의 근본토대』에서 인간애, 동고, 희생정신을 철학적 심리치료를 위한 최고의 덕목으로 소개한다. 나아가 그는 환자와 연대감을 가지려고 노력하였다. 고통받는 환자들은 그가 보여 준 그러한 시도에 대해 고마워했다. 샤리테 병원의 환자로 있던 숄체는 쇼펜하우어를 찬양하는 시를 바쳤다.

사랑스러운 귀인에게,
그리고 독방에서 울고 있는 사람에게,
- 고통받고 있는 인간의 친구 -
(Zentner 1995, 23)

우리는 이 시에서 고통받는 자를 위해 쇼펜하우어가 보여 준 불교적 의미의 동고가 아주 중요한 치료로 적용되고 있다는 것을 분명히 알 수 있다. 쇼펜하우어는 자신의 윤리학, 『도덕의 근본토대』에서 "모든 인간의 공속성"에 관한 이론을 제시하였다. "이는 신경증에 대한 심리학과 심리치료에서 중요한 의미를 가진다."(Rattner 1983, 97)

연습 당신은 정신병원에서 일할 수 있겠는가? 어떤 이유로? 인간애, 연대감, 호기심, 책무, 돈 … ?

샤리테 병원의 환자 에른스트 회프너가 쇼펜하우어에게 전해 준 포괄적인 자기분석은 쇼펜하우어가 환자에게 자기분석을 기록하도록 독려했다는 것을 분명하게 보여 준다. 자기분석의 맨 앞에 회프너는 자신이 겪는 고통의 원인으로 여겨지는 외상에 대해 언급한다. "갑작스럽게 모든 것으로부터, 즉 자신이 가능하리라고 여기고 그의 삶이 추구하며 성취한 모든 것으로부터 단절된 사람보다 더 위험한 것은 없다. … 그렇게 단절된 사람에게 나타나는 첫 번째 현상이 광기이다."(Zentner 1995, 199)

연습 당신은 광기에 빠진 사람으로부터 배울 것이 있다고 생각하는가?

금욕에 대한 회프너의 치료이론은 아마도 쇼펜하우어에게 깊은 영향을 주었을 것이다. 회프너는 다음과 같이 기술하고 있다. "세상에 대한 잘못된 기

대로 저항하는 … 사람은 하늘나라로 돌진한다."(같은 책, 207)

쇼펜하우어가 삶의 고비마다 겪었던 불안에 대해 자기분석을 하게 된 것은 분명히 환자와의 대화로부터 자극을 받았기 때문이다.

현대 심리치료에서 쇼펜하우어의 의의

많은 사람들에 의해 쇼펜하우어는 모든 현대 심리학의 아버지로서 인정되고 있다. 그의 억압이론은 "모든 심리치료를 위한 전형"으로 여겨진다. 특히 오늘날 지그문트 프로이트에 대한 그의 영향이 많이 논의되고 있다.

쇼펜하우어와 프로이트의 비교는 다양하게 연구되어 발표되고 있다. 쇼펜하우어와 프로이트는 충동의 우월성을 강조하면서도 지성의 우월성도 동시에 요구한다. 프로이트는 쇼펜하우어의 사상을 새로운 용어, 즉 보다 현대적인 용어로 기술하였다. 프로이트는 쇼펜하우어가 말하는 형이상학적 의지를 신체적인 "이드Es"로 바꾸었다. 자연과학과 밀접하게 관계를 맺으려는 쇼펜하우어의 시도는 프로이트에 의하여 완성되고 심화되었다. 따라서 쇼펜하우어는 철학자로서 소개되지만 프로이트는 임상치료를 하는 사람으로 소개된다. 쇼펜하우어는 직관적으로 작업을 하였지만 반대로 프로이트는 분석적으로 작업하였다. 이에 대해 요셉 라트너는 다음과 같이 판단한다. "정신적·무의식적인 것이 철학자에게서는 사변을 통해서만 다루어졌지만 프로이트를 통해서는 과학적 연구로 수행되었다."(Rattner 1983, 3)

프로이트와 함께 C. G. 융과 알프레드 아들러는 쇼펜하우어를 잘 알고 평가하였다. 융에게 끼친 쇼펜하우어의 반향은 다른 심층심리학자들에게서보다 더 강하게 드러난다(같은 책, 99 참조).

자세히 들여다보면 쇼펜하우어가 여러 관점에서 프로이트의 심층심리학을 선취하고 있다는 사실이 드러난다. 고통이론과 연관된 분명한 일치점이 다음과 같은 점에서 제시된다.

- 의지는 충동을 가진 무의식이다.
- 무의식은 본래 실재로 정신적인 것이다.
- 정신적인 것은 성적 특성에 의하여 지배된다.
- 무의식은 의식 안에서 모순을 양산한다.
- 이 모순은 억압을 통해 첨예화되어 근본적 삶의 고통으로 변형된다.

치료이론에서 해탈하는 니르바나의 초월과 전혀 다른 입장을 가진 프로이트는 당연히 쇼펜하우어와는 다른 길을 걸었다. 쇼펜하우어가 창안한 불교와 심리치료의 연관은 오늘날 미국에서 널리 퍼지고 있다.

마지막 연습 쇼펜하우어의 어떤 사상이 당신의 고통을 감소시키고 치유하였는가? 그렇지 않은 것도 있는가?

◎ **참고문헌**

Schopenhauer, A.: *Gespräche* [대화]. Stuttgart 1971.
Schopenhauer, A.: *Züricher Ausgabe* [취리히 판]. Bd. 1-10, Zürich 1977.
Schopenhauer, A.: *Der handschriftliche Nachlass* [수기 유고]. Bd. 1-5, Frankfurt 1985.
Schopenhauer, A.: *Die Reisetagebücher* [여행일기]. Zürich 1987a.
Schopenhauer, A.: *Gesammelte Briefe* [수집된 편지들]. Bonn 1987b.
Schopenhauer, A.: *Sämtliche Werke* [전집]. Bd. 1-7, Mannheim 1988.
Schopenhauer, A.: *Vorlesungen* [강의들]. München 1990.

Dörner, K.: *Bürger und Irre* [시민과 정신병자]. Frankfurt 1984.
Ellenberger, H. F.: *Die Entdeckung des Unbewussten* [무의식의 발견]. Bd. 1+2, Zürich 1972.
Gödde, G.: *Traditionslinien des Unwebussten. Schopenhauer, Nietzsche, Freud* [무의식의 전통적 계보. 쇼펜하우어, 니체, 프로이트]. Tübingen 1999.
Heinecker, W.: *Vor Freud. Philosophische Voraussetzungen der Psychoanalyse* [프로이트 이전. 정신분석의 철학적 전제들]. Müchen 1991.
Kaiser-el-Safti, M.: *Der Nachdenker. Die Entstehung der Metapsychologie in ihrer Abhängigkeit*

von Schopenhauer und Nietzsche [생각하는 사람. 쇼펜하우어와 니체에 의존하는 메타심리학의 탄생]. Bonn 1987.

Marquard, O.: *Transzendentaler Idealismus, Romantische Naturphilosophie, Psychoanalyse* [선험적 관념론, 낭만주의적 자연철학, 정신분석]. Köln 1987.

Nitzschke, B.: *Die reale Innenwelt. Anmerkungen zur psychischen Realität bei Freud und Schopenhauer* [실재적 내면세계. 프로이트와 쇼펜하우어에서 나타나는 심리적 실재성에 대한 주석]. Müchen 1978.

Nitzschke, B.: *Aufbruch nach Inner-Afrika. Essays über Freud und die Wurzeln der Psychoanalyse* [아프리카 내륙으로의 출발. 프로이트에 관한 수필과 정신분석의 뿌리들]. Göttingen 1998.

Pisa, K.: *Schopenhauer* [쇼펜하우어]. München 1978.

Rattner, J. (Hrsg.): *Vorläufer der Tiefenpsychologie* [심층심리학의 선구자들]. Wien 1983.

Safranski, R.: *Schopenhauer und die wilden Jahre der Philosophie* [쇼펜하우어와 철학의 야만시대]. Reinbek 1990.

Salaquarda, J. (Hrsg.): *Schopenhauer* [쇼펜하우어]. Darmstadt 1975.

Spierling, V.: *Schopenhauer-ABC* [쇼펜하우어 입문]. Leipzig 2003.

Tress, W., Nagel, S. (Hrsg.): *Psychoanalyse und Philosophie. Eine Begegnung* [정신분석과 철학. 하나의 만남]. Heidelberg 1993.

Vetter, H., Nagel, L. (Hrsg.): *Die Philosophen und Freud. Eine offene Debatte* [철학자들과 프로이트. 열린 논쟁]. Wien 1989.

Wiesenhütter, E.: *Die Begegnung zwischen Philosophie und Tiefenpsychologie* [철학과 심층심리학의 만남]. Darmstadt 1979.

Zentner, M.: *Die Flucht ins Vergessen. Die Anfänge der Psychoanalyse Freuds bei Schopenhauer* [망각으로의 도주. 프로이트의 정신분석을 위한 쇼펜하우어의 단초]. Darmstadt 1995.

11. 신체의 영원회귀: 프리드리히 니체

> "대부분의 인간들이 삶의 어떤 시기에
> 정신적 병을 가진다는 사실은
> 오늘날 광범위하게 받아들여지고 있다."
> — Karl Menninger

프리드리히 니체Friedrich Nietzsche, 1844-1900는 신의 죽음에 직면하여 철학적 심리치료를 구축하였다.

니체의 생애와 환경

1844년 니체는 목사의 아들로 태어났다. 고전 문헌학을 배웠던 그는 쇼펜하우어의 철학을 만나자마자 쇼펜하우어를 자신의 사유를 위한 모범으로 삼았다. 1869-1879년 니체는 바젤에서 교수 생활을 했고, 그의 첫 번째 대작인 『음악의 정신으로부터 비극의 탄생』(1871)에서 꿈속의 삶이 깨어 있는 삶보다 더 강한 힘을 가지고 있다는 것을 인식하였으며, 또한 깨어 있는 삶에서도 충동적인 디오니소스적인 것과 이성적인 아폴론적인 것이 대립하고 있다는 것을 보여 주었다. 니체는 인간이 이성에 의해서 규정되지 않고, 전적으로 쇼펜하우어의 의미에서 더 강력한 의지에 의해서 움직이고 있다는 사실을 즉각 깨달았다. 열정과 감정은 계속해서 이성의 영향을 물리친다.

연습 "열정", "감정", "이성"을 주요 인물로 설정한 짧은 이야기나 동화를 만들어 보시오. 이 인물들이 행동하고, 논쟁하고, 싸우다가 결국에는 합의되어 화해하는 장면을 연출하시오. 당신의 이야기에 나오는 해결안이 현실에도 적용될 수 있는가?

1874년부터 니체는 프랑스의 계몽주의에 관심을 가졌다. 이후로 그는 형이상학과 종교를 단지 하나의 환상이라 여긴다. 다윈의 진화론에 영향을 받은 니체는 자신의 중기 저작들에서 주로 힘과 가치를 추구하는 인간의 삶에 대해 연구하였다. 그리고 그는 1878년 중병에 걸려 교수직을 포기하였다.

이때부터 니체는 스위스와 북부 이탈리아의 값싼 펜션을 전전하며 정신적 유목민으로 살면서 "병과 치유의 경험과 밀접하게 연관된" 신체의 새로운 차원을 경험한다(Gerhardt 1999, 149). 신체는 그에게 "그의 자아를 조정하고 질서를 부여할 수 있지만 자아가 더 이상 자율적으로 처리할 수는 없는" 새로운 철학적 생산성을 부여하였다(같은 책, 150).

연습 당신은 무의식적 신체에서 유래하는 자발적인 직관들을 인식하는가? 이러한 직관들에 대해 기술하시오.

니체의 철학함은 신체에서 출발한다. 그는 자기분석의 결과로 "신체로부터 출발하여 철학적인 것을 다루는" 새로운 방법을 발전시켰다(같은 책, 511).

이와 관련하여 니체는 신체를 경멸하는 기독교적 도덕의 모든 형태들과 대결한다. 그는 인간이 가진 원초적인 감성을 합리화하고 고귀하게 만드는 방법을 발전시킨다. 그는 억압, 위선의 힘과 개인주의와 자기기만의 가면이 가진 힘을 인식한다. 이때 신체의 근본욕망은 힘에의 의지로서 해명된다. 특히 니체에 따르면 기독교 문화는 양심의 형성, 죄책감, 억압적 도덕의 내면화를 통해 힘에의 의지를 손상시켜 왔다. 그는 이러한 신체에 대한 경멸이 실제적인 니힐리즘으로 우리를 인도한다고 주장한다.

1889년 그의 정신적 암흑기에 이르기까지 니체가 시도한 문화치료와 개인치료는 신체치료의 특징을 가진다.

연습 당신은 신체치료에 대해 어떻게 생각하는가? 당신은 신체치료로부터 어떤 효력을 체험한 적이 있는가?

심리치료를 위한 니체의 근본이념은 다음과 같다.

1. 니체에 따르면 억압된 욕망을 가진 신체는 많은 정신적 질병, 즉 히스테리, 정신이상, 우울증, 종교적 광기 등과 같은 "사슬로 인한 질병"(아래 참조)의 원인이 된다. 이 질병들은 신체가 추구하는 힘에의 의지를 억압하고 신체의 만족과 승화를 위해 어떤 기회도 부여하지 않을 때 발생한다.
2. 사회는 신체를 억압하기 위해 쾌락 앞에서의 도주, 욕망의 자기 거세, 신체 욕구의 혐오, 신체 욕구의 죄악시, 신체 모독과 같은 형태를 발전시킨다. 사회는 신체를 강조하는 자를 고독하게 만들고 소외시킨다.
3. 특히 금욕의 이상과 이생에 대한 기독교의 경멸은 우리를 사회적 광기, 즉 마녀 히스테리, 종교적 신경증, 집단적 강박증으로 인도한다. 신체 적대적인 기독교의 신에 대한 저항은 기독교로 인해 조성된 것이며, 그것은 세계 전쟁으로 완성되었다. 이제 전 세계는 최종적인 광기의 발발로 위협을 받고 있다.
4. 광기의 치유는 신체치료로서 수행되어야 한다. 신체치료는 신체의 의지를 존경하고, 신체에 맞는 영양을 공급하며, 신체에 맞는 거주와 신체에 맞는 모든 형태의 의미 있는 실험의 허용을 의미한다. 신체치료는 반기독교적인 탈자적 상태Extase를 보여 주는 디오니소스 신의 의미를 가진 춤의 치료가 된다.
5. 니체는 빌헬름 라이히Wilhelm Reich로부터 알렉산더 로웬Alexander Lowen과 생명에너지론에 이르는 20세기 모든 신체치료의 아버지다.

니체의 사상적 배경

니체의 사상은 19세기의 진화론, 생물학, 생리학에 기초한다. 니체는 형이상학과 칸트, 헤겔Hegel, 피히테Fichte와 같은 독일 관념론의 의식철학에서 벗어나 특히 자신의 사유를 신체와 연결시킨다. 1883-1884년 니체는 히스테리, 최면과 같은 주제에 몰두하였다. 그는 정신이상, 멜랑콜리, 의욕 상실과 같은 현상도 다루었다(Grasser 1997, 426 참조). 그의 시대에 등장하는 광기의 형태에 대해 니체가 가졌던 관심은 "허무주의의 근본증후"에 대한 대결과 "종교적 신경증"으로부터 인간을 해방시키고자 하는 바람으로 귀결된다.

연습 당신은 "종교적 신경증"이라는 말을 어떻게 이해하는가?

니체는 H. 베르넹의 낭시학파와 최면술사 샤르코Sharcot의 살페트리에르Salpetrière학파와 같은 최면술 학파와 논쟁을 벌였고, 수많은 정신적 질병이 신체적 퇴화로부터 발생한다고 강조하였다(같은 책, 430 이하).

니체의 심리론

니체의 심리론은 형이상학과 결별하고 생리학, 욕망의 심리학, 신체의 힘에 대한 논의로 전환한 결과이다. 따라서 "차라투스트라"는 다음과 같이 말한다. "전적으로 신체가 나이며 그 외에 아무것도 아니다. 마음은 신체의 일부를 위한 낱말일 뿐이다. 신체는 큰 이성이며 하나의 의미를 가진 다수성이다." (Nietzsche 1960, 2권 300)

연습 당신에게 "마음"은 자신의 신체와 연관하여 어떤 의미를 가지는가? 마음은 "신체의 일부"일 뿐인가? 아니면 그 이상의 의미를 가지는가?

니체에게도 당연히 이성의 영역이 있다. 그러나 그는 다음과 같이 말한다. "나의 형제여, 너의 신체를 위한 작업 도구는 네가 정신이라 부르는 너의 작은 이성이다. 그것은 너의 큰 이성의 작은 작품이며 장난감이다."(같은 책, 300) 신체는 이성을 지배한다. "창조하는 신체는 정신을 의지의 수단으로 창조하였다."(같은 책, 301)

연습 당신의 정신은 신체 욕구에 얼마나 강한 영향을 받는가? 예를 들어, 신체적 동기를 가진 당신의 꿈과 몽상을 탐구해 보시오.

물론 하나의 질서가 신체를 포괄하고 있다. 이 신체의 질서는 자기Selbst이다. "나의 형제여, 너의 생각과 느낌 뒤에는 강력한 영역, 자기라고 불리는 알려지지 않은 현자가 있다. 너의 신체 속에 그가 거주하고 있다. 바로 그가 너의 신체이다."(같은 책, 300)

연습 당신은 자신이 강하고 지혜롭다고 여기는가? 어떤 성격을 가진 것이 신체적 "자기"인가?

니체에 따르면 많은 신체적 욕망은 힘의 욕망으로 종합될 수 있다. 힘의 욕망은 나누어질 수 있다. 신체를 경멸하는 사람은 타자에 대한 공격과 자기에 대한 공격을 유발한다. "그리하여 그는 더 이상 자신이 가장 원하는 것, 즉 자신을 넘어 창조하는 것을 할 수 없다. 지금 그것을 하기에는 너무 늦었다. 따라서 신체를 경멸하는 너희여, 너희의 자기는 몰락하기를 원한다. 그러므로 너희는 신체를 경멸하는 자가 되었다."(같은 책, 301) 니체에게 모든 정신적 질병은 힘으로 향한 신체 의지가 억압됨으로써 발생한다.

연습 신체 의지를 억압하는 것이 질병을 발생시키는가? 예를 들어 대답해 보시오.

신체의 고통

신체와 힘의 욕망은 지배하기를 원한다. 그 힘이 억압된다면 신체는 정신적 질병과 고통으로의 도주로 나타난다. "니체는 본질적인 욕동慾動이 만족되거나 승화되지 않고 억압될 때 질병이 나타나는 것으로 여긴다."(Gödde 1999, 438)

니체는 욕망과 신체를 억압하는 다음의 형태를 기술한다.

- 쾌락의 계기를 회피하기
- 욕망에 대한 자기지배를 확장시키기
- 신체의 욕구에 대해 혐오하기
- 신체의 쾌락을 죄와 연결시키기
- 신체의 힘을 다른 곳에 쏟기
- 신체를 일반적으로 모욕하기

연습 당신은 욕망과 신체를 어떤 형태로 억압하는가? 무엇으로 이러한 억압을 정당화할 수 있는가?

인간은 길들여진 산물이다. 늑대가 집에서 키우는 개가 된 것처럼 인간은 자유로운 야생에서 벗어나 진화를 통해 집에서 살림하는 자가 되었다. 니체에 따르면 "인간에게는 동물처럼 행동하는 것을 잊어버리기 위한 많은 사슬이 채워져 있다. … 이 사슬은 도덕적·종교적·형이상학적 사상이라는 무겁고 의미로 가득 찬 오류들이다. 이러한 사슬로 인한 병들이 극복될 때 비로소 인간을 동물과 분리하는 첫 번째 위대한 목적이 달성된다."(Nietzsche 1960, 1권 1006)

사슬로 인한 병을 극복하는 일은 "고귀한 인간만이 성취할 수 있다. … 이러한 인간에게만 삶의 가벼움이 주어진다."(같은 책, 1006) 오늘날 진정으로 건강한 자만이 진정으로 자기 자신 그리고 모든 다른 사람들과 평화롭게 교제하는 개별자로 살 수 있다. "여전히 개별자의 시대이다."(같은 책, 1006)

연습 당신에게는 요즘 억압과 자기 비하의 강제, 그리고 그로 인한 정신적 질병의 위험이 없는가? 아니면 이미 당신은 "평안한 개별자"가 되었는가?

니체는 집단 신경증의 위험에 대해서도 주목하였다. 신체를 억압하는 문화는 더욱 강력해져서 "사고력과 신경에 대한 과도한 자극은 보편화된 위험으로 자리 잡고 있으며, 유럽의 문명화된 계층은 대부분 신경증을 앓고 있고, 가족 구성원들 모두가 거의 광기에 가까운 상태가 되었다."(같은 책, 597)

연습 당신은 오늘날 유럽의 지도층이 신경증 증세를 가졌다고 보는가? 이러한 진술을 정당화하거나 부정하는 예를 들어 보시오.

정신적 질병은 대부분 금욕적이고 반신체적인 이상Ideal으로부터 발생하기 때문에 신체치료가 아닌 지금까지의 치료는 신체를 약화시킬 뿐이었다. "사람들은 정신과 의사에게 고통을 줄이거나 제거하고 발작을 완화시키기 위한 방법에 대해 계속 묻기만 한다. … 그럴 때마다 질병의 요인은 은연중에 빨리 확대되고 깊어지고 있다."(Nietzsche 1960, 2권 883)

금욕과 기독교적 신체경멸의 이상은 "파괴된 신경 체계, 빈번한 마비, 지속적인 의욕 상실, 마녀 히스테리, 집단적 열광, 종교적 신경증"으로 인도한다. "사람들이 유럽인의 건강에 대한 역사에서 금욕적 이상이 사실상 불운을 가져왔다고 말하는 것은 결코 과장이 아니다."(같은 책, 883)

금욕적 이상은 "힘에의 의지를 인간 자신에 대립하는 공격으로 바꾸어 인간을 마조히스트로, 영원히 나쁜 양심을 가진 자로 낙인찍는다. 나쁜 양심을 가진 자로서 인간은 창살 감옥에 갇혀 상처 입은 동물이 되었다."(같은 책, 825) 이로써 인간은 다른 모든 동물과 달리 자기 자신에게 고통을 주는 동물이 되었다.

연습 금욕은 당신과 당신의 신체에서 어떤 의미를 가지는가? 금욕의 긍정적인 측면에 대해서도 말해 보시오.

신체를 적대시하는 문화는 저 세상에 가서 보상받는 굴종에 도취되도록 한다. 그러나 저 세상에 대한 믿음은 구원이 아니라 삶에 대한 혐오, 그리고 비관주의와 허무주의를 촉진한다.

허무주의, 즉 신의 죽음은 광기를 더 촉진한다. "광인"에 대한 니체의 연구가 이러한 사실을 잘 보여 준다. "사람들이 신을 상실했다면 그것은 분명히 광기를 의미한다. 인류가 신을 상실했다는 것을 처음 알았을 때 이러한 광기는 보편화된다."(Kaufmann 1982, 113) 니체는 말한다. "수천 년 된 이성만이 아니라 그 이성의 광기도 우리에게 일어났다."(Nietzsche 1960, 2권 1부 22장) 이성의 신이 억압해 온 것은 이성의 죽음과 함께 광기로 나타났다. 니체는 이미 다가오는 20세기에 소련의 수용소와 홀로코스트로 나타날 허무주의의 집단적 열광을 예견하였다.

연습 신의 죽음이 대중을 광기에 빠뜨리는가?

신체의 치유

니체는 자신의 저작들 전체에서 당시의 광기와 고통을 다루고 있다. 그가 제시한 최선의 치유방법은 신체적 욕망의 승화이다. 승화의 수단으로 니체는 "신체로의 회귀"를 제안한다. 신체로 돌아간다는 것은 인간이 "초인"이 되어야 함을 의미한다. 초인은 지속적으로 자신을 극복하는 개별적이고 자율적인 존재이다. 개별화된 초인은 "삶과 신체를 사랑하는 최고 형식으로서 지속적인 세계 내재적 초월"을 획득한다. 차라투스트라는 말한다. "대지에 충실하라! 그리고 너희에게 초세계적인 소망에 대해 말하는 자들을 믿지 말라!"(같은 책, 280) 개별화된 초인은 금욕의 도덕에게 작별을 고하고, 개별자로서 대중의 무리와 떨어져 살 것을 감행한다.

연습 대중과 떨어져 개별화된 초인으로 사는 하루를 생각해 보시오.

지금까지의 인간과 그의 신체는 극복되어야 한다. 이를 위해서는 자신 안에 있는 야수적인 것을 승화시켜 고차적인 신체를 형성해야 한다. 그것을 어떻게 할 수 있는가?

니체는 다음과 같이 제안한다.
- 우리의 신체로 자연과 새로운 관계를 맺어라.
- 신체에 적합한 영양을 공급하라.
- 신체에 적합하게 거주하라.
- 신체를 최고의 가치로 여기라.
- 신체의 삶에서 끊임없이 실험하라.

연습 니체의 제안을 전체적으로 살펴보시오. 당신은 정확히 어떤 것을 가장 먼저 수용할 수 있는가? 기꺼이 실천하고 싶은 것은 무엇인가?

니체는 미국의 신경학자 실라스 웨일 미첼Silas Weir Mitchel을 알게 되었고, 그에게서 "신체치료 실천"에 대한 구상을 발견하였다. 미첼의 치유는 마사지와 전기치료와 같이 익숙한 것들과 별도로 본질적으로 비만요법Mastkur과 안정요법을 조합시킨 것이다. 니체는 이러한 미첼의 요법에서 금욕적 이상으로 인한 히스테리를 치료하기 위한 가장 효과적인 수단을 알게 되었다. 그는 종교적 신경증의 경우에 이러한 신체치료를 요구한다. 왜냐하면 신체치료는 "생리학적 근본토대"에 기초하고 있기 때문이다(Grasser 1997, 558 이하).

연습 당신은 미첼의 치유방법에 따라 신체를 치료받기 원하는가?

훗날 니체는 춤추는 신 디오니소스와 마지막 신을 발견하고, 신이 존재하지 않는 시대에서 겪는 고통에 대한 치료를 발견하였다. 니체는 첫 번째 춤 치료사이다.

니체의 사례

니체의 중요한 사례는 「광인」에 나온다. 우리는 왜 이 사람을 광인이라 부르는가? 광기는 죄책감에서 나오는 것이다.

광인은 시장에 횃불을 들고 나타나 "나는 신을 찾는다! 나는 신을 찾는다!"라며 소리치지만 사람들은 비웃는다.

사람들은 "신이 길을 잃었는가? 신이 떠나버렸는가? 신이 숨었는가? 신이 우리를 무서워하는가? 신이 가출했는가?"라고 묻는다.

연습 신의 행방에 대한 위의 물음에 답해 보시오.

광인은 신이 어디에 있는지를 설명한다. 신은 죽었고, 인간들이 신을 살해하였다. "너희와 내가. 우리 모두가 그의 살해자이다."

광인은 "우리가 어떻게 신을 죽였는지" 묻는다. 그는 "우리가 대양을 다 마셔 버렸는가? 우리가 수평선을 지워 버렸는가? 우리가 대지를 태양으로부터 분리시켰는가? 우리가 무에 빠진 것은 아닌가? 계속해서 밤은 오고 또 오지 않는가? 우리는 아직 그의 시체 냄새를 맡고 있지 않는가?"라고 대답한다.

광인은 신의 상실을 어떻게 위로하는가? "우리는 어떻게 모든 살해자 중의 살해자인 우리를 위로하는가? 가장 거룩한 것과 가장 강한 것, 지금까지 세계를 가지고 있던 것이 우리의 칼 아래 피를 흘렸다!"

연습 신을 죽인 것에 대해 당신은 어떻게 위로할 수 있는가?

광인은 미쳐간다. 그는 신의 죽음에 대해 속죄하기 원한다. 그는 교회에 가서 죽은 신을 위한 장송곡을 부른다. 신의 살해는 광인을 미치게 만들었다. 그는 노래 속으로 도망친다. 그리고 그는 냉혹한 사람들과 접촉을 끊는다. 그는 자신을 붙잡아 정신과 의사에게 데려가려는 사람들을 피한다. 니체는 신의 죽음으로 이성의 시대에 광기가 발생했다고 경고한다. 이런 점에서 그는 우리가 알고 있듯이 선지자다. 그러나 니체는 신을 오늘날 새로운 종교로 등장하고 있는 돈 또는 자본으로 대체하는 것을 거부한다. 나아가 그는 오늘날 일상적인 광기와 고통의 원인이 되는 경제적 토대를 전혀 신뢰하지 않는다. 니체에서 제시될 수 있는 가장 좋은 사례는 자신의 고백서인 『이 사람을 보라』에 나오는 **자기분석**이다. 1888년 그가 쓰러지기 전 니체는 이 책에서 자신의 고통과 자기치유에 대한 분석을 기록하였다.

니체가 주목한 고통은 고독이다. "철학은 내가 그것을 지금까지 이해하고 살았던 것처럼 얼음과 높은 산에서 자발적으로 사는 것이다."(Nietzsche 1960, 2권 1066) 니체는 자신의 신체적 고독을 긍정한다. "그러나 나는 고독이 필요하고, 자유롭고 가볍게 떠도는 공기의 호흡이 필요하다."(같은 책, 1080) 니체는 모든 인간적인 것을 넘어서 자신을 고양시키는 법을 알고 이러한 상황을 긍정한다. "왜냐하면 나는 그 어떤 새도 날아오지 못한 높은 곳에서 왔기 때문이다. 그리고 나는 길을 잃어 본 적 없는 심연을 알기 때문이다."(같은 책, 1102)

니체는 자신이 개별적인 신체로서 모든 인간을 넘어 있다는 것을 인식하고 고독한 개별자로서 거대한 상상으로 인해 고통받고 있다는 것을 알았다. "내가 오늘날 무엇으로 존재하는지 그리고 어디에 있는지 — 나는 더 이상 말이 아닌 번개로서 말하고 있는 높은 곳에 있다."(같은 책, 1116) 그는 자기 주변에서 끔찍한 고요함을 듣는다. "고독은 많은 가죽을 가지고 있어 더 이상 아무것도 그것을 관통할 수 없다." 다른 자아인 차라투스트라는 더 높은 곳에 거주한다. "그는 차라투스트라가 오르내린 사다리를 어떠한 인간보다

더 넓게 보고, 더 넓게 원했고, 더 넓게 다루었다."(같은 책, 1135)

연습 당신의 고독은 얼마나 많은 가죽을 가지고 있는가? 당신은 그것을 관통할 수 있는가?

이 고독은 니체에게 분명히 인식될 수 있는 근거를 가진다. 독일은 정신적인 평지, 값싼 사회진화론의 희생물이다. "독일인은 나에게 불가능이다."(같은 책, 1150) 독일인은 항상 거짓말쟁이인 철학자를 양산해 왔다. "피히테, 셸링, 쇼펜하우어, 헤겔, 슐라이어마허 …. 이들은 모두 가면을 만드는 자들이다."(같은 책, 1149) 라이프니츠와 칸트는 "유럽의 지적인 정직함의 가장 커다란 방해물"이다(같은 책, 1141). 이들은 삶에 대한 철학을 하지 않고 개념만을 양산하였다. 이들은 근본적으로 도덕주의자이며 신체경멸자이다.

연습 당신은 니체 이전의 모든 철학자를 신체경멸자이며 단순한 도덕주의자로 여기는가?

니체는 독일의 철학적 진부함으로 인해 제대로 이해되지 못했다. "나는 너무 일찍 왔다. 나는 규범적인 것을 넘어서는 6000개의 발, 즉 사상을 가졌다. 아무도 신의 개념이 삶을 탈가치화하고, 저 세상의 개념이 이 세상을 모욕하며, 정신의 개념이 신체를 경멸하고, 죄의 개념이 본능을 혼란에 빠뜨리고 선한 인간의 개념이 실패한 인간만을 존경한다는 사실을 이해하지 못한다."(같은 책, 1159)

연습 당신은 이러한 니체의 주장들 중에 몇 가지를 인정할 수 있는가?

니체는 천재가 신체적 병에서만 발전한다고 생각하였다. "내가 나 자신을 잡아끌었으며, 나 자신을 다시 건강하게 만들었다. … 병은 더 많은 삶Mehr-Leben을 위한 자극이다. … 나는 건강과 삶을 위한 나의 의지를 통해 나의 철학을 만들었다."(같은 책, 1072)

니체는 고독한 신체의 병을 "위대한 건강"의 중요한 부분으로 긍정한다. "나 자신은 결코 어떤 것을 통해서도 고통받지 않는다. 필요한 것은 나에게 상처를 주지 않는다. 운명에 대한 사랑amor fati은 나의 가장 내적인 본성이다."(같은 책, 1151)

연습 모든 병이 당신을 더 강하기 만들어 주기 때문에 당신은 "위대한 건강"을 유지하고 있는가?

"나는 가장 병이 깊고 가장 고통스런 삶의 시기보다 더 행복해 본 적이 없다."(같은 책, 1121) 니체는 자신의 우울증을 공개적으로 고백한다. "이 시기에 말할 수 없는 우울함의 멜로디가 나를 항상 엄습하였다."(같은 책, 1133) 위대한 창조성은 우울증에 빠진 결과이다. "사람들은 죽지 않으려고 비싼 대가를 치른다. 그 때문에 사람들은 여러 번 죽는다."(같은 책, 1133) 니체가 자신의 주저 『차라투스트라는 이렇게 말했다』를 읽을 때 "나는 오열로 인한 경련을 주체할 수 없어 30분 동안 방 안을 이리저리 헤맨다."(같은 책, 1089)

니체는 자신의 몰락과 다가오는 광기를 고독한 신체의 지속적인 고통으로 인한 결과로 여겼다. 그는 이것을 다음과 같이 말한다. "엄청난 긴장이 때때로 눈물의 폭풍으로 변하게 되는 황홀함 … 불완전한 탈자적 상태 … 고통의 불빛과 어둠이 대립하지 않는 깊은 행복."(같은 책, 1131)

니체는 자신을 다음과 같이 생각한다. "나는 지금까지 있었던 중에 가장 무서운 인간이다."(같은 책, 1153) 그러나 니체는 이렇게도 말한다. "나는 나의 운명을 안다." 그는 죽어 가는 아버지를 보면서 자신도 일찍 죽을 것이라는 것을 알았다.

연습 건강한 미래와 자신의 죽음에 대해 당신은 어떻게 생각하는가?

결국 니체는 자기분석을 통해 신체와 삶을 더 사랑하고 죽음을 더 긍정하는 자로서 자신을 나타내고, 신체의 영원회귀라는 탈자적 상태에서 사라졌다.

현대 심리치료에서 니체의 의의

니체는 20세기 심층치료와 고층치료Höhentherapie를 정초한 아버지이다. 그의 신체철학은 프로이트의 이론, 무의식의 치료와 관련이 있다.

알프레드 아들러는 그의 주저 『신경증적 성격』(1912)에서 힘의 의지에 대한 니체의 사상을 인간의 근본요구로 수용하였다. 아들러는 인간의 근본적 공격의 승화를 공동체를 통해 인식하였다.

C. G. 융은 『차라투스트라는 이렇게 말했다』를 그가 좋아하는 책이라고 말한다. 꿈, 원형, 그림자, 페르소나, 현자 등과 같은 수많은 융의 사상은 이미 니체에게서 찾아볼 수 있다.

그러나 20세기 로베르토 아사기올리Roberto Assagioli에서 켄 윌버Ken Wilber에 이르는 고층치료도 고립된 개별자의 초인에 대한 니체의 사상을 받아들이고 있다.

신체치료의 아버지 빌헬름 라이히Wilhelm Reich와 그의 후계자 알렉산더 로웬Alexander Rowen은 당연히 니체의 전통에 속한다.

마지막 연습 니체의 어떤 사상이 당신의 고통을 감소시키고 치유하였는가? 그렇지 않은 것도 있는가?

◎ 참고문헌

Nietzsche, F.: *Werke* [전집]. Bd. 1-3, München 1960.

Bahner, H. (Hrsg.): *Geschichte der Psychologie* [심리학의 역사]. Bd. 1, 358-421 Weinheim 1982.

Ellenberger, H. F.: *Die Entdeckung des Unbewussten* [무의식의 발견]. Bd. 1, Zürich 1972.

Gerhardt, V.: *Friedrich Nietzsche* [니체]. München 1999.

Grasser, R.: *Nietzsche und Freud* [니체와 프로이트]. Frankfurt 1997.

Gödde, G.: *Traditionslinien des Unbewussten. Schopenhauer, Nietzsche, Freud* [무의식의 전통적 계보. 쇼펜하우어, 니체, 프로이트]. Tübingen 1999.

Haslinger, R.: *Nietzsche und die Anfänge der Tiefenpsychologie* [니체와 심층심리학의 시원]. Regensburg 1993.

Jaspers, K.: *Nietzsche* [니체]. Berlin 1981.

Kaiser-El-Safti, M.: *Der Nachdenker. Die Entstehung der Metapsychologie in ihrer Abhängigkeit von Schopenhauer und Nietzsche* [생각하는 사람. 쇼펜하우어와 니체에 의존하는 메타심리학의 탄생]. Bonn 1987.

Kaufmann, W.: *Nietzsche. Philosoph, Psychologe, Antichrist* [니체. 철학자, 심리학자, 안티 그리스도인]. Darmstadt 1982.

Klages, L.: *Die psychologischen Errungenschaften Nietzsches* [니체의 심리학적 성과]. Bonn 1977.

Nitzschke, B.: *Aufbruch nach Inner-Afrika. Essays über Freud und die Wurzeln der Psychoanalyse* [아프리카 내륙으로의 출발. 프로이트에 관한 수필과 정신분석의 뿌리들]. Göttingen 1998.

Rattner, J.: *Nietzsche* [니체]. Würzburg 2000.

Schipperges, H.: *Am Leitfaden des Leibes. Zur Anthropologik und Therapeutik Friedrich Nietzsches* [신체를 따라서. 니체의 인간학과 치료학에 대해]. Stuttgart 1975

Ottmann, H. (Hrsg.): *Nietzsche Handbuch* [니체 안내서]. Stuttgart 2000.

Wehr, G.: *Friedrich Nietzsche als Tiefenpsychologe* [심층심리학자로서 프리드리히 니체]. Oberwil bei Zug 1987.

C. 20세기에서 심리치료로서의 철학

고대와 중세

1. 해탈을 향한 네 단계: 붓다
2. 이데아를 통한 치유: 플라톤
3. 고통을 지나 영혼의 안식으로: 세네카
4. 죽음의 불안과 대화하기: 보에티우스
5. 노년과의 유쾌한 만남: 미셸 몽테뉴
6. 멜랑콜리의 치료에 대해: 로버트 버턴

근대

7. 이성을 통한 치유: 임마누엘 칸트
8. 무의식적 삶의 에너지: 프란츠 안톤 메스머
9. 개별자의 불안과 절망의 치유: 쇠렌 키에르케고르
10. 무의식의 발견: 아르투르 쇼펜하우어
11. 신체의 영원회귀: 프리드리히 니체

▶ 20세기

12. 무의식으로 인한 고통: 지그문트 프로이트
13. 무력함으로 인한 고통: 알프레드 아들러
14. 정신병자의 밤바다 여행: 칼 구스타프 융
15. 신만이 우리를 구원할 수 있다: 마르틴 하이데거
16. 광적인 사회를 넘어서: 에리히 프롬
17. 절망의 절정을 넘어서: 에밀 미셸 시오랑
18. 광기의 뿌리를 파헤침: 미셸 푸코
19. 삶의 의미에 대한 숙고: 어빈 데이비드 얄롬
20. 붓다 의식을 통한 치유: 켄 윌버

20세기에서 심리치료로서의 철학

지그문트 프로이트와 함께 직업으로 의료에 종사하는 심리치료사가 등장하였다. 프로이트는 이 책의 앞에서 다룬 선구자들을 계승하고 있다. 그는 치료사로서 살았던 붓다, 처음으로 대화치료를 행한 소크라테스, 자력치료를 실천한 메스머, 그리고 베를린에서 환자들을 치유했던 쇼펜하우어의 뒤를 잇는다.

직업적인 심리치료사는 의학적이고 자연과학적인 직업훈련을 받는다. 철학과 심리치료의 구분은 일견 논리적인 순서를 따른 것처럼 보인다. 철학자는 더 이상 심리치료사가 아니며, 심리치료사는 더 이상 철학자가 아니다. 그러나 이러한 논리적인 구분은 잘못된 것이다. 우리는 다음에 다룰 내용에서 이에 대한 많은 사례를 보게 될 것이다. 이러한 사례에서 보면 심리치료는 철학적 토대에 기초하고 있지만 철학에서 자주 무시되었다. 철학은 삶의 기예인 심리치료의 영역에서 다양한 사유 실험을 시도하였다. 이를 통해 눈에 보이지 않는 철학적 심리치료와 같은 것이 형성되었다. 이처럼 눈에 보이지 않는 철학적 심리치료는 고대와 근대의 철학에서 수행된 영혼의 안내를 계승하고 있다. 20세기 철학적 심리치료의 방법을 위한 가장 중요한 기여는 자기치료와 자기분석이다. 이러한 철학적 심리치료는 붓다로 소급된다. 철학의 진영에서 나온 이러한 철학적 심리치료는 니체, 쇼펜하우어, C. G. 융, 에리히 프롬, 켄 윌버를 통해 큰 성과를 이끌어 냈다.

눈에 보이지 않는 철학적 심리치료는 철학의 치유력을 여전히 보유하고 있다. 이런 점에서 20세기 철학은 여전히 현실적인 철학적 삶의 기예로서 증명된다. 붓다가 실천한 심리치료의 발자취가 현대 서구 세계에까지 미치고 있다는 것은 전혀 놀라운 일이 아니다.

12. 무의식으로 인한 고통: 지그문트 프로이트

"그녀는 고통 속에서 많은 책을 읽으며
자신에게서 어떤 것이 사라져버렸다는 것을 알았다.
그것은 이전에 자기가 가지고 있었는지도 몰랐던 영혼이었다."
— Robert Musil

지그문트 프로이트1856-1939, Sigmund Freud는 무의식으로 인한 고통에 대한 치료로서 정신분석을 발전시켰다. 이를 위해 그는 많은 선구자들을 따랐다.

프로이트의 생애와 환경

지그문트 프로이트는 1856년 프라이부르크(체코)에서 태어났다. 그의 아버지는 포목 장수였다. 빈에서 공부한 그는 괴테의 「본성에 관하여」를 읽은 후 의학을 공부하기로 결정하였다. 또한 그는 철학자 브렌타노Brentano의 세미나를 이수하였다. 1876-1881년 그는 브뤼케Brücke 교수의 생리학 실험실에서 일했다. 곧 이어 그는 뱀장어의 생식선에 관한 연구를 발표하였고, 마이네르트Meynert 교수의 정신의학 강의를 들었다. 1881년 그는 의대 졸업 시험을 마치고 1883년 마이네르트 교수의 조교가 되었다. 1884년 그는 코카인을 가지고 실험을 하였다. 그는 신경증과 관련된 질병들을 전기요법으로 치유해 보려는 시도를 하였다. 1885년 프로이트는 연구를 위해 파리를 방문하면서 살페트리에르 병원의 샤르코Charcot로부터 히스테리 치료를 위한 최면효과에 대해 알게 되었고, 그에게서 매우 깊은 인상을 받았다. 최면과 히스테리 관한 자신의 강의가 빈의 의사들에게 매우 비판적으로 수용되자 프로이트는 1886년 정신과 개인병원을 열고 일차적으로 전기요법과 최면을 적용하였다. 1888년 그는 『암시에 관하여』라는 이폴리트 베르넹Hippolyte Bernheim의 중요한 교재를 번역하였다. 1889년 그는 프랑스 낭시에 있는 학교의 책임자이자 유명한 최면술사 베르넹과 리보Liebault를 찾았다. 그리고 그는 빈의 의사인 요셉 브로이어Josef Breuer와의 공동 연구를 통해 환자 엘리자베스Elisabeth v. R.를 치료하고 그 과정에서 자유연상에 대해 전문지식을 가지게 되었다.

1895년 요셉 브로이어와 지그문트 프로이트의 공동 저작 『히스테리에 관한 연구들』이 출판되었다. 1895년 이후 프로이트는 꿈의 해석과 자유연상을 포함하는 자기분석을 수행하였다. 1900년 프로이트는 『꿈의 해석』이란 책에서 자신의 자기분석의 성과를 발표하였다. 이때부터 그는 빈대학에서 강의를 하고, 첫 번째 제자들을 받았다. 1905년 『성 이론에 대한 세 논문』으로 정신분석의 기초를 세웠다.

프로이트는 1909년 자신의 제자 융C. G. Jung, 페렌치S. Ferenczi와 함께 미국을 여행하고 그곳에서 자신의 이론을 알렸다. 프로이트는 1910년 '정신분석 국제협회'를 설립하고, 1917년에 '정신분석 입문'을 강의하였다. 1923년 그는 구강암에 걸려 평생 43번의 수술을 받아야 했다. 1933년 나치에 의해 그의 업적은 소실되었다. 1938년 프로이트는 런던으로 이주하였고, 그곳에서 1939년 9월 23일에 죽었다.

철학적 심리치료에 대한 프로이트의 이념은 다음과 같다.

1. 프로이트는 "그의 선구자인 위대한 사상가 쇼펜하우어"에 기초하여 정신분석을 발전시켰다.
2. 쇼펜하우어처럼 프로이트도 무의식적 충동들이 성욕에서 기인한다고 여긴다. 쇼펜하우어가 의지라고 불렀던 것은 프로이트에게서 무의식으로 불리고, 쇼펜하우어의 지성은 프로이트에게서 자아가 된다. 쇼펜하우어와 프로이트는 성적 억압을 통해 신경증이 발생한다고 보았다.

3. 쇼펜하우어와 프로이트에게서 치유의 핵심은 억압을 지양하는 것에 있다. 쇼펜하우어처럼 프로이트도 모든 신경증이 기억의 균열을 동반하고 있다는 것을 수용하고 기억 단절의 해결을 통해 치유가 시작될 수 있다고 여겼다.
4. 쇼펜하우어와 프로이트는 정신적 부담, 기억할 만한 꿈들, 실패에 대한 자기분석이 신경증을 위한 치유방법이 될 수 있다는 것에 동의한다.

프로이트의 철학적 배경

'빈의 독일 학생들의 강독 모임'에서 프로이트는 처음으로 쇼펜하우어와 니체의 개념을 접하였다. 그의 스승 마이네르트는 쇼펜하우어의 추종자였다. 마이네르트가 "그에게 쇼펜하우어의 사유 세계를 소개한 것"으로 보인다(Dorer 1932, 177 이하). 프로이트의 친구인 요셉 브로이어도 쇼펜하우어의 숭배자였다. 강독 모임의 정신적 대변자였던 요하네스 폴켈트Johannes Volkelt는 1873-1876년 무의식에 관한 몇몇 저작들을 출판하였고, 당시 에두아르트 폰 하르트만Eduard von Hartmann의 『무의식의 철학』(1869)과 논쟁을 벌이고 있었다. 폴켈트는 "먼저 무의식의 개념을 통해 꿈의 현상들에 대한 근본적인 이해가 가능하게 되었다"고 말한다(Gödde 1999, 106).

연습 무의식은 꿈과 어떤 관계가 있는가? 당신이 경험한 사례를 말해 보시오.

또한 프로이트는 '빈의 니체 모임'과도 접촉을 가졌다. 이 강독 모임의 회원으로 있던 요하네스 폴켈트는 니체와 논쟁을 벌였다. 강독 모임에서 프로이트는 에드워드 폰 하르트만의 『무의식의 철학』에 관한 집중적인 논의를 통해 무의식이라는 주제에 익숙하게 되었음에 틀림없다. 그리고 훗날 프로이트는 "그의 선구자로서 위대한 사상가 쇼펜하우어"에 대해 분명하게 언급하고 있다(Freud 1975, 12권 11 이하).

자아와 이드Es에 관한 프로이트의 기술과, 의지와 지성에 관한 쇼펜하우어의 기술은 거의 같은 것으로 드러났다(Mann 1978, 3권 180). 쇼펜하우어와 프로이트는 자신들의 자기분석을 통해 꿈, 망상, 감추어진 원망의 문제들을 만났다. 쇼펜하우어에서처럼 프로이트에게도 성적 특징이 무의식적 충동의 중심 내용이 되고 있다. 양자에게 성적 특징은 종에 대한 관심과 자아에 대한 관심이라는 충동의 대립으로 기술된다.

연습 당신의 성적 특징은 무의식에 대해 무엇을 알려 주는가?

또한 프로이트의 억압이론은 신경증을 일으키는 원인으로서 이미 쇼펜하우어의 토대에서 형성되었다(Kaiser-El-Safti 1987, 42 이하). 이미 쇼펜하우어는 프로이트처럼 기억장애에서 일어나는 의식의 균열이 억압 작용으로 소급될 수 있다는 것을 알았다.

연습 당신이 억압해 온 것은 무엇인가? 이 억압들이 어떤 결과를 가져왔는가?

쇼펜하우어와 프로이트는 자아가 무의식의 강제 아래에 있다고 보았다.

쇼펜하우어와 프로이트는 다음과 같은 공통점을 가진다.
- 인격의 중심은 무의식이다.
- 무의식은 독립적 실재이다.
- 무의식은 성적 특징이 중심 내용이다.
- 무의식은 이원적으로 대립적인 힘을 통해 형성된다.
- 무의식의 분열은 억압을 통해 강화된다.

(Horkheimer 1976, 7권 454 이하 참조)

쇼펜하우어는 프로이트에게 고통의 원천으로서 억압 개념에 대한 예비지식을 제공하였다. 프로이트는 쇼펜하우어의 억압 이론으로부터 일반 신경증과 정신병 이론을 발전시켰다.

니체와 프로이트는 신체 생리학에 대한 관심에서 서로 만난다. 니체도 기억작용이 가진 높은 가치를 주제로 다루었다. 그러나 니체가 망각의 기술을 칭찬하는 반면, 프로이트는 망각의 진행을 병적 심리의 과정으로 보았다. 프로이트가 오이디푸스 콤플렉스의 극복에서 사회발전을 기대한 반면, 니체는 허무주의와 기독교적 금욕의 극복에서 사회발전을 희망하였다. 니체에게 힘에의 의지는 지배적인 무의식의 충동인 반면, 프로이트는 삶 충동과 죽음 충동이라는 충동의 이원론을 상정하였다. "많은 다른 형태에도 불구하고 니체와 프로이트 사이에는 근본적인 유사성이 존재한다."(Gödde 1999, 570)

프로이트의 심리론 및 심리적 구조

프로이트의 심리 모델은 항상 신경생리학적인 기초를 가졌다. "심리적인 것에서 생물학적인 것은 현실적으로 기저에서 형성된 토대의 역할을 한다." (Freud 1975, 16권 99) 그런 점에서 특히 프랑크 슬로웨이Frank. J. Sulloway는 프로이트를 마음의 생물학자라고 언급하였다(Sulloway 1982). 이는 프로이트가 "심리적 구조"라고 말한 마음에 대해 몇 가지 심급을 구분하였다는 것에서 확인될 수 있다. 프로이트는 다음과 같이 기술한다. "마음은 죽은 것에서 유기적 생명으로, 육체적 생명에서 심리적 생명으로 상승한다." 확실히 무의식은 육체적인 것과 정신적인 것 사이의 적합한 매개체이다(Freud 2001, 142). 마음의 구조는 프로이트의 이론에서 바뀐다. 그러나 항상 프로이트의 생각은 심리적 구조가 육체 안에 해부학적으로는 자리 잡고 있을 수 없다는 사실에 머물러 있다.

연습 마음의 자리는 어디에 있는가? 무의식의 해부학적 장소는 어디인가?

1886년부터 1897년까지 프로이트는 『히스테리에 관한 연구들』과 관련하여 매우 간단한 심리 모델을 상정한다. 마음은 특정하게 억압된 감정적 트라우마의 활동 공간이다. 트라우마는 상응하는 심리적 촉발에서 나타난다. 이러한 "감정적 촉발 트라우마 심리 모델"은 트라우마가 된 심적 사건이 극복되지 못하고 참을 수 없는 감정적 촉발이 축적될 때 히스테리를 야기한다는 것을 상정한다.

연습 자신의 삶을 돌아보며 언제 참을 수 없는 정신적 긴장 상태와 스트레스를 받았는지 생각해 보시오. 스트레스를 받았던 상황을 목록으로 작성해 보시오.

1807년부터 1923년까지 프로이트는 세 가지 심급, 즉 무의식, 전의식, 의식에 대해 강의를 하였다. 발전하는 프로이트의 심리론에서 심리적 구조의 기능은 충동을 지배하고 억제하는 것이었다. 따라서 마음은 가장 먼저 무의식으로부터 유래한 자극에 의해 규정되었다.

연습 당신은 무의식의 어떤 흔적을 의식에서 인지하는가?

이후 프로이트는 1923년부터 1939년까지 잘 알려진 심리 모델인 **이드-자아-초자아**를 주장하였다. 이드는 초기 심리이론의 무의식에 해당된다. "이드는 충동에 의해서 에너지를 충전한다. … 이드는 쾌락 원칙의 이행 아래 욕동을 만족시키려고 추구한다."(Freud 1975, 15권 80) 프로이트에게 자아는 단지 의식이다. 자아는 이드와 외부 세계 사이에서 중재자의 역할을 한다. 초자아는 마음에서 부모와 사회의 가치를 나타낸다. 이드와 마찬가지로 자아와 초자아의 관계는 자기가치의 느낌을 규정한다(Sandler 2003).

연습 당신은 자신의 열등감과 죄책감을 어떤 탓으로 돌리는가?

무의식으로 인한 고통

쇼펜하우어에서와 마찬가지 프로이트의 고통이론은 자아의 감정적 내용이 이드 안으로 억압된다는 구상에서 발전될 수 있었다. 프로이트는 이에 대해 다음과 같이 기술한다. "억압은 이제 정신분석의 건물을 떠받치는 버팀목이다."(Freud 1975, 10권 54) 쇼펜하우어의 의미에서 억압은 전적으로 "기억의 방어"로 파악된다. 프로이트는 불완전한 억압과 완전한 억압을 구별한다. 완전한 억압에서 자아는 허용할 수 없는 충동에 의해 방해받지 않는다. 그러나 불완전한 또는 실패한 억압에서는 억압된 것이 회귀되는 위험이 있다. 이 위험은 억압된 것들이 유혹과 거부의 상황을 통해 다시 자극을 받을 때 일어난다. 이러한 상황은 사랑하는 사람을 잃었을 때, 충동에 대한 포기를 강요받았을 때, 지나친 요구를 받았을 때 또는 갈등하며 결정을 내려야 할 때 초래된다.

연습 자신의 삶을 돌아보며 사랑하는 사람의 상실, 충동 포기, 지나친 요구 또는 어려운 갈등에 대해 어떻게 반응했는지 생각해 보시오.

억압에 대한 자아의 대처 방식은 다양하다. 이 방식은 투사, 부인, 동일화, 합리화, 감정 분리, 반동 형성, 전위, 퇴행, 자기 제약을 포함한다(Freud, 1964 참조).

이러한 방어와 억압의 방식이 심적 촉발을 흔적 없이 제거할 수 없다면 억압된 것은 회귀한다. 이러한 회귀는 신경증 또는 정신병으로 나타난다. 프로이트는 질병이론에서 쇼펜하우어와 니체를 능가한다. 프로이트는 신경증과 정신병에 대해 깊은 연구를 하였다. 신경증은 아이가 아버지 그리고 어머니와 일으키는 갈등 관계에서 생기고, 정신병은 해결되지 않은 어머니-아이 공생에 기초하고 있다. 신경증의 경우에 충동은 대상과 관련된다. 정신병의 경우 실재로부터 리비도의 후퇴가 일어난다. 신경증은 충동을 억압하고, 정신병은 실재를 억압한다. 신경증은 대리 만족으로 발전되며, 정신병은 실재를 망상의 세계로 대체한다. 자아는 신경증에서 유지되지만 정신병에서 자아는 중심을 잃는다. 신경증은 이해될 수 있지만, 정신병은 낯선 것으로 보인다. 신경증 환자는 자신의 장애를 알지만 정신병자는 자신이 아주 건강하다고 생각한다.

연습 신경증 또는 정신병을 앓는 사람과 마주친 적이 있었는가? 당신은 이제 이들에 대해 어떻게 느끼는가?

정신분석적 치유

프로이트가 제시하는 치유의 핵심은 쇼펜하우어와 니체처럼 **억압을 지양하고 자아를 강화시키는 것**이다. 그러나 프로이트는 다른 무의식의 철학자들보다 훨씬 더 방대하고 발전된 치유방법을 가지고 있었다. 니체와 마찬가지로 프로이트는 1886년까지 목욕, 마사지, 휴식과 결합된 전기요법을 매우 중시하였다.

프로이트에게 억압을 지양하는 첫 번째 방법은 **카타르시스의 방법**이었다. 이 방법은 환자들이 최면을 통해 무엇이 그들을 자극하고, 화나게 하며 초조하게 하는지에 대해 보고하도록 요구하는 것이다. 그리고 그 후 사라지는 증상들이 있었다.

이후 이 방법은 **연상의 방법**, 즉 자유연상을 통해 제한되었다. 투사는 뜻밖에도 종종 하나의 깨달음처럼 나타난다. 환자가 카우치에 눕는 자세는 자발적인 연상을 의식하도록 촉진한다. 여기에서 강압은 이루어지지 않는다.

연습 눈을 감고 편안한 카우치에 누워 보시오. 무엇이 연상되는가? 그것에 대해 기술하시오.

쇼펜하우어처럼 프로이트는 모든 신경증이 기억의 균열과 함께 나타난다고 가정한다. 따라서 **"기억, 반복, 정리"**라는 방법은 기억의 균열을 막고 그것을 이성적으로 극복하도록 하는 것이다. 이성적으로 극복한다는 것은 고조된 감정적 체험을 자유연상을 통해 의식함으로써 지금까지 영향을 미치고 있는 그 체험을 찾아내어 반복하고 해명하는 것을 의미한다.

연습 오늘날 여전히 당신의 행동을 규정하는 이전의 경험들에 대해 알고 있는가?

그 밖의 방법은 **꿈의 분석**이었다. 보고받은 꿈은 이미 쇼펜하우어와 니체에서 무의식으로 가는 왕도였다. 꿈에 대한 분석은 다음의 세 단계로 수행된다.
- 꿈에서 압축과 전치의 지양
- 전날의 기억, 현재 상황, 유년 시절의 경험과 꿈을 연관시킴
- 무의식의 원망으로서 꿈의 메시지 읽어 내기

이러한 세 단계를 수행하기 위한 가장 중요한 수단은 자유연상과 상징 해석이다.

연습 중요한 단서를 가진 꿈을 기록하시오. 위의 세 단계로 꿈을 해석해 보시오. 전치, 전날의 기억, 유년 시절의 경험들을 확인하시오. 원망으로서 꿈의 메시지를 명료하게 드러내기 위해 가장 중요한 꿈의 단어들을 자유연상을 통해 조합시켜 보시오.

이드와 무의식 사이에 있는 자아의 긴장을 의식하게 만드는 다른 방법들이

있다. 이 방법들은 환자와 정신분석가의 관계에서 적용된다. 분석가는 환자와 자기 자신의 측면에서 저항과 전이에 대한 해석을 수행한다. 이 해석은 항상 억압된 것을 의식하도록 하는 작업과 관련된다. 해석은 무의식을 의식으로, 이해되지 않는 것을 이해되도록 옮기는 작업이다. 해석의 과정은 무의식과 의식 사이에 언어로 표현될 수 있는 관계가 있다는 것을 가정한다. 이처럼 의식하게 만드는 과정이 고통을 완화시킨다.

프로이트의 유명한 사례들

프로이트는 자신의 정신분석을 많은 유명한 사례들로 제시하였다. 우리는 「유아 신경증의 사례에 관하여」란 보고서에서 프로이트의 가장 유명한 환자인 '늑대인간'에 대해 듣게 된다(Freud 1975, 12권). 이 환자는 처음에 늑대 공포증으로 고통을 겪다가 강박신경증으로 이어졌다. 늑대인간은 프로이트의 진료 후에도 심한 우울증으로 인해 다른 의사들의 진료를 받았다. 프로이트는 끝내 그를 치유할 수 없었다.

프로이트는 첫 번째 유아 분석을 5세 소년에 대한 「공포증의 분석」에서 소개하였다(Freud 1975, 7권). 여기에 나오는 소년은 말이 자신을 물까 봐 두려워하였다. 진료에서 프로이트와 소년의 아버지는 어린 한스가 자발적인 놀이에서 보여 주는 자료를 가지고 작업을 하였다.

프로이트는 「히스테리분석 사례집」(Freud 1975, 5권)에서 도라Dora에 관해 보고하였다. 그녀는 청결함과 동료들의 통제에 대한 히스테리 강박증을 앓았다. 프로이트는 도라를 치유할 수 없었고 분석은 중단되었다.

종교철학을 위한 주요 사례들은 「17세기 악마신경증」(Freud 1975, 13권)에 관한 보고서와 「자서전적으로 기술된 편집증의 사례에 대한 정신분석적 해석」(Freud 1975, 8권)에 나타나 있다. 프로이트는 화가 하이츠만Heitzmann이 악마에 사로잡히게 되었다는 사실에서 악마신경증의 단서를 발견하였다. 왜냐하면 그는 아버지와의 의존 관계가 파괴되는 것으로 인해 고통을 받았기 때문이다. 편집증의 사례에 대하여 프로이트는 1910년에 다니엘 파울 슈레버 Daniel Paul Schreber의 자서전인 『한 신경증 환자의 체험기』에 대한 분석을 중요하게 다루었다. 슈레버는 먼저 우울증을 앓았고 이후 자신이 새로운 인간 종족을 출산하기 위한 신의 여자로 부름을 받았다고 여기는 정신병에 걸렸다.

이러한 사례들은 종교적인 것이 가족과 연관된 핵심적 내용을 소유하고 있으며, 신의 상이 자주 승화된 아버지상이 된다는 것을 보여 준다.

연습 당신에게서 신의 상은 얼마나 아버지의 상과 유사한가?

가장 중요한 사례들은 프로이트가 자기 자신에 대해 쓴 것이다. 그는 『꿈의 해석』(Freud 1975, 2권, 3권)과 『아크로폴리스에서의 기억장애』(Freud 1975, 16권)뿐만이 아니라 『모세와 일신론적 종교의 탄생』(같은 책)도 썼다. 1897년부터 시작하여 1939년 그가 죽을 때까지 진행한 자기분석이 없었다면 프로이트는 수많은 실천적인 측면을 가진 무의식의 철학을 발전시킬 수 없었을 것이다.

연습 당신은 자기분석을 시도해 본 적이 있는가?
만약 그렇다면 어떤 결과가 나타났는가?
만약 그렇지 않다면 무엇이 그것을 못하게 했는가? 무엇에 대해 두려움을 가졌는가?

현대 심리치료에서 프로이트의 의의

쇼펜하우어와 니체의 무의식의 철학을 정신분석으로 발전시킨 프로이트는 **세 가지 중요한 결과**를 얻었다.

- 억압과 저항에 대한 이론
- 무의식과 자아의 부자유에 대한 이론
- 유아기의 의미와 이후의 삶에 나타나는 유아기의 트라우마에 대한 이론

이러한 이론들을 통해 프로이트는 모든 철학적 심리치료를 촉진시켰다. 또한 프로이트는 정신분석을 통해 다양하게 철학적 실천에 영향을 미쳤다(Scheidt 1986 참조). 예를 들어 프로이트적 마르크스주의Freudo-Marxismus가 생겨났다. 빌헬름 라이히Wilhelm Reich는 노동자 계층의 성 상담에서 심리치료를 위한 마르크스주의적 형태를 만들었다. 호르크하이머, 아도르노, 마르쿠제가 속한 프랑크푸르트학파의 비판 이론도 프로이트를 새롭게 해석함으로써 정치적 활동의 치료적 기능을 발견하고 정치 행위를 통한 인간의 치유를 시도하였다(Engelhardt, Schipperges 1980 참조).

그리고 프로이트는 20세기에 80개의 큰 심리치료 이론들이 발생하는 데 자극을 주었다. 프로이트 이후 모든 심리치료 이론들은 프로이트와 관련되어 있다. 이 이론들은 프로이트를 비판하며 극복하려고 노력하거나 그의 기초와 토대에 대해 비난하고 있다.

마지막 연습 프로이트의 어떤 사상이 당신의 고통을 감소시키고 치유하였는가? 그렇지 않은 것도 있는가?

◎ 참고문헌

Freud, S.: *Das Ich und die Abwehrmechanismen* [자아와 방어기제]. München 1964.
Freud, S.: *Gesammelte Werke* [수집된 작업들]. Bd. I - XVIII, Frankfurt 1975.

Dorer M.: *Historische Grundlagen der Psychoanalyse* [정신분석의 역사적 토대]. Leipzig 1932.

Ellenberger, H. F.: *Die Entdeckung des Unbewussten* [무의식의 발견]. Bd. 1+2, Zürich 1972.

Engelhardt, D. v., H. Schipperges: *Die inneren Beziehungen zwischen Philosophie und Medizin im 20. Jahrhundert* [20세기 철학과 의학의 내적 관계]. Darmstadt 1980.

Figl, J. (Hrsg.): *Von Nietzsche zu Freud* [니체에서 프로이트로]. Wien 1996.

Gasser, R.: *Nietzsche und Freud* [니체와 프로이트]. Berlin 1997.

Gödde, G.: *Traditionslinien des Unbewussten. Schopenhauer, Nietzsche, Freud* [무의식의 전통적 계보. 쇼펜하우어, 니체, 프로이트]. Tübingen 1999.

Horkheimer, M.: *Gesammelte Schriften* [전집]. Frankfurt 1976.

Kaiser-El-Safti, M.: *Der Nachdenker. Die Entstehung der Metapsychologie und ihre Abhängigkeit von Schopenhauer und Nietzsche* [생각하는 사람. 쇼펜하우어와 니체에 의존하는 메타심리학의 탄생]. Bonn 1987.

Nitzschke, B.: *Aufbruch nach Inner-Afrika. Essays über Freud und die Wurzeln der Psychoanalyse* [아프리카 내륙으로의 출발. 프로이트에 관한 수필과 정신분석의 뿌리들]. Göttingen 1998.

Sandler, J. u. a.: *Freuds Modelle der Seele* [프로이트의 심리모델]. Gießen 2003.

Scheidt, C. E.: *Die Rezeption der Psychoanalyse in der deutschsprachigen Philosophie vor 1940* [1940년 이전 독일어권 철학에서 정신분석의 수용]. Frankfurt 1986.

Sulloway, F. J.: *Freud. Biologe der Seele* [프로이트. 마음의 생물학]. Köln 1982

Tress, W., Nagel, S. (Hrsg.): *Psychoanalyse und Philosophie: Eine Begegnung* [정신분석과 철학: 만남]. Heidelberg 1993.

Vetter, H., Nagl, L. (Hrsg.): *Die Philosophie und Freud: Eine offene Debatte* [철학과 프로이트: 열린 논쟁]. Wien 1989.

Wiesenhütter, E.: *Die Begegnung zwischen Philosophie und Tiefenpsychologie* [철학과 심층심리학 사이의 만남]. Darmstadt 1979.

Zentner, M.: *Die Flucht ins Vergessen. Die Anfänge der Psychoanalyse Freuds bei Schopenhauer* [망각으로의 도주. 프로이트의 정신분석을 위한 쇼펜하우어의 단초]. Darmstadt 1995.

13. 무력함으로 인한 고통: 알프레드 아들러

"그들이 나를 미쳤다 하면 나는 그들이 미쳤다 한다.
그러면 그들은 나를 거부하며 한층 더 비난한다."
— Nathaniel Lee

알프레드 아들러Alfred Adler, 1870-1937는 사회적 원인으로 인한 신경증과 고통에 관해 연구하는 사회심리학을 발전시켰다. 그 밖에도 그는 철학적 심리치료의 실천을 대폭 확장시켰다.

아들러의 생애와 환경

아들러는 1870년 빈에서 태어나 1937년 스코틀랜드의 아베르뎬Aberdeen에서 생을 마감했다. 그러나 그는 인생의 대부분을 빈에서 보냈다. 의대를 졸업한 아들러는 학창 시절에 오스트리아의 마르크스적 사회주의에 강한 흥미를 느꼈다. "그는 정치학에 강한 관심을 가졌고, 자신의 정치적 신념들을 결코 숨기려 하지 않았다."(Ellenberger 1972, 2권 800) 그리고 그는 사회주의자들의 정치 행사에도 참여하였다.

아들러는 1902년 지그문트 프로이트를 알게 되고, 1902-1911년까지 프로이트의 "정신분석 모임"에 소속되어, 네 번째 초창기 회원이 되었다. 그러나 그는 프로이트로부터 독립하여 정신분석과는 근본적으로 다른 고통이론을 발전시켰다.

안과의사로서 일을 시작한 아들러는 1909년부터 신경과 전문의로 일하였다. 그리고 1911년 그는 6명 이상의 회원들과 함께 프로이트 학파에서 탈퇴하였다. 1916년부터 그는 군의관으로 제1차 세계대전에 참전하였고, 1918년 패전 이후 사회주의에 대한 자신의 입장을 더 확실하게 표명하였다. 1918년 그는 「공산주의와 심리학」이란 글을 출판하였다. 이 글에서 그는 사회주의자들은 역사의 목적으로서 평화로운 세계 공동체를 옹호한다고 주장하였다. 아들러는 다음과 같이 쓰고 있다. "마르크스는 지배 계급에 대항하는 프롤레타리아의 연대 투쟁을 어두운 정신적 삶의 구조에서 발견하였다. … 그는 공동체감의 발전을 위한 최종적 방법을 프롤레타리아에게 제시하였다."(Adler 1982, 25) 그러나 볼셰비키는 정치적 엘리트로서의 권력을 추구한다. "그것이 그들의 운명을 알려 주고 있다. 힘에의 도취가 그들을 유혹하였다. 결국 볼셰비키주의는 공동체감을 스스로 파멸시키는 시도에 불과하다."(같은 책, 34)

1920년부터 아들러는 빈에서 교육상담 협회를 설립하였다. 그는 자주 빈의 노동신문에 글을 썼지만 결국에는 오스트리아 사회민주당에서 탈퇴하였다. 1927년부터 그는 많은 시간을 미국에서 보냈고, 뉴욕의 콜롬비아대학에서 강의하였다.

아들러는 1934년 미국에 정착하였다. 그렇게 하지 않을 경우 파시즘의 공포정치에 의한 피해자가 될 수 있었기 때문이다. 나아가 그는 자신이 창설한 개인심리학의 미래가 미국에서 보장될 수 있다고 생각하였다. 1937년 아들러는 아베르덴에서 순회 강연을 하다가 갑작스런 심근경색으로 죽었다.

철학적 심리치료에 대한 아들러의 이념은 다음과 같다.

1. 아들러는 칼 마르크스로부터 가족에서의 힘의 관계를 넘어선 사회적 힘의 관계와 소유의 관계가 신경증의 발전을 촉진시키고 있다는 것을 알았다. 그리고 니체로부터 힘에의 의지가 개인의 욕구를 결정한다는 이념을 받아들인다. 그는 힘에의 의지가 좌초될 경우 힘에 대한 상상으로 도주한다는 니체의 이념을 신경증의 원인으로 받아들인다.

2. 아들러는 힘에의 의지가 끼치는 영향을 네 가지 생활양식, 즉 권위적 생활양식, 받아들이는 생활양식, 도피하는 생활양식, 공동체적 생활양식으로 분석하였다. 그에게는 공동체적 생활양식이야 말로 신경증으로부터 벗어나는 유일한 길이다.
3. 개인적인 무력함은 마르크스에게서처럼 아들러에게서도 계급에 대한 느낌 및 공동체감의 발전, 즉 공동체적 생활양식을 통해 극복될 수 있다.
4. 아들러는 공동체감과 공동체적 생활양식의 관철을 위해 작업장에 유치원, 학교, 자기치료 모임, 상담소를 설치하였다. 그는 마르크스적이고 니체적인 심리치료의 새로운 실천 영역을 만들었다.
5. 그러나 철학적 심리치료의 중요한 실천 영역은 전기적傳記的 자기분석과 모임을 통해 이루어지는 자기치료이다.

아들러의 철학적 배경

아들러는 자신의 첫 번째 저서 『재단사의 작업 환경에 대하여』에서 정신적인 고통이 사회적 산물이라고 결론지었다. 그 때문에 아들러는 사회주의와 정신적 치유를 연결시키려고 노력하였다. 마르크스와 마찬가지로 아들러도 신경증의 치유를 위해서는 사회적 환경이 중요하다는 사실을 확신하였다. 시장에 자유와 평등이 겉으로만 존재하고 있다는 마르크스적 관점은 아들러에게 사회적 행위에서 의식이 굴복하고 있는 무의식적 기만과 자기기만을 위한 논의로 발전되었다. 또한 아들러는 마르크스처럼 인간의 진술과 사상에만 관심을 둘 것이 아니라 행동을 통해 드러나는 인간의 모습에 주의해야 한다고 생각하였다.

연습 두 단을 만들어 한쪽에는 '나는 무엇을 생각하는가?', 다른 쪽에는 '나는 어떻게 행동하는가?'라는 물음을 쓰고 대답하시오. 그리고 두 단의 차이를 확인해 보시오.

평화로운 사회를 고통 없는 사회로 보려는 아들러의 이념도 사회적 목표로서 계급 없는 사회를 꿈꾸는 마르크스로부터 영감을 받은 것이다. 마르크스의 계급의식에서 아들러의 공동체의식과 공동체감이 나왔다. 그러나 마르크스가 혁명을 통해 자본주의에서 이루어지는 고통스런 착취 관계를 극복하려 했다면 아들러는 치료적·교육학적 진화를 강조한다.

연습 당신은 계급 없는 사회에서 사는 것이 더 행복할 것이라고 생각하는가? 당신의 생각을 기술하시오.

그러나 아들러는 마르크스와 함께 니체의 이념도 많이 받아들였다. 그는 자신의 주저 『신경증적 성격에 관하여』에서 니체의 이념인 "힘에의 의지와 가상에의 의지"를 수용하였다. 아들러는 다음과 같이 기술한다. "니체가 말하는 힘에의 의지와 가상에의 의지는 우리가 힘의 느낌 속에 쾌감이 있고, 무력함의 느낌 속에 불쾌가 있다고 생각하는 것과 모두 일치한다."(Adler 1972a, 32) 아들러는 힘에의 의지에 대한 니체의 사상에서 모든 인간이 무력함의 불확실성으로부터 도주하여 힘의 확실성을 찾으려 한다는 이념을 이끌어 낸다.

연습 당신은 사회 또는 자신의 삶에서 인간이 힘의 확실성을 추구한다는 주장을 지지하는 사례를 아는가? 그것에 대해 설명해 보시오.

아들러는 사회적 열등감의 모든 형태와 대결하기 위해 도움을 주는 무조건적인 힘에의 의지가 있다고 여긴다. 아들러는 "가상에의 의지"에 대한 니체의 사상도 자기기만과 개인의 자아도취에 도움을 줄 수 있다고 인정한다. 아들러는 다음과 같이 묻는다. "우리 모두 안에 가상에의 의지가 살아 있지 않은가? 그렇다면 그 의지가 우리에게 모든 악을 참아 내도록 하는가?"(같은 책, 201)

연습 당신은 "가상에의 의지"라는 말을 어떻게 이해하는가? 예를 들어 설명해 보시오.

아들러는 자신의 후기 저작에서도 니체를 끌어들인다. 고통받는 개인을 이상적이고 우주적인 미래 사회로 통합시킴으로써 구제하려는 아들러의 생각은 힘에의 의지로서 우주의 무한한 힘에 대해 말하는 니체의 사상을 받아들인 것이다(Adler 1980, 34).

연습 당신은 인간이 우주적 의미를 가졌다고 생각하는가?

결론적으로 아들러는 다음과 같이 주장한다. "내가 니체의 이름을 언급하면 우리의 예술에서 우뚝 솟은 기둥 하나가 드러난다."(Adler 1973, 301)

아들러의 심리론

아들러는 프로이트처럼 정신을 세 개의 심급으로 규정하지 않고 정신과 육체를 통일성에서 파악한다. 이 통일성은 삶의 개인적인 궁극 목적을 통해 규정된다.

연습 당신이 추구하는 삶의 궁극 목적은 어디에 있는가? 당신은 그곳을 향해 가고 있는가?

목적을 향한 노력에서 인간은 특정한 삶의 양식을 통해 규정되는 자신의 성격을 발전시킨다. 이 삶의 양식은 일차적으로 5살 이내에 형성되어 이후의 삶에 지속적으로 영향을 끼친다.

아들러는 **삶의 양식**을 네 가지로 구별한다.

1. 권위적인 양식
2. 다른 사람들로부터 모든 것을 기대하며 받아들이는 양식
3. 모든 문제로부터 벗어나려고 도피하는 양식
4. 협동이 필요한 공동체적 양식

이러한 삶에서 인간의 마음은 직업, 사랑, 공동체, 창조라는 **네 개의 과제**를 완수해야 한다.

연습 네 개의 과제와 관련하여 당신은 어떤 삶의 양식으로 살고 있는가? 당신은 이러한 양식을 스스로 선택하였는가, 스스로 선택하지 않았는가?

아들러도 니체처럼 마음을 힘에의 의지로 규정한다. 공격적 행동으로서 힘에의 의지는 사회적 불평등에 대한 모든 경험에서 생기는 열등감을 상쇄시키려는 목적을 가진다. 아들러는 마음을 열등감과 이러한 열등함을 힘의 추구로 상쇄시키는 경험의 체계로 본다. 이에 대해 그는 다음과 같이 기술한다. "인간이 존재한다는 것은 자신에게 열등함을 느낀다는 것을 의미한다." (Adler 1980, 67) 다른 곳에서 그는 다음과 같이 주장한다. "모든 인간의 행동은 타인에 대한 우월함, 힘, 지배라는 하나의 목적을 통해 결정된다." (Adler 1972a, 57 이하)

아들러에 따르면 정신과 육체는 사회적 힘의 관계와 직접적인 상호 작용에서 발전한다.

연습 당신은 열등감으로 인한 고통과 이 고통을 힘에의 의지를 통해 상쇄시켜 본 경험이 있는가?

아들러는 마음이 다음과 같은 원리를 통해 규제된다고 본다.

- 통일성의 원리
- 역동학의 원리
- 개인과 사회적 환경의 작용과 반작용의 원리

그러나 마음은 사회적 힘의 차이에 대한 원리와 개인에게서 공동체감으로 나타나는 우주적 영향의 원리를 통해 형성된다. "공동체감은 우리 안에 살아 있으며 그로부터 완전히 분리될 수 없는 우주의 보편적 상호 의존성에 대한 모상模像이다. 그것은 우리에게 감정이입할 수 있는 능력을 부여한다." (Ellenberger 1972, 821)

무력함으로 인한 고통

신경증은 열등감에 의해 형성된다. 그 과정을 아들러는 다음과 같이 기술한다. "신경증의 모든 현상은 우월함의 궁극 목적을 추구하는 광범위한 수단에서 유래한다."(Adler 1972a, 48) 신경증 환자는 강압적인 우월함을 획득하기 위해 자신을 위축시키는 불안정함을 극복하려고 시도한다. 그는 실재 세계로부터 자신을 분리시키기 위해 모든 상상력을 동원한다. 신경증 환자는 항상 자신이 과중한 일을 한다고 느끼고 자신의 병을 영웅과 순교자의 고통이라고 여긴다.

신경증 환자는 불안에 휩싸여 있다. 이 불안을 그는 "모든 것을 가지기 원하는" 원망을 통해 상쇄시킨다. 그는 가장 강하고 가장 위대한 자가 되길 원한다. 그는 신이 되길 원한다. 신경증 환자는 질투가 많고 인색하며, 다른 모든 사람을 습관적으로 경시한다. 신경증 환자의 사디즘은 "열등감을 무디게 만들기 위해 야만인처럼 행동하려는 시도"를 보여 준다(같은 책, 50). 신경증 환자는 자신의 행동에 대한 원인을 의식하지 못하고 사람이 모인 곳을 피한다. 직업, 사회, 사랑에서 주어지는 요구는 회피되거나 아니면 "명예욕을 채우고 권력을 향유하는 놀이터"로 사용된다(같은 책, 57).

연습 당신은 자신이 가지고 있는 인간에 대한 지식으로 이러한 신경증의 현상들을 이해할 수 있는가?

아들러는 마르크스처럼 신경증의 사회적 근원이 권위적 사회구조와 가족구조에 놓여 있다고 본다. 자녀를 버릇없이 키우거나 방치하는 교육의 형태는 의존적인 어머니-아이 관계를 만든다. 부부와 직업에서 잘못된 관계, 외상적 충격의 경험은 열등감을 심화시키고 힘에의 의지를 강화시킨다. 아들러는 오직 하나의 신경증 유형이 있다고 생각한다. 그러나 신경증은 히스테리, 강박증, 공포증, 우울증, 정신이상, 변태적 또는 범죄적 장애들로서 나타나는 많은 증후들을 가진다. 그 밖에도 특정한 기관의 약화가 갑작스럽게 증가한다. 위, 쓸개, 장, 심장, 폐, 등의 부위가 가장 약한 부분으로서 신경증에 의해 공격을 받는다. 어떤 증후가 나타나는지는 개인의 개별적인 창조성에 의존한다.

연습 아들러의 신경증 증후와 관련하여 다음의 일상적인 말을 해석해 보시오. '십자가를 진다'[등이 아프다], '쓸개가 위로 올라간다'[화가 난다], '나의 심장이 부서진다'[마음이 아프다], '위장을 때린다'[속이 상하다].

신경증 현상은 정신병자에게서 급작스럽게 증가된다. 정신병자는 경직되어 있고, 전적으로 자신이 약하다고 생각하며 자폐적인 경향을 보인다. 그는 끊고 맺는 것을 못하고, 독선적인 망상을 발전시킨다. 그는 광적으로 신적인 것을 추구하며 자신의 정체성을 상실한다.

공동체감에 의한 치유

마르크스와 마찬가지로 아들러는 다음과 같은 전제들로부터 무력함으로 인한 고통을 치유하기 시작한다.

- 공동체감의 발전이 열등감을 대체해야 한다. 신경증 환자는 공동체감의 발전을 스스로 수행해야 한다.
- 신경증 환자가 가진 삶의 목적에 대한 크기는 개인에 따라 상대화되어야 한다. 그러면 증후는 사라진다.

치유의 중심에는 단계적인 자기인식이 있어야 한다. 신경증 환자는 점점 깊이 생각하고 열등감과 힘의 상호작용에 대처하는 법을 배워야 한다. 치료자는 신경증 환자가 힘에 의존한 삶을 포기할 수 있도록 용기를 북돋아 주어야 하고, 자기치유를 믿도록 해야 한다. 치료를 위해 신경증 환자와 함께 작업하는 것은 공동체감을 강화시키고 자기 삶의 양식과 자신의 생철학을 변화시킨다. 이때 자신에게 고유한 삶의 역사가 새롭게 이해되고 정리된다.

연습 당신은 언제 삶에서 열등감과 힘의 느낌을 가졌는가?

고통의 치유는 본유적인 공동체감에 기초하여 수행되어야 한다. "소속감과 공동체감은 아이의 마음에 기초하고 있으며, 정신적 삶이 심각하게 병적으로 악화될 때에만 인간으로부터 떠난다. 공동체감은 삶 전체를 보존하고, 제한되거나 넓혀지며, 아주 좋은 경우에는 가족 구성원뿐만 아니라 민족과 인류 전체로 확대된다. 심지어 이러한 경계를 넘어 동물, 식물, 생명이 없는 다른 대상, 결국 우주에로까지 전개될 수 있다."(Adler 1972b, 51)

연습 당신의 공동체감은 어느 영역에까지 이르고 있는가? 그 느낌이 동물, 식물, 가족, 독일, 유럽, 세계 또는 우주까지도 포괄하는가?

공동체감은 "본래 우주적인 느낌이다. 공동체감은 우리 안에 살아 있으며 우리는 그것으로부터 전적으로 벗어날 수 없으며, 우리 신체 밖의 사물들에게 감정이입할 수 있는 능력을 부여하는 우주적인 모든 것과의 연관을 반영하는 것이다."(같은 책, 65)

연습 당신은 "우주적인 의식", 즉 만물과 하나가 되는 경험을 가진 적이 있는가? 그렇다면 그 경험에 대해 기술해 보시오.

아들러는 고통을 치유하기 위한 시작을 "만물과 하나" 되는 경험에서 찾는다(Adler 1982, 229). 치유는 고통받는 인간이 "인간과 평화를 모색하려는" 준비가 되어 있을 때 진척된다(Adler, Jahn 1975, 85).

연습 당신은 인간과의 평화를 모색할 준비가 이미 되어 있는가?

다른 것에 감정을 이입하고 타인과 공감할 수 있는 능력은 인간의 고통을 감소시킨다. 결국 증가하는 공동체감에서 협동의 의지가 나오고, 이 협동은 보다 더 나은 세계 사회의 유토피아를 위한 공동 작업과 연결될 수 있다. 아들러는 이것을 다음과 같이 정리한다. "사람들이 지금까지 이상적인 인간성의 고양으로 획득한 최고의 관념은 신의 개념이다. … 이것의 근원적 힘은 … 진화의 성과로서 고찰될 수 있는 공동체감과 진화의 흐름에서 위로 향하려는 욕구의 근원적인 힘이었다."(Adler 1980, 165)

연습 당신은 보다 나은 세계 사회를 위해 기여할 준비가 되어 있는가? 그것은 어떤 기여인가?

결국 아들러는 "영원한 것으로 여겨야 하고 마땅히 진화의 최종적 성취로서 생각되어야 하는 공동체 개혁"을 위한 추구가 치유를 가능하게 한다고 생각한다(같은 책, 166). 그에 따르면 고통받는 자는 공동체감의 이념을 진화하는 인간성의 최종적 삶의 형식으로 고찰할 수 있을 때 치유된다.

연습 당신은 인간과 인간의 화해를 진화의 목적으로 생각할 수 있는가? 이로써 문제가 해결될 수 있다고 보는가?

미적 활동, 예술적 활동, 과학적 활동, 윤리적 활동이 인간성을 진화시키는 데 도움이 되기도 한다. "그 활동이 진화의 흐름에서 인류의 안녕을 위해 기여한다면 그것은 영원한 가치를 가진다."(같은 책, 171) 아들러는 오늘날 고통받는 자들을 위한 정당한 기대가 존립한다고 말한다. "먼 훗날에 … 공동체감의 힘은 극단적인 모순들을 이길 것이다."(같은 책, 172)

아들러는 공동체감을 관철시키기 위해 새로운 연구소를 설립하였다. 1920년 그는 교사들을 위한 상담 시간을 가졌고, 이 상담에 즉시 어려운 아이들을 가진 부모들이 참여하였다. 그는 공동체감을 증진시키는 데 목적을 둔 유치원을 설립하였다. 1931년 빈에 처음으로 개인 심리학 시범학교가 생겨났다. 아들러의 이념은 순식간에 영국의 정신의학계로 퍼져 나갔다. 거기에서 환자를 위한 자율적 사회치료 클럽이 생겨났다(Ellenberger 1972, 2권 837-840).

아들러는 1920년대 드레스덴에서 첫 번째 자기치료 모임들을 결성하는 데 자극을 주었다. 이 모임들은 자발적으로 조직되어 치료사 없이 공동체감의 발전을 위해 힘썼다. 그러나 파시스트에 의해 독일과 오스트리아에서 있었던 모든 활동들은 중단되었다.

사례와 자기분석

아들러는 문학가 도스토예프스키를 대표적인 사례로 기록하고 있다. 그는 이 사례에서 신을 의심한 카라마조프 형제들의 이야기 또는 예수 콤플렉스를 가진 공작 미쉬킨의 이야기 또는 한 달 동안 침대에 누워 '나는 나폴레옹인가, 이[해충]인가?'를 생각하는 학생 라스콜리니코프의 이야기를 끌어들인다. 아들러는 도스토예프스키를 반란자이면서 정신적 심연과 공동체감의 파탄에 봉착한 순종하는 노예로 생각하였다. 도스토예프스키는 힘을 향유하는 한계를 이웃과의 사랑에서 찾았다. 도스토예프스키는 모든 자신의 영웅들로 하여금 공동체감의 한계를 넘어서도록 만들었다. "그는 그들을 명예욕, 허영, 자기애에 극단적으로 빠지게 만들었다."(Adler 1930, 210) 도스토예프스키는 이후에 자신의 치유가 "타인에 대한 우월감을 비밀스럽게 즐기고 있는 자신을 정복할 때" 이루어진다는 것을 깨달았다(같은 책, 203). 도스토예프스키가 추구한 삶의 목적은 신과의 합일 속에 있었다. "따라서 그는 자신의 간질병으로 인한 발작을 마치 그가 환희의 감정에서 상승하여 영원한 조화에 도달하고 신에 가깝게 이른 것처럼 기술하였다."(같은 책, 204)

연습 당신은 신을 닮으려는 사람에게 매력을 느끼는가, 아니면 거부감을 느끼는가? 왜 그런 느낌을 가지는지 기술해 보시오.

그러나 마지막으로 도스토예프스키는 공동체 윤리학자가 되었다. 자신의 문학적 인물과 더불어 그 자신도 타인을 돕고 러시아 민족에 헌신하면서 자신의 길과 건강을 찾았다.

가장 중요한 환자들 중의 한 명은 아들러 자신이었다. 아들러도 프로이트처럼 자기분석을 수행하고 자기 삶의 역사를 분석하였다. 그는 친동생의 죽음을 통해 죽음과 일찍이 대면했고 이후 죽음을 이기기 위해 의사가 되어 죽음에 대한 생각을 상쇄시키려는 의도를 가지게 되었다. 아들러는 “죽음을 극복하려는 나의 패기가 너무 확고하여 다른 목적들을 추구하지 않았던” 자신에 대해 알게 된다(같은 책, 121).

연습 당신은 자신의 죽음에 대한 공포를 무엇으로 상쇄시키는가?

자기분석은 사회적 무력함과 자신에 대한 파악으로서 자화상에 비교될 수 있다.

아들러는 다음과 같이 자기 삶의 측면에 대해 기술하는 것이 중요하다고 생각하였다(Adler 1974, 1권 참조).

a) 유아기의 첫 번째 기억
b) 유아기의 병
c) 부모에 대한 태도
d) 형제들과의 관계
e) 첫사랑
f) 청소년기의 불안과 장애
g) 학교에서의 행동
h) 직업의 선택
i) 결혼의 성공
j) 미래의 계획
k) 삶의 종말에 대한 생각

연습 a에서 k까지 관련된 내용을 간단히 작성하시오. 작성된 내용과 관련하여 당신의 열등감과 고통의 상태를 극복하기 위해 어떤 주요한 상쇄 방법이 있는지 기술하시오.

현대 심리치료에서 아들러의 의의

아들러는 정신분석에 중요한 영향을 끼쳤다. 1920년 프로이트의 자아도취 개념은 아들러가 발전시킨 열등감 콤플렉스 이론을 전수한 것이다. 카렌 호니Karen Horney와 에리히 프롬Erich Fromm의 네오분석에 대한 저작은 아들러의 사상과 매우 유사하다. 그리고 아들러 없이는 빅토르 프랑클Viktor Frankl의 실존적 심리치료나 『존재와 무』에 제시되는 장 폴 사르트르Jean Paul Sartre의 철학은 결코 존재할 수 없었다. 그러나 아들러의 저작을 집단적으로 부정하고, 그가 형성한 모든 것을 체계적으로 다른 저자의 것이라고 주장하는 일도 있었다(Ellenbeger 1972, 2권 873).

그러나 아들러에게는 항상 그를 지지하는 마네 슈페르버Manes Sperber나 오토 릴레Otto Rühle와 같은 아들러-마르크스주의자들도 있었다. 알리스 릴레 게르스텔Alice Rühle-Gerstel은 "마르크스주의는 사회적 삶에 적용되는 개인심리학"이라고 말한다(Rühle-Gerstel 1980). 릴레 게르스텔에게 노동자의 계급의식은 계급 없는 사회의 관철을 통해 비로소 보편화될 수 있는 공동체 의식의 일부였다. 따라서 개인심리학은 정치에서 일어나는 권력의 악용에 대한 심리치료로서 이해되었다.

마지막 연습 아들러의 어떤 사상이 당신의 고통을 감소시키고 치유하였는가? 그렇지 않은 것도 있는가?

◎ 참고문헌

Adler, A.: *Praxis und Theorie der Individualpsychologie* [개인심리학의 실천과 이론]. München 1930.

Adler, A.: *Über den nervösen Charakter* [신경증적 성격에 관하여]. Frankfurt 1972a.

Adler, A.: *Menschenkenntnis* [인간의 지식]. Frankfurt 1972b.

Adler, A.: *Heilen und Bilden* [치유와 교육]. Frankfurt 1973.

Adler, A.: *Die Technik der Individualpsychologie* [개인심리학의 기술]. Bd. 1+2, Frankfurt 1974.

Adler A., Jahn, E.: *Religion und Individualpsychologie* [종교와 개인심리학]. Frankfurt 1975.

Adler, A.: *Der Sinn des Lebens* [삶의 의미]. Frankfurt 1980.

Adler, A.: *Psychotherapie und Erziehung* [심리치료와 교육]. Frankfurt 1982.

Ansbacher, H. L.: Ansbucher, R. R.: *Alfred Adlers Individualpsychologie* [알프레드 아들러의 개인심리학]. München 1982.

Brunner, R. u. a. (Hrsg.): *Wörterbuch der Individualpsychologie* [개인심리학의 사전]. München 1985.

Ellenberger, H. F.: *Die Entdeckung des Unbewussten* [무의식의 발견]. Bd. 1+2 Zürich 1972.

Orgler, H.: *Alfred Adler* [알프레드 아들러]. München 1970.

Rattner, J.: *Individualpsychologie* [개인심리학]. München 1972.

Rühle-Gerstel, A.: *Der Weg zum Wir* [우리로 가는 길]. München 1980.

14. 정신병자의 밤바다 여행: 칼 구스타프 융

"세상은 미친 사람들이
더 미친 사람들을 가두는 정신병원이다."
— T. Tyron

칼 구스타프 융Carl Gustav Jung, 1875-1961은 플라톤의 이데아에 의한 치유가 원형에 의한 치유라는 사실을 재발견하였다.

융의 생애와 환경

C. G. 융은 1875년 스위스 투르가우Thurgau 주에 있는 케스빌Kesswil에서 목사의 아들로 때어났다. 바젤에서 중·고등학교를 다닌 그는 상급반에 재학 중일 때 철학에 깊은 관심을 가졌다. 이때 그는 쇼펜하우어를 만났고, "쇼펜하우어는 훗날 내가 이루어 낸 연구를 위한 위대한 발견이었다. 그는 세계의 고통에 대해 처음으로 이야기한 사람이었다. … 세계 그 어디에도 최선의 것이 없다는 사실을 통찰한 용감한 사람이었다. … 그는 고통으로 가득 찬 인간 역사의 흐름과 자연의 잔인함에는 실수, 즉 세계를 창조하는 의지의 맹목성이 근거해 있다고 분명하게 말했다."(Jung 1962, 74)

쇼펜하우어로부터 영향을 받은 융은 처음으로 집단 무의식, 즉 "세계를 창조하는 의지의 맹목성"을 인식하였다. 그는 평생 이러한 생각에 집중했고, "17세부터 의학을 공부하던 시기"까지 계속해서 철학에 관심을 가졌다(같은 책, 75). 그는 어린 시절에 목사인 그의 아버지와는 반대로 독자적인 신의 이미지를 가졌다. “신의 세계에는 초인간적인 모든 것, 이글거리는 빛, 심연의 어둠, 시간적이고 공간적으로 무한한 것의 냉담함, 비이성적인 우연적 세계의 무시무시한 기괴함이 속해 있다. 나에게 신은 신앙심만을 불러일으키는 것이 아니라 모든 것이다.”(같은 책, 77)

연습 당신이 자유롭게 연상한 10개의 단어로 어린 시절에 가졌던 신의 이미지를 요약해 보시오.

융은 목사의 집안에서 니체를 언급할 수 없었지만 쉬는 시간에는 철학을 공부하였다. 그는 점차 자연과학에 높은 관심을 가지게 되었지만 그럼에도 불구하고 의학을 공부하던 1895-1900년에도 철학을 공부했고, 친구들과 쇼펜하우어와 칸트에 대해 논쟁을 벌였다. 그는 1900년 정신의학을 공부하기로 결정하고, 1900-1909년 취리히 ‘부르크횔츠리Burghölzli’ 정신병원에서 연구하였다. 1902년 그는 「신비 현상의 심리학과 병리학에 관하여」라는 박사논문을 썼으며, 1906년부터 프로이트와 교류하였다. 융은 1909년 정신과를 개업하였고 ‘국제 정신분석협회’의 회원이 되었으며, 머지않아 프로이트의 후계자가 될 것처럼 보였다.

융이 관심을 두고 있던 연구는 정신병에 관한 것이었다. “1909년 나는 이미 정신병의 상징을 이해하지 못하면 잠재적인 정신병을 치료할 수 없다는 것을 깨달았다. 당시 나는 신화학을 공부하기 시작하였다.”(같은 책, 137) 융은 니체의 『음악의 정신으로부터 비극의 탄생』을 읽고 신화학을 준비하고 있었다. 니체는 자신의 책에서 다음과 같이 기술한다. “신화는 무한한 것을 통찰하는 보편성과 진리의 유일한 모범으로서 직관적인 깨달음을 준다.”(Nietzsche 1960, 1권 96)

정신병자가 만드는 신화에는 융이 이해하려고 했던 의미가 놓여 있다. 이에 대해 니체는 다음과 같이 말한다. “신화의 비유적 이미지는 최고의 세계이념에 대한 즉각적인 직관 앞에서 우리를 구제한다."(같은 책, 117) 융에 따르면 정신병자는 자신의 자아가 광기에 빠져 몰락한 후 새로운 뿌리를 찾은 사람이다. 니체에 따르면 신화는 수호자이다. "수호자의 보호 아래 어린 영혼이 자란다." 위기 속에 있는 영혼은 이전에 종교에서 가졌던 이미지, 특히 기독교에 대한 초기 이미지와 관련을 맺고 있다.

연습 당신이 특별히 종교적 신화에 관심을 가졌던 삶의 시기가 있는가? 당신이 좋아하는 [성경의] 신화는 무엇인가?

융은 프로이트가 꿈의 해석에서 발전시킨 연상의 방법으로 정신병자의 신화를 해석하였다. 그러나 융은 프로이트와 대립하여 다음과 같이 말한다. "여기서 문제가 되는 것은 프로이트와 아들러의 대립이 아니라 프로이트와 니체의 대립이다."(같은 책, 157) 이는 결국 프로이트와 융의 대립을 의미한다. 다시 말해 무의식의 욕망을 위한 근본형식은 성적인 것인가, 아니면 힘의 의지인가?

연습 당신은 누구를 지지하는가? 프로이트인가, 아니면 니체인가?

신화적이고 종교적인 것으로 가득 찬 융의 꿈에 대해서 프로이트가 줄 수 있는 것은 많지 않았다. "중요한 것은 상징적인 내용으로 가득 찬 집단적인 내용의 꿈들이었다. 특히 꿈 하나가 나에게는 중요하였다. 왜냐하면 그 꿈은 집단 무의식의 개념을 나에게 가져다주었기 때문이다."(같은 책, 162)

융은 원형적 꿈에 대해 말한다. "나는 내가 모르는 집에 있었다. 위층에는 로코코풍의 방이 있었고, 아래층에는 15세기 또는 16세기풍의 방이 있었다. 지하실에 있는 모든 것은 로마시대의 것이었다. 지하실 아래에는 원시문화의 해골이 보존된 동굴이 있었다."(Jung 1962, 163)

이 꿈은 융에게 있어 마음의 층을 나타내는 것이었다. 꿈은 지하실 아래의 것을 통해 근대인이 생각하는 원시문화의 이미지를 보여 주었다. 이를 통해 융은 집단 무의식과 원형이 보존된 장소를 발견하였다.

융은 1914년 '정신분석협회'에서 탈퇴하면서 프로이트와의 결별을 선언하였다. 그는 꿈의 이론을 통해 집단 무의식의 존재를 앞서 발견한 사람이 니체라고 여겼다. 그 이유를 니체는 다음과 같이 말한다. "우리는 잠을 자고 꿈을 꾸면서 원초적 인간의 과업을 한 번 더 경험한다. … 우리 안에 있는 인류의 태고적 흔적이 꿈에서 계속 일어나고 있다. 이는 고차적인 이성이 발전되는 근본토대이다. … 꿈은 인류 문화의 초기 상태로 우리를 되돌려 그것을 더 잘 이해할 수 있는 수단을 제공한다."(Nietzsche 1960, 1권 455)

연습 당신은 초기 문화 단계의 신화적 사유를 보여 주는 꿈을 꾼 적이 있는가?

철학 공부를 통해 신화적이고 철학적인 사유의 폭넓은 지식을 획득하는 동안 융은 프로이트가 뷔히너Büchner, 모래소트Moleschott, 다윈Darwin에 머물러 있다고 여겼다. 그러나 그는 프로이트와의 결별로 인해 몇 년간 지속되는 정신병을 앓았고, 개인병원을 운영하면서도 1914-1918년 동안 자기분석을 받아야 했다.

1918년부터 융은 철학 공부의 폭을 넓혀가며 1918-1926년까지 주로 철학적 영지주의와 관련된 주요 문헌을 읽었다. 1918년부터 연금술과 파라첼수스에 대한 연구를 시작한 그는 이렇게 말한다. "괴테는 연금술의 정신을 통해 파우스트라는 초인을 창조하였다. 그리고 이 초인으로부터 니체의 '차라투스트라'는 '신은 죽었다'고 선언하였다."(Jung 2001a, 85) 연금술은 융을 괴테로 이끌었고, 괴테는 다시 그를 니체로 이끌었다. 이로써 니체 없이는 생각할 수 없는 융의 집단 무의식에 대한 기획의 전 역사가 밝혀진다.

1934년 융은 잠시 독일 파시즘에 순응하였다. 유대계 정신과 의사들이 추방되거나 살해되는 시기에 '국제 의료심리치료학회'의 회장을 맡았다. 그러나 훗날 그는 이러한 참여에 대해 깊이 참회하였다.

융은 1943년 바젤대학의 심리학 교수가 되었고, 1948년 취리히에 '융 연구소'를 설립하였으며 많은 존경과 인정을 받았다. 그는 1961년에 죽었다.

융의 심리치료는 다음과 같이 요약될 수 있다.

1. 고통은 현대사회에서 정신분열로 나타난다.
2. 현대사회는 느낌을 억압하고 단순한 이성에 기초해 있다.
3. 억압된 느낌, 특히 신화적 이미지의 원형적 성격을 가진 억압된 느낌은 의식을 지배하고 광기와 신경증을 발생시킨다.
4. 치유는 개별화 과정에서 이루어진다. 자아는 무의식의 집단적 이미지와 거리를 두며 원형의 힘을 인정한다.
5. 삶의 과정은 개별화 과정이다. 자아는 개별화 과정에서 자율적으로 되며 동시에 마음 전체를 포괄하는 더 큰 자기의 부분이 된다.

융의 철학적 배경

니체가 융의 심리치료를 위한 발전에 결정적인 역할을 했다는 것은 이미 잘 알려진 사실이다. 그가 니체로부터 받은 영향을 좀 더 깊이 살펴보면 다음과 같다. 융은 이미 유년기에 도처에 퍼져 있던 '신은 죽었다'라는 니체의 구호를 들었다. 그러나 니체와 마찬가지로 그 역시 니힐리즘의 저편에 대한 관점을 가지고 있었다.

목사의 아들이었던 두 사람은 새로운 지평을 드러내려고 노력하였다. 융은 이미 공부를 시작하기 전에 니체의 『차라투스트라는 이렇게 말했다』를 읽었다. 이에 대해 그는 다음과 같이 쓰고 있다. "무엇보다도 니체는 그 당시 내가 생각보다는 느낌을 통해 더 절실하게 여겼던 물음에 대해 몇 가지 적합한 대답을 해 준 유일한 사람이었다."(Wehr 1987, 41)

연습 융은 어떤 물음에 대해 니체로부터 대답을 들을 수 있었는가?

융은 의학을 공부하는 동안 니체에 대해 불안을 느꼈다. 그는 다음과 같이 자신에게 물었다. "나는 그와 비슷해질 수 있다. 아마도 그는 내적 체험, 즉 그가 불행하게도 말하려고 했지만 아무에게서도 이해받지 못했던 통찰을 가졌던 것은 아닐까? 나는 내가 니체와 같은 사람이 될 수 있다는 생각으로 인해 두려웠다."(Jung 1962, 109) 융이 볼 때 니체는 자신의 탈자적 경험을 함께 느낄 수 있는 사람을 찾으려는 유년기의 희망으로 가득 차 있었다. 융은 이미 니체의 정신병적 소질을 알고 다음과 같이 말한다. "줄 타는 사람인 니체는 자기 자신을 넘어 있었다. 그는 이 세계에 익숙하지 않았다. … 결국 그는 신들린 사람이었다."(같은 책, 74)

연습 니체에 관한 글을 읽을 때 어떤 느낌이 당신을 덮치는가?

무의식의 심리학에 대한 융의 초기 저작에서 우리는 니체가 융에게 영감을 주었다는 사실을 알 수 있다. "나는 정신의학에서 출발하여 니체로부터 현대 심리학을 준비하였다."(Wehr 1987, 41) 융은 자신의 저서 『리비도의 변천과 상징』(1912)에서 정신병이 내적 갈등에서 발생하고, 내적 갈등은 항상 상징, 꿈, 환상으로 표현된다고 주장하였다. 상징은 종교적 신화, 특히 성경에서 나오는 신화를 반영한 것이다. 특히 영웅신화는 정신병의 발발과 연관하여 중요한 의미를 가진다. 융은 영웅신화를 통해 집단 무의식의 이론을 위한 단초를 발전시켰고, 영웅을 통해 무의식의 첫 번째 원형을 파악하였다. 우리는 실패한 영웅에 대한 인식에서 융이 자연스럽게 니체를 생각했다는 것을 알 수 있다.

연습 자신의 꿈에서 해석될 수 있는 내적 갈등은 어떤 것인가?

1914-1918년까지 자기분석을 수행한 융은 모든 꿈을 기술하고 해석하며 꿈에 대해 이미지를 그려내는 기술을 발전시켰다. 융은 자기분석을 목적으로 하는 집단 무의식으로의 여행을 설명하기 위해 다음과 같은 규칙을 제시하였다.

a) 직업 그리고 가족과의 강한 결속력이 필요하다.
b) 모든 원형적 이미지는 과학적으로 해석되어야 한다.
c) 모든 무의식적 이미지는 창조성을 통해 일상적 행위 안에 통합되어야 한다.

'차라투스트라 위기'를 겪은 니체는 이러한 규칙들을 몰랐던 것처럼 보인다. 융은 니체가 자신과 같은 위기를 겪었다고 확신한다. "니체의 차라투스트라는 원형적 자료의 엄청난 분출을 나타낸다. 그러나 그는 현실 속에 닻을 내리지 못하고 홀로 살며, 가정을 꾸리지도 직업을 가지지도 않았기 때문에 이러한 자료에 압도당했다."(Ellenberger 1972, 2권 899)

연습 당신이 가족, 친구, 직업 없이 삶의 위기를 겪어야 한다면 어떻게 되겠는가?

그러나 융은 자신의 환상을 책으로 쓰려던 니체의 시도를 감행하였다. 1916년 융은 『죽은 자들에게 보내는 일곱 개의 설교』를 저술하였다. 니체가 차라투스트라를 대변자로 선택했다면 융은 자신의 설교자로 2세기 영지주의자 '바실리데스 폰 알렉산드리아Basilides von Alexandria'를 지목하였다.

다음의 일곱 가지 설교는 니체의 철학을 가공한 것이다.
첫 번째 설교는 무를 다룬다.
두 번째 설교는 '신은 죽었는가?'라는 물음에 답한다.
세 번째 설교는 영지주의적 신에 대해 기술한다.
네 번째 설교는 신적인 것과 사악한 것을 대비시킨다.
다섯 번째 설교는 신과 성의 갈등을 보여 준다.
여섯 번째 설교는 남자와 여자의 대립에 대해 말한다.
일곱 번째 설교는 인간의 본질에 대한 이미지를 발전시킨다.

융은 "죽은 자들과의 대화가 자신이 세계에 무의식적인 것을 전달해야 했던 것에 대한 일종의 전주곡"이었다고 생각한다(Jung 1962, 195). 이 설교들이 제공하는 집단 무의식의 체계에는 니체 철학의 근본주제들, 즉 무, 신의 죽음, 알려지지 않은 신 디오니소스가 드러나고, 니체가 겪었던 힘의 의지와 정신 사이의 갈등, 남자와 여자 사이의 갈등이 다루어진다. 동시에 융은 이러한 상징들을 집단 무의식의 내용과 동일시하고, 이러한 이미지들과 거리를 두고 있는 자아를 다룬다. 이를 통해 융은 니체의 심리학을 넘어선다.

연습 죽은 자들에게 보내는 일곱 개의 설교 중 하나를 고르고 죽은 자에게 보내는 설교문을 써 보시오.

융이 1921년 그의 방대한 저서 『심리학적 유형』에서 내향적 유형과 외향적 유형을 분리한 것은 놀랄 만한 것이 아니다. 융은 내향적 유형에서 당연히 니체, 즉 "실천적인 것에 대한 의미가 결여되고 타인으로부터 고립되어 있으며 사물의 근거를 탐구하면서 큰 이념을 추구하지만 주저함과 가책으로 괴로워하는 사람"을 생각하였다(Ellenberger 1972, 2권 942). 융은 아폴로적인 것과 디오니소스적인 것의 대립을 이야기한 니체로부터 내향적인 사람과 외향적인 사람이 가진 차이를 가져 왔다. 이에 대해 융은 다음과 같이 말하다. "니체가 파악하고 있듯이 아폴로적인 것은 자기 자신에로 돌아가는 것, 즉 내향성이다. 반대로 디오니소스적인 것이란 리비도가 사물에로 자유롭게 용출하는 것이다."(Jung 1972, 14 이하)

연습 당신은 내향적인가? 외향적인가? 당신이 선택한 유형에 대해 기술하시오.

위에서 이미 제시한 것처럼 니체는 융의 원형이론을 발전시키는 데에도 영향을 주었다. 우리는 이미 니체에게서 집단 무의식의 내용에서 가장 중요한 원형들을 발견할 수 있다. 니체는 일찍이 인간의 그림자에 대해 말했다. 그는 이미 태모太母의 자기원형에 대해 알고 다음과 같이 말했다. "모든 사람은 어머니의 여성상을 가지고 있고 그로부터 규정된다."

연습 당신의 어머니와 당신이 생각하는 이상적 어머니에 대해 기술하시오.

융이 중심적인 원형으로 제시하는 "늙은 현자"는 니체에게서 차라투스트라로 소개된다. "융에 따르면 니체는 차라투스트라라는 인물, 즉 늙은 현자의 원형을 자신과 동일시한다. 이는 우리에게 니체가 정신병에 걸렸을 때 왜 그런 큰 광기로 발전했는지를 설명해 준다."(Ellenberger 1972, 2권 954)

연습 당신은 "늙은 현자"가 어떤 특징을 가진 사람이라고 생각하는가?

융이 니체에서 발전시킨 정신병의 모델은 집단 무의식과의 동일시가 전적인 외향성, 즉 "페르소나persona"(직업에서의 역할)로 도피하거나 내향성, 즉 자아와 집단 정신병과의 동일시, 예를 들어 늙은 현자라는 인물과의 동일시로 발전한다는 것을 보여 준다(Jung 2001a, 47-59).

연습 당신은 직업에서 자신의 역할이 자기의식을 위해 어떤 의미를 갖는다고 생각하는가?

니체에게 결여되었던 올바른 정신적 발전을 융은 개별화의 발전, 즉 그림자의 원형들인 아니마anima와 아니무스animus, 그리고 자기의 상징으로서 늙은 현자로부터 자아가 분리되는 과정에서 고찰한다. 동시에 이 과정은 원형과의 만남에서 이루어지는 개별적인 입장을 드러낸다. 융의 관점에 따르면 니체는 "마나Mana 인성", 즉 "영웅, 마술사, 성자, 인간과 유령을 지배하는 자의 형태를 가진 강한 남자의 원형"을 발전시켰다(같은 책, 113).

연습 우리는 마나 인성에 어떤 수식어를 붙일 수 있는가?

니체가 문명인의 배후에 야수가 숨어 있다고 생각했다면, 융은 1936년에 이미 "보탄Wotan 원형" — 게르만 신화에 나오는 전쟁의 신 — 의 출현에서 히틀러의 파시즘을 인식하였다(Jung 1936 참조).

융은 1934-1939년 니체의 『차라투스트라는 이렇게 말했다』에 대한 세미나를 열었을 정도로 니체를 중요하게 여겼다. 이 세미나에 대한 보고서는 11개나 되고, 그때까지 니체를 다룬 자료들 중에서 니체에 대한 가장 상세한 해석을 제시하고 있다. 결국 1961년 융이 죽을 때까지 니체는 그에게 철학적 심리치료를 위해 가장 중요한 배경으로 자리 잡고 있었다.

융의 심리론

융은 마음이 그 대상을 통해 특징을 가지는 다섯 개의 층으로 이루어져 있다고 본다.

1. 자아
2. 의식

3. 인격적 무의식
4. 의식될 수 있는 집단 무의식의 부분
5. 집단 무의식의 심층

니체와 마찬가지로 다른 심층적 무의식에 의해 규정되는 자아는 마음의 최종 정점을 형성한다.

연습 집, 나무, 산, 바다와 같은 이미지로 당신의 마음이 가진 층을 기술해 보시오.

마음은 대립을 통해 규정된다. 내향성과 외향성, 의식과 무의식, 개별화와 집단화 사이에는 긴장이 존재한다. 이를 통해 융은 이미 가장 중요한 고통의 원천을 제시하고 있다.

연습 당신은 마음속의 어떤 대립을 통해 고통을 느끼는가?

니체가 알고 있었던 것처럼 마음은 인간 역사의 유산으로서 원형적 콤플렉스를 포함한다. 이 콤플렉스는 대립적으로 구성된다.

- 외향적 페르소나(사회적 역할 또는 가면)는 내향적 그림자에 대립한다.
- 아니무스(남성적 부분)는 아니마(여성적 부분)와 대립한다.
- 늙은 현자의 원형은 자기원형의 모사인 태모와의 긴장 속에 있다.

늙은 현자와 태모는 변증법적 대립 원리에 의해 규정된다. 이들은 서로를 죽이거나 살릴 수 있다.

연습 당신은 긍정적이고 부정적인 기능, 남성적이고 여성적인 기능을 가진 자신의 이중성에 대해 어떻게 생각하는가?

정신분열로 인한 고통

융에게 정신적 고통은 항상 장애를 가진 인간의 전체성에 대한 표현이다. 인간은 자기와 분리되면서 정신병과 신경증을 앓는다. 신경증적 대립은 마음 안에 있는 정신적 욕구와 충동적 욕구 사이에서 일어난다. 이 대립은 성장을 멈추게 하고 신경증을 일으킬 수 있다. 신경증 환자는 심한 대립의 억압으로부터 생겨난다. 신경증은 유아적 또는 집단적·원시적인 행동방식으로의 퇴행으로 발전되며, 항상 현재의 요구를 회피하고 삶의 과제를 뒤로 미루며, 리비도는 퇴행한다. 자아는 페르소나 또는 그림자와 동일시된다. 그 때문에 자기실현을 위한 중요한 단계가 연기된다.

연습 당신은 신경증의 증후에 대해 알고 있는가? 신경증의 발생과 그 의미를 당신은 어떻게 설명할 것인가? 두 단을 만들어 한쪽에는 신경증 증후를, 다른 쪽에는 이러한 증후가 나타내는 의미를 기술하시오.

신경증은 항상 대립을 상쇄시키는 마음의 보상 체계가 망가졌다는 신호이다. 심리적 기관이 과도한 부담을 가지면 신경증이 발생한다. 신경증의 고통은 더 심한 병으로 발전될 수 있다는 경고신호이다.

융은 신경증이나 정신병을 뇌의 질병이 아니라 원형이 자아를 덮치는 심리적 사건으로 여긴다. 융이 볼 때 니체는 늙은 현자의 원형의 덮침을 초인의 이념을 통해 보상하려고 시도하였다. "니체에게 결국 인간은 그 자신이 그런 것처럼 신도 세계도 없이 홀로 정신병적인 상태에 있다."(Jung 2001a, 121 이하) 융은 신경증과 정신병 사이에 어떤 근본적인 차이가 있는 것이 아니라 등급의 차이가 있을 뿐이라고 말한다. 신경증에도 정신병을 일으키는 원인이 작용한다. 그 원인이 정신병에서는 자아를 완전히 파괴한다.

연습 당신은 큰 상상이나 강박관념을 가진 정신병적인 꿈에 대해 아는가? 그것에 대해 기술해 보시오.

치유방법

신경증은 인간이 개별화 과정을 위한 기회를 재인식하고 새로운 발전 단계를 발견했을 때 치유된다. 개별화 과정은 대개 그림자와 페르소나와의 대결을 포함한다. 그림자를 인식하기 위해서는 꿈과 타인을 향한 자기투사에서 나타나는 열등함을 경험해야 한다.

연습 당신은 자신의 꿈에서 그림자나 페르소나의 어떤 측면을 보는가?

개별화 과정은 원형들과의 대결, 즉 아니마와 아니무스의 대결, 이성과 느낌의 대결, 에로스와 로고스의 대결, 사실적인 것과 인격적인 것의 대결이 연장될 때 발전한다. 이때 아니무스와 아니마는 긍정적이고 어두운 측면을 가진다. 아니마 측면은 꿈과 투사, 예를 들어 타인과의 관계에서도 파악될 수 있다.

연습 당신은 남자로서 자신의 아니마에 대해 또는 여자로서 자신의 아니무스에 대해 어떻게 생각하는가? 반대의 성을 가진 원형의 투사를 배우자와의 관계에서 기술하시오.

인생의 후반기에 쉽게 일어나듯이 태모 또는 늙은 현자와의 대결이 수행될 때 비로소 치유에 큰 진척을 볼 수 있다. 전체가 되고자 하는 인간의 욕구를 위해서는 다양한 신의 상징이 필요하다. 융은 기독교의 삼위일체를 보충하고 확대하였다. 왜냐하면 그는 자신이 가지고 있는 신의 이미지에 어둡고 사악한 측면이 담겨 있다는 것을 알았기 때문이다. 신의 이미지에 담긴 어둠을 통찰하지 않고서는 인간은 자신의 어둠을 통합할 수 없으며, 자신의 고통에 대한 치유도 성공할 수 없다. 융은 자신의 원형이론을 치유 과정과 연결시키면서 니체를 넘어 거슬러 올라가 플라톤의 이데아론을 수용한다. 인간의 철학적 욕구는 "무의식에 의해 제공되는 전체성의 이미지를 포착하는 것이다. 이 이미지는 의식과 독립하여 심리적 본성의 심층에서부터 고양되는 것이다."(Jung 1982, 11권 757절)

연습 신의 이미지에도 어두운 측면이 통합되어 있다면 자신의 어두움을 수용하는 것이 당신에게도 도움이 될 수 있지 않은가?

융은 정신의 심층과 상층을 쉽게 해명하기 위해 철학에 **새로운 치유방법**을 도입하였다. 그 덕분에 우리는 능동적 상상력을 발견하였다.

능동적 상상력은 내적 이미지를 만드는 과정에서 일어난다. 상상하는 자는 눈을 감고 모든 다른 이미지를 사라지게 한 후에 자발적으로 생산되는 이미지에 집중한다. 상상하는 자는 이미지에 머물러 그것이 자기 자신을 변화시킬 때까지 기다려야 한다. 떠오르는 모든 상상들은 기록되고 해석된다. 이미지의 해석은 상상과의 대화를 통해 뒷받침된다. 이때 조성된 이미지는 삶의 에너지를 다시 흐르게 한다. 또한 능동적 상상력은 즉시 정신병자의 원형적 심층을 포착한다(Ammann 1984 참조).

연습 능동적 상상력을 연습해 보시오. 눈을 감고 산을 떠올려 보고 가능한 한 그것을 정확하게 기술하시오.

그와 함께 융은 신화의 확장, 꿈의 분석, 모래와 진흙을 이용한 자유로운 놀이, 자신의 갈등을 나타내는 종교적 신화에 대해 기술하기, 아니마 또는 아니무스에게 보내는 편지쓰기를 가지고 치유를 시도하였다. 나아가 제3의 고대 세계로 가는 문화 여행, 이상적인 집짓기, 조각하기, 만다라 그리기도 융의 치유방법에 속한다.

연습 위의 방법들 중에 어떤 것을 시도해 본 적이 있는가? 그때 어떤 효과를 체험했는가? 어떤 방법을 시도해 보고 싶은가? 그것에 대해 당신은 어떤 기대를 가지고 있는가?

사례: 융의 밤바다 여행

융은 프로이트와 결별한 이후 방황의 시기를 보냈다. 그는 무의식의 특이한 움직임을 나타내는 자신의 꿈에 주목하기 시작했다. 그는 아주 명료한 순간을 체험하고 자주 무서운 상상도 하였다. 그러나 자신의 생애에 대한 자전적 분석의 시도는 성과가 없었고, 자신의 무력함에 대해 극단적인 체념과 깊은 실망을 경험하였다. 그는 취리히 호숫가에서 노는 것 말고는 아무것도 할 수 없었다. 놀이는 상상의 물결을 불러일으켰다. 그는 1913년 가을 이전보다 미래가 더 어둡다고 생각하였다. 이때 그는 다음과 같은 환상에 빠졌다. 엄청난 홍수가 유럽을 덮쳤다. 계속된 환상에서 이 홍수는 유럽을 피로 물들였다. 그다음에 유럽의 빙하시대에 대한 환상이 일어났다. 융은 모든 힘을 다해 이 상상의 물결에서 자신을 유지하려고 노력하였다. "뇌우가 잇달아 쏟아졌다. 내가 그것을 버티어 냈다는 것이 이상했다. 엄청난 힘은 다른 것을 파괴시켰다."(Jung 1962, 180) 융은 자주 심하게 흥분하며 자신의 이미지를 기록하였다. 그리고 그렇게 할 때 안정이 찾아왔다. 그는 강한 힘을 통해서만 엄청난 광기의 미로에서 벗어날 수 있었다. 그는 강한 자아도취적 에너지를 가진 원형적 이미지에 의해 고통을 받고, 그것이 자신의 자아를 익사시키려 할 때 이 세계에 머물기 위한 발판이 필요했다. 그 발판은 다름 아닌 다섯 명의 아이가 있는 자신의 가족이었으며, 정신과 의사로서 해야 할 자신의 일이었다.

융은 집단 무의식의 원형적 이미지를 내쫓아야 한다는 것을 깨달았다. 그는 파멸할 것 같은 생각이 들 정도로 자주 광기의 환상에 빠졌다. 꿈의 여행에서 그는 뱀을 동반한 늙은 현자를 만난 적이 있었다. 황소 뿔을 가진 한 노인을 만났을 때 그는 스스로 기술하고 있듯이 "그것을 자신에게 더 잘 나타나게 하려고" 꿈의 이미지를 그렸다.

융은 자신을 불안하게 하는 어둠 속에서 안내자를 찾고 싶어 했기 때문에 내적인 인물과의 대화를 시도하였다. 이후 그는 내적인 여성의 이미지에 빠졌다. 이 여성은 융이 세계적으로 유명한 예술가라는 것을 그에게 설득하려 했다. 이 내적인 이미지는 남성들에게 불운한 영향을 끼쳤다. 한 동료는 심리적으로 과장된 이 이미지를 믿고 예술가가 되었으며, 이후에 광적으로 변했다.

이러한 상태에서 빠져나오는 유일한 탈출구는 자신의 의식을 무의식의 형태로부터 분리해 내는 것임을 융은 알고 있었다. 집단 무의식은 그의 저서 『붉은 책』과 『검은 책』에 기술되어 있다. 이 책들에는 "사람들이 정신병원에서 발견할 수 있는 정신병의 요소를 제시하는 자료들이 담겨 있다. 그것들은 정신병자를 심각한 혼란 속에 빠뜨리는 무의식의 이미지에 속하는 세계와 동시에 이성의 시대에서 사라져 버린 신화의 모체를 형성하는 환상이다."(같은 책, 192)

연습 꿈의 일기를 만들고 한 달 동안 당신이 꾸었던 꿈 또는 당신의 무의식에서 나온 것이라고 여기는 것을 기록해 보시오. 당신은 이러한 기록을 통해 무엇을 경험할 수 있었는가?

융은 자신에게 떠오른 무의식적 세계의 모든 이미지를 과학적 거리를 통해 극복하였다. 심지어 그는 취리히대학의 교수직도 포기하고 3년 동안 자신의 무의식과 대결하는 데 몰두하였다. 이때 그는 엄청난 고독 속에 빠졌다.

"제1차 세계대전이 끝날 무렵 비로소 나는 점차 어둠 속에서 벗어났다." 이때 만다라 그림, "나의 자기에 대한 중요한 비문"이 그에게 도움을 주었다. 융이 알고 있었듯이 만다라는 예술이 아니고 그에게 밤바다의 카오스에서 벗어나 자기의 중심에 이르는 길을 제시하는 것이었다. 그의 주요 만다라는 도시의 이미지였다. "도시는 근본적으로 구획된 장소로 이루어져 있었다. 가운데는 둥근 연못이 있고 그 안에 작은 중앙 섬이 있었다."(같은 책, 201) 융은 이 이미지가 심리발달의 목적을 표현하고 있다고 생각하였다. "중심은 목적이다." 이 목적은 만다라의 중심을 나타내는 자기원형의 이미지에서 나타난다. 이러한 시각은 정신병 이후 자신의 자아를 위한 방향을 그에게 제시하였다. "나의 후기 전체 활동은 이전부터 나의 무의식에서 일어나 가장 먼저 나를 완전히 덮쳤던 것을 정리하는 것이었다."(같은 책, 203) 그리하여 융은 풍랑이 더 심해지는 정신병자의 밤바다로부터 벗어날 수 있었다.

융은 세계를 지옥으로 이해하는 영지주의자들을 통해 고통의 철학을 창안하였다. 이후에 그는 연금술을 통해 어떻게 분열된 정신이 치유될 수 있는지에 대한 과정을 탐구하려고 하였다. 융은 자신의 정신병을 이후에 일어나게 될 지옥과의 만남일 뿐만 아니라 연금술적 변화 과정으로 이해하였다. 이러한 과정의 주요 경험은 자아가 광막한 밤바다에서 홀로 길을 잃고 있던 자아가 죽음으로부터 구원되는 느낌을 받는 것이었다.

연습 자신을 가장 많이 짓누르는 삶의 느낌을 기술해 보시오.

현대 심리치료에서 융의 의의

융은 니체를 매개로 심리치료를 위한 문화사를 개척하였다. 그와 동시에 그는 창작치료, 놀이치료, 유아치료뿐만 아니라 특히 스타니스라프 그로프Stanislaf Grof, 켄 윌버Ken Wilber, 알랭 와츠Alan Watts 등과 같은 학자들이 수행한 미국의 초개인 심리치료에도 영향을 주었다. 그리고 그는 "성스러움"과 "누미노제Numinose"를 치유 과정에 포함시킴으로써 니체의 디오니소스적 동인을 다시 수용했으며, 이는 플라톤이 제시한 이데아를 통해 이루어지는 치유와도 연결된다.

마지막 연습 융의 어떤 사상이 당신의 고통을 감소시키고 치유하였는가? 그렇지 않은 것도 있는가?

◎ 참고문헌

Jung, C. G.: *Wotan* [보탄]. Zürich 1936.

Jung, C. G.: *Erinnerung, Träume, Gedanken* [기억, 꿈, 생각]. Zürich 1962.

Jung, C. G.: *Gesammelte Werke* [전집]. Bd. 1-20, Olten 1971-1990.

Jung, C. G.: *Typologie* [유형학]. Zürich 1972.

Jung, C. G.: *Psychogenese von Geisteskrankheiten* [정신병의 발생], Gesammelte Werke [전집], Bd. 3.

Jung, C. G.: "Über die Archetypen des kollektiven Unbewussten" [집단 무의식의 원형에 관하여], *Gesammelte Werke* [전집], Bd. 9/1.

Jung, C. G.: *Die Beziehung zwischen dem Ich und dem Unbewussten* [자아와 무의식의 관계]. München 2001a.

Jung, C. G.: *Parcelsus. Alchemie und die Psychologie des Unbewussten* [파라첼수스. 연금술과 무의식의 심리학]. Krummwisch 2001b.

Ammann, A. N.: *Aktive Imagination* [능동적 상상력]. Olten 1978.

Ellenberger, H. F.: *Die Entdeckung des Unbewussten* [무의식의 발견]. Bd. 2, Zürich 1972.

Frey, R. J.: *Von Freud zu Jung* [프로이트에서 융까지]. Zürich 1980.

Hannah, B.: *C. G. Jung* [융]. Fellbach 1982.

Jacobi, J.: *Die Psychologie von C. G. Jung* [융의 심리학]. Olten 1971.

Jaffé, A.: *Aufsätze zur Psychologie von C. G. Jung* [융의 심리학에 관한 글]. Zürich 1982.

Nietzsche, F.: *Werke* [전집]. Bd. 1-3, München 1960.

Samuels, A.: *Jung und seine Nachfolger* [융과 그의 후계자들]. Stuttgart 1989.

Stern, P. J.: *C. G. Jung* [융]. München 1976.

Stevens, A.: *Jung* [융]. Freiburg 2001.

Wehr, G.: *C. G. Jung* [융]. Reimbek 1969.

Wehr, G.: *C. G. Jung* [융]. München 1985.

Wehr, G.: *Nietzsche als Tiefenpsychologe* [심층심리학자로서 니체]. Oberwil bei Zug 1987.

15. 신만이 우리를 구원할 수 있다: 마르틴 하이데거

"고통을 직접 신에 의해 발생하는 것으로 보려는
모든 시도는 신을 무한한 사디스트로
생각하게 하는 결과를 초래한다."
— Dorothee Sölle

마르틴 하이데거Martin Heidegger, 1889-1976는 일상적인 생활세계에 대한 탐구를 기초로 고유한 유일성의 결핍으로 인한 실존적 고통의 구조를 발견하였다.

무의식의 철학에서 현존재분석과 신체분석으로의 이행

하이데거는 고통의 분석과 치유를 위한 새로운 시작을 열었다. 그는 무의식의 철학, 특히 지그문트 프로이트와 논쟁을 벌인 적이 거의 없었다(Condrau 1998, 171). 그 대신에 그는 인간의 정신적 본성에 큰 의미를 부여하였으며, 프로이트가 인간에게서 정신을 간과하고 본능만을 보았다고 비난하였다. 하이데거에 따르면 프로이트는 인간을 정신의 생물학으로 환원시켰으며, 그로 인해 생활세계에 놓인 인간의 중요한 측면을 간과하였다고 말한다(Heidegger 1994, 156).

무의식의 철학에 대해 반대함에도 불구하고 하이데거는 그에 의해 발전된 기분의 분석을 통해 인간이 겪는 고통에서 중요하고 새로운 정신적 측면을 볼 수 있게 하였다. 그러나 하이데거는 "모든 사람이 똑같이 접근할 수 없고 많은 사람이 전혀 이해할 수 없는" 언어로 말하였다(같은 책, 149). 그러나 하이데거의 언어로부터 등을 돌리는 사람은 그가 제시한 고통과 치유에 대한 중요한 인식을 놓칠 수 있다. 바로 거기에 그의 근본인식이 담겨 있기 때문이다.

심리치료를 위한 하이데거의 근본인식은 다음과 같다.

1. 오늘날 인간은 고독한 개인이다.
2. 이 개인은 대중 속에 빠져 획일적인 인생을 살도록 위협받는다.
3. 모든 면에서 고통은 대중 속에서 전혀 중요하게 여겨지지 않는 개별적 실존과 실존의 무의미함에 대한 정신적이고 신체적인 저항으로 이해되어야 한다.
4. 치유는 개별자가 자기 자신과 실존을 위해 결단할 때 비로소 이루어진다.
5. 결단한 실존은 초연히 죽음으로 향한다. 왜냐하면 실존은 대중 및 무리와 분명한 거리를 두면서 가능성으로 존재하는 모든 것을 위해 살아왔기 때문이다.
6. 결단한 실존은 다가오는 신의 도래를 믿는다.

하이데거의 생애

마르틴 하이데거는 20세기의 가장 중요하며 동시에 논란이 많은 철학자이다. 그는 "존재의 의미"를 탐구하려는 기획 아래 기술 시대에 사는 인간 실존의 의미에 대해 물었다.

하이데거는 1889년 슈바르츠발트 메스키르히Messkirch에서 태어났다. 그는 1909년에 프라이부르크대학에서 처음으로 신학을 공부하였고, 그다음에는 철학을 공부하였다. 1919-1923년에는 프라이부르크의 철학자 후설의 조교로 지냈다. 하이데거의 첫 번째 주저 『존재와 시간』이 시작된 시기는 1923-1924년 겨울로 되돌아간다. 『존재와 시간』은 잔인했던 제1차 세계대전이 끝난 후 드러난 세계의 불확실성 그리고 인간의 불안정과 고독을 다루었다. 1933년 10월 1일에 하이데거 — 1933년 5월 3일 나치 당원이 되었다 — 는 프라이부르크대학의 총장으로 임명되었다. 빅토르 파리아스Victor Farias

와 휴고 오트Hugo Ott는 하이데거의 나치 연루에 대해 철저하게 파헤쳤다 (Farias 1989, Ott 1988).

하이데거는 학문의 쇄신에 대한 나치 사상과 근접한 총장 연설을 하였다. 하이데거는 이후에 이 연설과 총장직이 "그의 인생에서 가장 어리석인 짓"이었다고 술회하였다. 1936-1939년에 하이데거는 제3제국에서 『철학에의 기여』를 저술하였다. 이 책은 『존재와 시간』 이후에 나온 그의 두 번째 주저로 여겨진다. 이 책은 새로운 신에 대해서 말하려고 시도한다. 먼저 그는 이전의 기독교 신에 대해 비판한다. 이어서 그는 새로운 신들이 존재에서 발원한다는 사상을 제시한다. "존재가 신을 드러낸다.Das Sein göttert"고 하이데거는 주장한다. "마지막 신과의 가까움은 침묵함이다."(Heidegger 2003, 12) 왜냐하면 다가오는 신은 인식될 수 없기 때문이다.

연습 당신은 다가오는 신을 인식할 수 있는가? 그 신은 어떤 신이어야 하는가?

제2차 세계대전 이후 하이데거는 그의 교수직을 상실하였다. 1946년 초에 그는 정신적 타격을 입고 정신과 의사에게 도움을 요청하였다.

뤼디거 사프란스키Rüdiger Safranski는 이러한 정신적 타격에 대해 다음과 같이 기술하고 있다. "그의 정신적 타격과 바덴바일러 요양원 체류에 대한 하이데거 자신의 진술은 모호하다. 하이데거는 다음과 같이 말하고 있다. 치료하는 정신과 의사 프라이헤르 폰 겝사텔Freiherr von Gebsattel은 인간으로서 나를 도와주었다. 그리고 3주 후에 나는 건강하게 돌아왔다."(Safranski 1994, 406)

그러나 이러한 정신병의 경험은 정신의학에서 진행되고 있던 현존재분석의 동향에 대해 하이데거가 관심을 가지게 된 계기가 되었다.

정신분석적 현존재분석Daseinsanalyse을 통해 하이데거는 자신의 사유에 대한 반향을 접하게 되었다. 결과적으로 현존재분석은 “『존재와 시간』에서 드러난 하이데거의 사유를 정신분석의 계속적인 발전을 위한 유일한 토대”가 되도록 만들었다(Condrau 1992, 11).

연습 당신의 현존재를 한번 분석해 보시오. 당신은 무엇에 의해 왜 “거기” 있는가?

하이데거는 제2차 세계대전 이후 기술이 독자적으로 세계를 지배하고 있다는 것을 알았다. 1959-1969년 정신과 의사들과 현존재분석가들이 2주에 한 번씩 스위스의 정신과 의사인 메다르트 보스Medard Boss의 집에서 가졌던 “졸리콘 세미나”에서 그는 다음과 같이 말했다. “우리는 기이하고 낯설며 무시무시한 시대에 살고 있다.” 인간은 기술에 의해 살해되고 자신의 사고 활동을 기술에게 내맡기는 지경에 이르렀다. 인간에게 문제가 되는 존재는 신이 아니며, 세계의 근거도 아니다. 존재는 모든 것이 거기에서 생겨나는 바로 그런 것이다. 존재는 인간에게 가장 가까운 것이며, 신의 죽음 이후에 가장 먼 것이다. 하이데거가 “졸리콘Zollikon 세미나”에서 말하고 있듯이 모든 인간의 고통은 “존재망각”으로부터 비롯되었다.

연습 당신은 존재에 대해 언제 숙고하는가? 기술과 그것의 발전으로 인해 당신은 자신의 존재를 망각했다는 느낌을 가지는가?

1960년대에 하이데거는 자주 그리스를 여행하였다. “그는 거기에서 만물의 시간에 대한 희미한 예감 — 신들의 도주 이후의 울림 — 을 경험하였다.” (Safranski 1994, 462) 1976년 그는 죽었다.

하이데거의 철학적 배경

하이데거는 『존재와 시간』에 다음과 같이 쓰고 있다. "19세기의 쇠렌 키에르케고르가 실존의 문제를 분명하게 파악하고 깊이 사유하였다."(Heidegger 1960, 235) 불안에 대한 키에르케고르의 저작을 강독한 흔적은 하이데거의 생애 전체에 걸쳐 감지된다. 니체는 하이데거의 사유를 예비한 사람이었다. 니체에게서 그는 "존재망각으로 인해 빚어진 가장 내적인 위기상황에서의 결단"을 발견하였다. 그는 니체를 "니힐리즘 이후에 열정적으로 신을 찾는 마지막 독일 철학자의 지점"으로 생각하였다(Thomae 2003, 202).

하이데거는 주로 니체의 니힐리즘 사상에 관심을 가졌다. 니힐리즘은 하이데거를 니체와 연결시키는 위급상황을 의미한다. 하이데거는 어떻게 해서 니체가 서양 형이상학의 발전을 니힐리즘의 발전으로 해석했는지를 이해하였다. 19세기 신의 죽음 이후에 모든 가치가 전도된 상황에서 하이데거는 니체와 마찬가지로 존재의 의미에 대한 물음을 제기하였다. 니체는 삶을 위한 새로운 신으로 디오니소스를 선포하였다. 인간의 의미에 대한 물음의 대답으로서 니체가 제시한 디오니소스는 하이데거에게 다가오는 마지막 신에 대한 논의를 위한 영감을 주었다. 이렇게 본다면 의미에 대한 물음은 결코 새로운 것이 아니다. 삶 일반에 대한 의미를 묻는 물음은 여전히 철학의 근본물음으로 존재한다.

연습 당신에게 삶은 어떤 의미를 가지는가?

하이데거는 니체와 함께 다음과 같이 숙고한다. 신이 죽었다면 "완전히 개별적으로 존재해야 하는 개별자는 사소한 것과 우연적인 것에 이르기까지 치유가 없는 고통, 세계의 악, 세계 인식의 불확실함과 불투명함에 노출되어 있게 된다."(같은 책, 205) 그렇지 않으려면 개별자는 다가오는 신을 기다려야 한다.

연습 당신에게서 삶의 고통의 원인은 니힐리즘에 있는가?

마음 대신에 현존재

하이데거는 영혼 또는 마음이란 낱말을 전적으로 거부한다. 하이데거가 보기에 지그문트 프로이트는 마음을 "심리적 기재"로서 생물학화하였다. 반면 하이데거는 인간을 현존재로서 그의 신체에서 이해하려고 한다. 마음은 하이데거에게 "신체가 존재자와 맺는 연관의 근거와 방식" 이외에 다른 것이 아니다(Condrau 1992, 143). 하이데거는 마음의 본질이 뇌의 물질 또는 유전자 구조에서 이해될 수 있다는 생각을 거부한다. 마음은 현존재로서 "최상의 것"을 향한 용기를 소유하고 있다. 그러나 현존재는 유한하며, 염려에 의해 지배되고 불안, 행복, 권태 사이에서 변화하는 기분 아래 놓여 있으며, 결국 신체로서 죽음으로 가는 길에 처해 있다. "현존재는 이해하는 존재가능으로서 그의 존재에서 바로 이 존재 자체가 문제가 되고 있는 그런 존재자이다. 이 존재자는 그렇게 존재하면서 각기 그때마다 나 자신이다." (Heidegger 1960, 231)

연습 하이데거는 다음과 같이 말한다. "당신의 삶에 대한 해석, 당신의 삶에 대한 해석학에서 당신은 스스로 이해하며, 자기 자신을 살아가고 있다." 그렇다면 다음과 같이 물을 수 있다. 당신의 삶에서 당신에게 문제가 되는 것은 도대체 무엇인가?

신체의 현존재는 하이데거에게서 항상 **공동존재**Mit-sein이다. 공동존재는 사람들이 타인과 만날 수 있으며 또한 사람들이 고독 속에 빠질 수 있다는 전제이다. 현존재는 타인과의 지속적인 연관 속에 있다. 현존재는 타인과 언어를 통해 연결되어 있다. 인간의 "마음"은 자신의 생철학을 통해서만 이해될 수 있다. 거기에서 인간은 자신이 삶에서 무엇을 하고 있는지를 분명하게 드러낼 수 있다. 대화를 통한 이해에서 비로소 한 인간은 다른 인간과 전체적으로 만난다.

현존재, 즉 전체적 인간은 항상 자신을 상실하고, 자신을 완성시키지 못할 위험 속에 있다. 이 위험은 신의 죽음 이후 인간이 자유롭다는 사실과 관련되어 있다. 이 자유에서 인간은 잘못 결단하고 잘못 결정할 수 있다. 모든 병은 자유의 상실, 삶의 가능성에 대한 제한에서 비롯된 것이다. 이 제한은 일상의 관습을 통해 대부분 강제적으로 주어진다. 이 관습은 많은 개별자가 대중의 길을 가며, 자기 자신에게 자기 자신을 위한 고유한 결단을 내리지 못하게 하는 근거이다.

연습 당신은 무엇으로 인해 개별자로서 삶을 방해받고 있는가? 목록을 만들고 현존재를 위한 자신의 목적이 어떻게 방해받고 있는지를 확인하시오.

일상성의 지배에 따른 결과는 사유의 망각이다. 그러므로 기술시대에 만연하는 현존재의 무의미성은 더 이상 사유하지 않는다는 사실의 결과일 뿐이다.

삶의 의미 상실로 인한 고통

현존재는 항상 이미 미래로 향한 염려에 의해 지배된다. 현존재는 항상 이미 현사실적으로 생활세계의 구조와 연결되어 있다. 현존재는 대개 이러한 구조에 아무 생각 없이 빠져 있다. 미래에 대한 모든 시선은 현존재를 불안과 대면하게 한다. 이 불안은 죽음 앞에서의 불안이다. 이 불안에서 일상에 대한 신뢰가 상실된다. 그 때문에 미래에 대한 시선은 회피된다.

연습 당신은 미래, 즉 죽음 앞에서의 불안을 느끼는가? 당신에게 이 불안은 언제 등장하는가? 당신은 무엇으로 불안을 달래거나 피하는가?

불안은 신체의 현존재에게서 자신의 **개별화**에 대한 끔찍함Un-Heimlichkeit을 드러낸다. 이 개별화에서 인간은 자신의 정체성을 전개할 자유를 상실할 수 있다. "그러나 내인성 정신병 또는 멜랑콜리의 경우에 환자는 자신의 세계에 강하게 사로잡혀 있다. 그로 인해 그는 세계에 대해 자유로운 관계를 획득하고 거기에서 자신의 정체성을 발견하는 힘을 더 이상 유지할 수 없다." (Vetter 1992, 240)

세계연관의 장애로 인해 항상 현존재의 다른 본질적 요소, 즉 언어, 역사, 신체, 성이 제한된다. 심각한 정신적 고통에서는 자주 다음과 같은 측면의 현상들이 많이 등장한다. 공동 세계와의 연관 결핍, 정신병리학적 세계 혐오와 내적 자기세계의 구축, 자기 삶의 역사 상실, 인간 간의 소통 능력 부재, 신체의 불감증, 성을 직접적 감각으로 환원시키는 것이 그런 현상들이다.

연습 당신의 생활세계에서 세계연관의 장애로 나타나는 현상들은 무엇인가?

오늘날 퍼져 있는 기분은 **권태**이다. 하이데거는 오늘날 사물의 무차별성이 우리를 지루하게 하고 있으며, 교통, 기술, 경제가 우리를 권태롭게 하고 있다고 말한다. "깊은 권태가 조용히 가라앉는 안개처럼 현존재의 심연에 드리워졌다. 마침내 그것이 우리에게 문제가 되고 있다."(Heidegger 2004, 119)

연습 당신은 권태를 느끼는가? 권태를 견디어 내는가, 아니면 그것을 극복하려고 노력하는가? 권태에 대처할 다섯 가지 방안을 제시해 보시오.

모든 고통의 배후에는 **죽음**이 있다. 현존재는 항상 이미 최종적인 미래로서 죽음에 직면해 있다. 현존재는 죽음 앞에서 도피하려고 애를 쓴다. 이는 결국 죽음의 공포를 피하려는 강박증을 야기한다. 항상 현존재는 자기 자신의 가능적 불가능성으로서 무 앞에 처해 있다. 그러므로 현존재는 염려로서 본질적으로 불안이다. 죽음의 무규정성은 근원적으로 불안에서 열어 밝혀진다. 불안의 대상은 세계 자체이다. 불안은 현존재가 걱정하는 것, 세계에 존재하고 있는 것을 돌아보게 한다. 불안 속에서 의미 있는 모든 것은 사라진다. 불안의 분석은 항상 죽음의 불안에 대한 분석이다. 이러한 죽음의 불안을 하이데거는 참혹했던 제1차 세계대전을 통해 경험하였다. 죽음의 불안에서 벗어나기 위해 많은 군인들이 눈앞에서 실제로 살상이 벌어지는 전쟁에 몸을 던졌다. 죽음의 불안에서 벗어나기 위한 살인적 광란과 잇따른 파괴적 자살 충동으로 많은 사람이 죽었다.

연습 죽음 앞에서의 불안이 자살행위로 이어질 수 있다고 믿는가? 변호인의 입장에서 또는 검사의 입장에서 자살행위자에 대해 변론해 보시오.

죽음의 불안은 무無를 드러낸다. 무는 현존재 자신에 의한 현존재의 완전한 부정을 의미한다. "무는 현존재를 그의 근거에서 규정하는 무상성을 드러낸다. 현존재의 근거 자체는 죽음으로의 피투성被投性이다."(Heidegger 1960, 308) 피투성은 세계의 어두움과 그것을 견디는 치유와 관련된 의미를 가진다. "피투성은 사실적인 출생이 아니라 물어보지도 않고 개인적인 동의도 없이 세상에 오게 된 모든 생명의 형식을 의미한다."(Thomae 2003, 63)

연습 "물어보지도 않고 불투명한 삶으로 내던져짐"으로 인해 당신은 고통스러운가?

가장 깊은 피투성을 우리는 **죽음**에서 경험한다. 하이데거는 죽음에 대해 다음과 같이 말한다.
- 내가 죽는다는 것은 확실하다. 그러나 내가 언제 죽는지는 확실하지 않다.
- 나는 나의 죽음을 완수해야 한다. 그 누구도 나의 죽음을 대신할 수 없다.

- 다가오는 죽음을 생각하지 않는 자는 죽음으로부터 도피하고 있는 것이다.
- 죽음은 나의 모든 가능성에서 가장 마지막에 있다.
- 현존재는 죽음을 통해 자신의 본래적인 모습을 보유한다.
- 죽음은 결국 타인과 자기 자신과의 모든 관계를 끊는다.

(Heidegger 1960, 249-260)

연습 위에서 당신에게 감동, 불안, 위로를 주거나 아니면 당신을 우울하게 만드는 것은 어떤 문장인가? 그 문장에 대해 자유롭게 짧은 글을 써 보시오.

이미 출생부터 시작하는 죽음에로의 피투성과 함께 현존재의 의미에 대한 물음이 부각된다. 하이데거는 "죽음 이후에 좀 더 높거나 또는 낮은 존재가 가능한지, 현존재가 계속 사는지 아니면 장수하여 죽지 않는지"에 대해 어떤 결정도 하지 않는다(같은 책, 247 이하).

연습 죽음 이후에 당신의 존재는 어떻게 될 것인가?

그러나 하이데거는 죽음을 통해 경각심을 가진 현존재가 존재 의미, 삶의 의미에 대한 물음을 제기한다는 것을 확신하였다. 이때 그는 모든 인간이 이미 자기 삶의 의미에 대한 개념을 가지고는 있지만 죽음의 불안에서만 이 개념에 대해 깊이 숙고하게 된다고 믿는다. "우리가 존재의 의미에 대해 묻는다고 해서 이 탐구가 심오한 의미를 가지는 것도 아니며, 존재 배후에 놓여 있는 것을 파헤치는 것도 아니다. 오히려 존재가 현존재의 이해가능성 안에 들어서 있는 한 존재 자체에 대해 묻는 것이다."(같은 책, 152)

연습 오랜 시간을 살면서 삶의 의미에 대해 당신이 가지고 있는 개인적인 개념은 무엇인가?

하이데거에게 분명한 것은 "우리가 각기 이미 하나의 존재이해 속에서 살고 있으며 그리고 동시에 존재의미가 어두움에 싸여 있다는 사실"이다(같은 책, 4). 현존재의 고통은 존재의미를 찾아야 하는 필연성에서 구체적으로 드러난다. 왜냐하면 존재의미는 아주 자명하지만 대부분의 사람들이 그것에 대해 사유하지 않기 때문이다. 대개 결여되어 있는 자기 현존재의 의미에 대한 개념은 모든 형태의 고통이 침입하는 통로이다.

존재경험을 통한 치유

사회의 집단성으로 인한 강제들 그리고 죽음 아래 놓여 있는 현존재는 고통 속에 있다. 이러한 현존재의 고통은 존재경험과 존재의미에 대한 이해를 통해서만 치유될 수 있다. 그러나 존재경험은 실존의 가능성을 개방시키는 죽음으로의 선구를 통해서 시작한다. "현존재는 항상 자기 자신을 그의 실존에서부터, 즉 그 자신으로 존재하거나 그 자신이 아닌 것으로 존재할 수 있는 자기 자신의 한 가능성에서 이해한다. 이 가능성을 현존재는 스스로 선택했거나, 아니면 그 가능성 안에 빠져 있거나, 아니면 각기 이미 그 안에서 성장해 왔다. … 실존의 물음은 항상 실존함 자체를 통해서만 해명될 수 있다."(같은 책, 12) 그러므로 현존재의 치유는 다음의 물음에 대한 해명으로 시작한다. 내가 지금 살면서 가지고 있는 존재와 삶에 대한 이해를 나는 어떻게 가지게 되었는가?

연습 당신은 삶과 그 의미에 대한 시각을 누구에게서 가져왔는가?

하이데거의 후기 철학은 치유에 대한 해석을 제공한다. 그의 사유는 더 이상 삶의 현존재에서 출발하지 않고 존재에서 출발한다. 특히 후기 주저 『철학에의 기여』(1936-1938)에서 하이데거는 기독교 신의 죽음 이후에 다가오는 마지막 신을 중요하게 다룬다. "다가오는 신은 익명이다. 계시의 신은 없다. 왜냐하면 모든 계시들은 이미 있었던 것에 속하기 때문이다."(Figal 1992, 147) 『철학에의 기여』는 "마지막 신"이라는 제목을 가진 7장에 집중되고 있다. 하이데거는 다음과 같이 주장한다. "우리는 신의 도주와 도래에 대한 결단의 시공 속으로 옮겨 간다."(Heidegger 2003, 405) 존재망각과 존재의 떠남으로 인한 고통을 철저하게 겪어 온 자들만이 이 마지막 신을 찾는다. "그리고 마지막 신의 도래는 경험된 존재의 떠남에서 벗어나는 길을 찾아 측량하고 건설하는 자들을 통해서만 비로소 준비된다."(같은 책, 410 이하) 마지막 신은 존재의 근원을 새롭게 사유하는 자들만이 발견할 수 있다. 이들은 예를 들어, 존재는 있고 무는 없다고 말했던 소크라테스 이전의 철학자 파르메니데스처럼 존재의 근원적인 경험을 올바로 사유한다.

연습 당신은 마지막 신을 발견하고 싶은가? 당신의 고통을 위해 그 신으로부터 희망하는 것은 무엇인가?

마지막 신은 역사의 끝이 아니다. "오히려 헤아릴 수 없는 우리 역사의 가능성을 가진 다른 시원이다."(같은 책, 411) 그러나 너무 짧게 생각하는 사람은 절망 속에 머물러 있다. "고요함 속에서 마지막 신이 지나가는 사건은 인간이 존재에 귀속해 있음에 대한 인정을 드러낸다."(같은 책, 413) 존재물음과 함께 "횃불이 점화되고 긴 여정의 첫 번째 준비가 감행되었다."(같은 책, 415) 마지막 신의 지나감이라는 고요함의 사건은 인간의 존재귀속성에 대한 인정을 개방시킨다. "지금까지 모든 제식과 교회는 존재의 중심에서 인간과 신의 접견을 위한 본질적인 준비를 할 수 없을 것이다."(같은 책, 416) 하이데거에게 신은 "존재진리의 정초"를 기다린다. 그 대신에 많은 사람들은 "인간이 신을 기다리고 있다"고 믿는다(같은 책, 417).

연습 마지막 신이 우리를 기다린다고 믿는가? 아니면 당신이 신을 기다리는가?

하이데거는 존재에 대한 그의 사유에 동양철학도 포함시켰다. 1946-1947년에 그는 도가사상의 기초를 제시한 노자의 작품을 독일어로 번역하려고 하였다(Ott 1996, 326). 『졸리콘 세미나』에서 하이데거는 모든 인도사상이 인간과 세계의 통일성에 대한 경험을 추구한다는 것을 인정하였다. 그는 인도사상의 통찰이 상처받은 현존재를 위한 마지막 치유의 진리에 가깝게 다가가 있다고 믿었다(Heidegger 1994, 224 이하). 유럽의 니힐리즘적 입장에 반대하는 하이데거는 동양 철학과 다음과 같은 점에서 일치한다. "'브라만' 또는 '니르바나'의 성격을 가진 무는 존재해야 하는 모든 것을 그의 존재가능성에서 자유롭게 하는 비대상적 존재로서 파악되어야 한다."(Petzold 1987, 1권 555)

사례: 하이데거의 정신적 타격과 현존재분석의 발전

마르틴 하이데거는 1946년 초에 신체적이고 정신적인 타격을 입었다. 히틀러의 독재가 끝나면서 하이데거는 1933-1934년의 총장 시기와 나치 가담에 대해 조사를 받았으며 강의 금지 명령을 받았다. 복귀를 위한 그의 시도는 수포로 돌아갔다. 하이데거는 프라이부르크에 있는 대주교 콘라트 그뢰버Conrad Gröber에게 도움을 청하였다. 그는 대주교의 누이에게 다음과 같이 말했다. "마리, 나는 심한 벌을 받고 있습니다. 나는 끝났습니다." 그뢰버는 하이데거와의 대화를 끝낸 이후 로마에 다음과 같이 보고하였다. "그의 불운이 시작될 때 하이데거는 나에게 찾아와 진정한 모습을 보여 주었다. 그것이 나에게는 큰 위로가 되었다. 나는 그에게 진실을 말했고 그는 눈물을 흘리면서 그것을 받아들였다."(Safranski 1994, 405) 정신적 타격으로 하이데거는 겝사텔에게 심리치료를 받기 위해 입원하였다. 겝사텔은 하이데거의 철학에서 영감을 받은 현존재분석과 가까운 입장을 취하고 있었다. 요양원 체류에 대해 하이데거는 많은 언급을 하고 있지 않다. 그러나 다음의 물음에 대해서만 답해 주고 있다. 겝사텔은 무엇을 했는가? "그는 그해 처음한 번 나와 함께 눈이 오는 겨울 숲을 지나 푸른 산으로 올라갔다. 그 외에 그는 아무것도 하지 않았다. 그러나 그는 인간으로서 나를 도왔다. 그리고 3주 후에 나는 건강하게 돌아왔다."(같은 책, 406) 하이데거는 이후에 자주 바덴바일러에 있는 겝사텔을 여러 주 동안 방문하였다.

이 외에도 하이데거는 그가 죽을 때까지 정신의학자와 가까운 접촉을 시도하였다. 1947년 현존재분석가인 메다르트 보스의 편지에 그가 답장을 하게 된 것도 그런 이유였다. 이후 하이데거는 자신의 개인적인 문제를 포함한 256통의 편지를 보스와 주고받았다. 1949년 보스는 하이데거가 기거하고 있던 토트나우베르크의 산장을 방문하였다. 첫 만남에 두 사람은 서로에게 공감을 가졌다. 이 공감은 곧 진정한 우정으로 바뀌었다. 이후 하이데거는 스위스 졸리콘에 있는 보스의 집을 방문하였다. 그해 1959년부터 졸리콘 세미나가 개최되었으며, 이후 1969년까지 지속되었다. 이 세미나는 1959년 취리히의 큰 정신과 병원 '부르크횔즐리'에서 하이데거의 강연으로 시작되었다. 1947년 9월 1일에 하이데거는 보스에게 다음과 같은 편지를 썼다. "당신은 아마 지난 시간 내가 심리치료와 인간학의 철학적 근본토대에 대한 많은 물음을 나눈 폰 겝사텔 씨가 바덴바일러에서 요양원을 운영하고 있다는 것을 알 것입니다. … 스위스와의 공간적인 가까움이 정신적인 대화로 확장되고 개방될 수 있었다면 그것은 모든 면에서 대부분 그때 가진 경험이 결실을 맺은 것입니다."(Heidegger 1994, 300)

정신적 타격 이후 하이데거는 1972년까지 25년 동안 현존재분석을 하는 친구 메다르트 보스와 함께 상담을 위한 대화와 가르침을 위한 대화를 이어갔다. 이렇게 볼 때 하이데거가 광기와 고통에 직면하게 된 것은 자기 자신의 깊은 체험에서 우러나온 것이다. 그의 철학 자체는 이러한 체험을 "죽음에로의 선구, 존재의미 상실, 모든 가능성의 좌절에 대한 경험"이라는 개념 아래 분명하게 드러내려고 시도한 것이다.

현대 심리치료에서 하이데거의 의의

하이데거의 사유가 몇몇 큰 심리치료에 깊은 영향을 주었다는 것은 사실이다. 빅토르 프랑클은 로고테라피의 창시자로서 하이데거의 존재의미에 대한 물음을 삶의 의미에 대한 물음으로 이해한다. 고통받는 인간은 무의미로 인해 힘들어 한다. 왜냐하면 고통받는 사람은 힘의 의지 또는 쾌락에의 의지를 좇기 때문이다. 프랑클에 따르면 고통은 열등함 또는 무능함의 경험만을 초래하는 이러한 의지 추구의 과제에서 비로소 극복되어야 한다. 프랑클은 그의 로고테라피를 먼저 히틀러의 집단수용소에서 가진 경험을 토대로 발전시켰다. 죽음의 수용소에서 직면한 무의미의 한 가운데서 프랑클은 마지막까지 "자신의 운명에 대해 이렇게 저렇게 태도를 취하려는 의미가 존재"한다는 것을 알았다(Frankl 1972, 108).

연습 죽음의 수용소에 갇혀 있다면 당신은 어떤 의미를 인식할 수 있는가?

메다르트 보스와 기온 콘드라우Gion Condrau와 같은 스위스의 현존재분석가들은 하이데거의 학설을 신경증과 정신병에 관한 이론에서 임상과 연결시켜 적용하려고 시도하였다. 이러한 시도는 특히 이미 언급한 것처럼 보스의 집에서 하이데거에 의해 주도된 졸리콘 세미나에서 시작되었다. 거기에서 하이데거는 프로이트의 무의식 개념을 비판하였다. 하이데거는 강하게 순수 자연과학에 머물러 있어 현존재에 부합하는 삶의 개념으로 고양될 수 없는 정신분석을 비판하였다(Riedel 2003, 120). 하이데거는 고통의 근거로서 인간의 무력함을 제시하였다. "인간은 본질적으로 무력하다. 왜냐하면 인간은 항상 자신을 상실하고 자신을 완성할 수 없는 위험 속에 있기 때문이다. … 병적 존재의 가능성에 대한 전체적인 물음은 인간 본질의 불완전함과 관련된다."(Heidegger 1994, 202)

현존재분석은 하이데거의 현존재분석론을 적용하여 다섯 가지 고통의 유형을 발전시켰다.

1. 신체로 인한 고통
2. 시간으로 인한 고통
3. 기분으로 인한 고통
4. 공동존재로 인한 고통
5. 자유로 인한 고통

(Condrau 1992, 100)

연습 당신의 고통은 어떤 유형에 속하는가? 당신의 답변에 대해 설명하시오.

현존재분석의 관점에서 보면 프로이트의 시대와 달리 오늘날은 우울함의 고통이 지배하고 있다. 사람들은 "자기 삶의 무의미와 권태로 인해 바닥까지 억누르는" 우울함을 겪고 있다(같은 책, 103). 대개 우울함은 기분 전환과 분주한 활동을 통해 숨길 수 있지만 결국에는 불안조차 압도한다. 불안 속에서 우울함을 느끼는 자는 "더 이상 자신으로 현존재할 수 없음"을 체험한다. 이어서 그는 "자기 안에 있는 모든 것을 무화시키는 공허한 무"의 도래로 인해 두려움에 떨게 된다(같은 책, 104). 마지막으로 우울함은 죽을 수 있음, 즉 죽음을 지시한다. 죽음을 위한 궁극적인 치유는 없다. 죽음의 공포는 결코 완전히 사라지지 않는다. "물질적이고 정신적인 소유를 포기하고, 타인과의 유대 관계를 끊고 자기 자신에게 의존하는 고독함으로 되돌아 갈 준비가 되어 있는 사람은 죽음을 받아들일 수 있다."(같은 책, 215) 하이데거에 따르면 사람들은 죽음에 직면하여 묵묵히 다가오는 마지막 신을 기다려야 한다.

마지막 연습 하이데거의 어떤 사상이 당신의 고통을 감소시키고 치유하였는가? 그렇지 않은 것도 있는가?

◎ 참고문헌

Heidegger, M.: *Sein und Zeit* [존재와 시간]. Tübingen 1960.
Heidegger, M.: *Gesamtausgabe* [전집]. Bd. 1-65(미완결) Frankfurt 1975 이후.
Heidegger, M.: *Zollikon Seminare* [졸리콘 세미나]. Frankfurt 1994.
Heidegger, M.: *Beiträge zur Philosophie* [철학에의 기여]. Bd. 65, Frankfurt 2003.
Heidegger, M.: *Die Grundbegriffe der Metaphysik* [형이상학의 근본개념들]. Frankfurt 2004.

Bahner, H. (Hrsg.): *Geschichte der Psychologie* [심리학의 역사]. Bd. 1, Weinheim 1982.
Boss, M.: *Psychoanalyse und Daseinsanlaytik* [정신분석과 현존재분석]. München 1972.
Condrau, G.: *Einführung in die Psychotherapie* [심리치료 입문]. München 1974.
Condrau, G.: *Sigmund Freud und Martin Heidegger* [지그문트 프로이트와 마르틴 하이데거]. Freiburg 1992.
Condrau, G.: *Daseinsanalyse* [현존재분석]. Dettelbach 1998.
Farias, V.: *Heidegger und der Nationalsozialismus* [하이데거와 민족사회주의]. Frankfurt 1989.
Feick, H.: *Index zu Heideggers "Sein und Zeit"* [하이데거의 『존재와 시간』 색인]. Tübingen 1991.
Figal, G.: *Heidegger* [하이데거]. Hamburg 1992.
Ott, H.: *Martin Heidegger* [마르틴 하이데거]. Frankfurt 1988/1996.
Petzold, H. (Hrsg.): *Wege zum Menschen* [인간으로의 길]. Bd. 1, Paderborn 1987.
Riedel, M. u. a. (Hrsg.): *Zwischen Philosophie, Medizin und Psychologie. Heidegger im Dialog mit Medard Boss* [철학, 의학, 심리학 사이에서. 메다르트 보스와의 대화에서 하이데거]. Köln 2003.
Safranski, R.: *Ein Meister aus Deutschland. Heidegger und seine Zeit* [독일의 한 스승. 하이데거와 그의 시대]. München 1994.
Thomae, D. (Hrsg.): *Heideggers Handbuch* [하이데거 안내서]. Stuttgart 2003.
Vetter, H.: "Heidegger Denken und die Psychotherapie" [하이데거의 사유와 심리치료]. In: R. Kuhn, H. Petzold (Hrsg.): *Psychologie und Philosophie* [심리치료와 철학]. Paderbon 1992.

16. 광적인 사회를 넘어서: 에리히 프롬

"광기는 우리라는 집단이 끔찍한 것에
자신의 정체성을 양도할 때 증폭된다."
— P. A. Rovatti

에리히 프롬Erich Fromm, 1900-1980은 광적인 사회로부터 벗어날 탈출구를 찾는다. 그는 고통에 대한 개인철학을 고통에 대항하는 집단철학으로 확장시킨다.

프롬의 생애와 상황

에리히 프롬은 광기와 고통이 사회 전체에 영향을 미칠 수 있다는 것을 깨우친 철학자들 중의 한 사람이다. 그는 자신의 사상을 사회병리학적 현상의 치유를 위한 봉사로 여겼다(Fromm 2005 참조). 그가 이런 생각을 가지게 된 데에는 그럴 만한 충분한 이유가 있다. 프롬은 유대인이었을 뿐만 아니라 정신분석가이며 마르크스주의자였다. 프롬은 막스 호르크하이머Max Horkheimer가 주도한 "프랑크푸르트 사회조사 연구소"의 일원이었다. 그는 파시즘을 체험하였으며 적당한 시기에 미국으로 이주하였다.

1951년 그는 멕시코로 거주지를 옮겼다. 이 이주를 통해 그는 제2차 세계대전의 고통, 집단수용소에서의 고통, 사회로 인한 고통이 어떻게 발달되는지를 정확하게 관찰하고 분석할 수 있었다. 프롬은 멕시코시티라는 제3세계에 정신분석 연구소를 개설하였다. 그는 인간중심적 사회주의에 참여하였다.

그는 히틀러, 히믈러와 같은 제3제국의 지도자들이 네크로필리아nekrophilia, 시체성애증의 경향이 있다는 것을 보여 주는 많은 정신분석 자료를 수집하였다. 1980년 그는 테신Tessin에서 생을 마감하였다.

철학적 심리치료를 위한 프롬의 근본이념은 다음과 같다.

1. 에리히 프롬은 개인 심리치료를 광적인 사회를 위한 심리치료로 확대시켰다.
2. 인간의 마음에는 생의 충동과 죽음의 충동이 각인되어 있다. 사회가 생의 충동을 봉쇄하면 죽음의 충동과 죽음에 대한 사랑으로 광기가 관철된다.
3. 사회적 광기는 중독과 자살, 권태와 공격성, 사회적 희생양에 대한 탄압과 살인의 증가로 나타나며, 공격적인 전쟁을 계획하고 인종 학살을 준비하며, 인류를 말살할 수 있는 ABC 무기의 개발을 통해 드러난다.
4. 역사에서 사회적 광기를 행동으로 옮기는 자들은 네크로필리아의 경향을 가지며, 이는 초기 자본주의에서의 항문기-사도마조히즘anal-sadomasochism, 가피학증의 특징으로부터 포스트모던 사회의 자기중심적 특징으로 연결된다.
5. 광기에 빠진 사회를 위한 치유는 자기치료 모임을 통해 네크로필리아에 대한 집단적 자기분석을 하는 것으로 시작될 수 있다. 이렇게 함으로써 민주적인 사회주의의 방향에서 생명중심적 사회로의 개혁을 추진할 수 있다.

에리히 프롬의 철학적 배경

사회적 고통에 대한 마르크스의 분석은 프롬에게 가장 큰 영향을 끼쳤다. 마르크스는 자본주의 경제와 사회에서 일어나는 착취와 억압을 분석하였다. 그럼에도 그는 사회가 변화할 수 있다는 낙관적인 입장을 가졌다. 프롬은 철학자 구스타베 르 봉Gustave le Bon, 1841-1931에게서 대중과 사회 전체가 광적으로 변할 수 있으며, 고통이 끝없이 증가될 수 있다는 통찰을 얻었다. 완전히 자본주의화된 사회와 대중에서는 "지성의 능력과 개인의 인격이 말살될 수 있다"고 르 봉은 말한다(le Bon 1982, 14). 대중은 비이성적이고 어리석게 반응한다. 대중은 개인의 자아도취를 촉진하며 카리스마를 가진 지도자의 최면적인 강제에 반응한다. 대중 속에서 개인은 야만인이며, 바보처럼 반응하고 희생양의 고통을 감수한다.

연습 당신은 대중 속에서 자신의 이성과 개별성을 상실한 적이 있는가? 그 원인은 무엇인가?

르 봉에 따르면 독일인은 1916년 이후 이성을 상실한 대중이 될 위험에 처해 있다. "신으로부터 세계를 정복하고 지배하도록 선택받은 한 민족은 그러한 사명을 쉽게 포기하지 않는다. 독일은 여러 번 패배하기 이전에는 그것을 포기하지 않을 것이다."(같은 책, 35)

연습 당신은 오늘날 몇몇 강대국에 대해 어떤 느낌을 가지는가?

마지막으로 에리히 프롬은 『문화 속의 불안』에 대한 프로이트의 분석에서 영향을 받았다. 프로이트는 이 책에서 많은 문화가 성적 억압의 고통으로 인해 "신경증 증세에 빠져 있다"고 주장한다(Freud 1975, 14권 504). 또한 프로이트는 "누군가 언젠가는 이러한 문화 공동체의 병리학적 치료를 시도할 것"이라며 기대를 표현하였다(같은 책, 505).

1955년에 발표된 『병든 사회로부터의 탈출』에서 프롬은 이러한 연구를 시도하려고 애썼다.

프롬의 심리론

프롬은 마음이 다음과 같은 모순에 사로잡혀 있다고 보았다. 에로스와 타나토스, 즉 생의 충동과 죽음의 충동이라는 이원적 충동으로 인간을 규정하는 프로이트의 사상처럼 프롬도 사회적 관계에 따라 삶에 대한 사랑이나 죽음에 대한 사랑에 의해 인간의 마음이 규정되고 있다고 상정한다. 그리고 프롬은 인간의 마음을 삶에 대한 사랑과 죽음에 대한 사랑으로 각인된 것으로 기술하는 것이 프로이트의 이원적 충동과 아주 유사하다고 설명한다 (Fromm 1980, 2권 187).

프롬은 죽음을 사랑하는 인간을 광기가 있는 것으로 여긴다. 삶을 사랑하는 인간은 "인간을 위해 도달할 수 있는 최고의 목적에 도달한다."(같은 책, 180) 그러나 많은 사람들에게는 삶에 대한 사랑과 죽음에 대한 사랑이 혼합되어 있다.

연습 당신은 삶을 위한 열정 또는 죽음에 대한 원망을 얼마나 강하게 가지고 있는가? 당신의 생각을 다음 눈금 위에 짧게 또는 길게 표시하고 그 위치에 대하여 이유를 설명하시오.

[--]

삶을 위한 나의 열정 죽음에 대한 나의 소망

특히 프롬은 **죽음에 대한 사랑**을 폭 넓게 연구하였다. 이런 사랑은 죽음, 시체, 부패, 배설물, 더러운 것에 대한 쾌락을 가진다. 죽은 것을 사랑하는 사람은 폭력을 사랑하고 고통을 즐기며 밤과 어둠을 좋아한다.

삶에 대한 사랑은 삶의 모든 과정과 성장 과정에 관심을 나타낸다. 삶을 사랑하는 사람은 보존하는 것보다 기꺼이 새로운 것을 창조하고자 한다. 삶을 위한 모험은 그에게 안전함보다 더 가치 있는 것이다. 삶을 사랑하는 사람은 "폭력이 아니라 사랑, 이성, 모범을 통해" 생명에 좋은 영향을 주려고 한다.

연습 당신은 어떤 종류의 영화를 좋아하는가? 폭력을 주제로 한 영화인가? 또는 사랑을 주제로 한 영화인가? 그것을 좋아하는 이유를 설명하시오.

사람의 마음이 삶을 사랑하는 방향biophil으로 나아가느냐 아니면 죽음을 사랑하는 방향nekrophil으로 나아가느냐는 그 사람의 가정과 밀접한 연관을 가진다. 무엇보다 중요한 것은 삶을 사랑하는 가정에서 아이가 자라는 것이다. 그러나 그러한 마음이 형성되는 과정은 사회에 의해서도 영향을 받는다. 사회에서 결핍된 삶의 조건들은 죽음을 사랑하게 만든다. 자유롭고 올바른 사회는 삶을 사랑하도록 촉진시킨다.

연습 삶에 대한 사랑을 발전시킬 수 있는 충분한 전제가 우리 사회에 있는가?

프롬은 사회적 조건들이 인간을 죽음에 대한 사랑으로 이끌며 결국 광적인 고통에 빠뜨린다는 사실을 보여 준다.

자본주의 사회로 인한 고통

개인병리학과 사회병리학

에리히 프롬은 개인적 고통을 사회적 고통과 분리한다. 개인이 자유, 자발성, 자기실현을 획득하지 못하면 신경증으로 고통을 겪는다. 사회가 다수의 구성원을 위한 자유, 자발성, 자기실현을 저지한다면 그것이 사회적 문제와 고통으로 발전한다는 사실을 우리는 알고 있다. 물론 개인은 다수에 적응하고자 노력하기 때문에 사회적 고통을 의식하지 못한다. 그 외에도 모든 사회는 그 사회가 생산하는 개인적 고통의 노출을 막기 위한 조작 수단을 만들어 낸다. 소외로 인한 집단적 고통을 억압하고 통제하기 위해 극장, 방송국, TV, 스포츠 행사, 신문, 유행하는 춤 등과 같은 대중매체가 보조 수단으로 사용된다. 사회적 고통의 핵심은 인간이 자신의 실존적 욕구를 성취하지 못하도록 방해하고 드러나지 않게 미치도록 만드는 것이다.

연습 당신은 우리 사회의 어떤 영역에서 인간을 자신의 본질로부터 소외시키는 현상을 볼 수 있는가?

그러나 사회가 큰 틀에서 소외감을 줄이지 않으면 집단적 고통이 발생한다. 이러한 집단적 고통은 권태와 무의미의 확산, 중독과 자살률의 증가, 심지어 사회적 소수에 대한 탄압과 살해, 나아가 공격적 전쟁의 발발로 나타난다. 자기 또는 타인을 파괴하는 것은 집단적 고통의 징후이다. 20세기의 세계 전쟁들, 소수자에 대한 탄압, 유대인과 집시에 대한 살해, 동성애 또는 정신병은 독일에서 나타난 집단적 고통이다.

연습 당신은 집단적 고통이 나타나는 방식에 의해 쉽게 휩쓸리거나 전염되는가? 집단적 고통으로부터 자신을 보호하기 위한 가능성에 대해 알고 있는가? 이러한 가능성을 사용해 보았는가? 가능성을 사용하는 데 방해를 받았다면 그 이유는 무엇인가?

일반적으로 사회적 고통은 인간의 본성과 사회가 갈등 속에 빠질 수 있고, 그로 인해 사회 전체가 병든다는 사실에서 확인된다. 개인적이고 집단적인 파괴성과 죽음에 대한 사랑으로 인한 사회적 고통의 발생에서 대중 및 대중의 파괴성을 합법화하는 카리스마를 가진 지도자는 결정적인 역할을 한다.

연습 오늘날 소수를 파괴하는 대중의 폭력적인 행동에서 대중 및 카리스마를 가진 지도자 또는 "악의 축"은 어떤 의미를 가지는가?

실존적 욕구의 소외

프롬에 따르면 인간은 한편으로는 자연의 모태로부터 벗어나고자 하며, 다른 한편에서는 자연의 모태로 돌아가려는 양면성을 가진다.

인간의 양면적인 근본욕구는 다음과 같은 실존적 측면으로 구성된다.

- 인간관계는 사랑과 자아도취 사이에서 흔들린다.
- 뿌리를 찾는다는 것은 형제애와 근친상간 사이에서 균형을 잡는 것이다.
- 정체성은 개체성과 대중의 획일성 사이의 양극에 있다.
- 삶은 창조와 화합 사이에서 발전한다.
- 방향의 틀과 희생의 대상을 발전시키는 것은 이성 또는 비합리성 둘 중 하나에 의해 결정된다.

연습 당신은 인간이 가진 근본적인 욕구의 양면성을 보여 주는 측면들을 더 많이 떠올릴 수 있는가?

실존적 욕구의 소외와 그로 인해 받은 고통의 정도는 사회구조에 의존한다. "건전한 사회는 타인을 사랑하며 창조적으로 노동하며 이성과 객관성을 발전시키고 자부심을 소유할 수 있는 개인의 능력을 촉진한다. … 사회가 상호간의 적대성을 불러일으키고 불신으로 인도한다면, … 사회가 인간을 도구로 변질시킨다면, 사회가 인간에게서 자긍심을 빼앗고 타인을 업신여기고 자동인형처럼 만든다면, 그 사회는 건강하지 않다."(Fromm 1980, 4권 55)

연습 당신은 현대사회를 건강하다고 생각하는가, 건강하지 않다고 생각하는가? 어떻게 사람들은 사회를 한층 더 건강하게 만들 수 있는가?

병리적 성격구조로서 고통

사회 병리적 고통의 구조는 특정한 성격구조를 가지고 있는 가정과 학교를 통하여 재생산된다. 모든 인간은 개인의 성격은 물론 사회의 성격을 통하여 형성된다. 고통은 병리적 사회의 성격으로 인한 고통으로서 드러난다. 사회의 성격은 시민사회가 발전하면서 각기 사회구조의 발전 단계에 따라 변화되어 왔다.

초기자본주의에서는 개인의 경쟁과 노동의 착취가 이루어지는 **항문기-사도마조히즘적 사회성격**이 지배적이었다. 이러한 성격의 유형은 돈의 축적, 질서에 대한 애호, 자기통제, 과도한 정확성과 결벽성에 의해 규정되었다. 이러한 유형은 변덕스럽고 고집스럽다. 결국 이러한 성격의 사람은 타인을 괴롭히는 사디즘과 자기 자신을 괴롭히는 마조히즘의 경향을 가진다. 항문기-사도마조히즘의 성격으로 인한 고통은 적대적인 세계 속에서 무의미와 무력함을 느끼는 고독한 존재의 공포를 경험하는 것이다. 고독한 존재의 최고 목적은 타인과 공생하는 것이었지만, 그 공생은 계속해서 좌초되는 고통을 수반한다.

고도자본주의에서는 생산 라인에서 이루어지는 대량생산이 발전되었다. 이런 사회의 모습은 **권위적 성격**과 일치된다. 권위적인 인간은 자신이 운명적이고 익명적인 힘 아래에 굴복하고 있다는 것을 인정한다. 그는 국가, 황제, 강한 남성들과 자신을 동일화함으로써 무력함으로부터 자신을 구제하려고 한다. 그러나 이런 사람은 그가 찬미하던 우상과 권력이 무용하며 평범한 것으로 증명되는 경험으로 인해 고통을 받는다. 권력자의 어리석음에 대한 기만은 권위적인 성격을 가진 사람들에게 증오, 분노, 파괴성을 불러일으킨다.

후기자본주의에서는 집적된 기술적 잠재력이 파시즘과 스탈린주의가 보여 준 것처럼 전쟁과 대량 학살의 방식으로 폭발한다. 이 사회의 국면은 **죽음을 사랑하는 성격**과 일치한다. 이러한 성격을 가진 사람은 폭력을 좋아한다. 학살과 파괴가 이 성격의 근본경향이다. 죽음에 대한 사랑으로부터 부패, 죽음, 병에 대한 관심이 생겨난다. 이러한 성격을 가진 사람은 생명에 대해서 고통을 느낀다.

포스트모던 사회는 세계화를 추구하며 모든 전통적인 구조를 해체하고, 모든 것을 개인에게 돌린다. **포스트모던적 성격은 자아중심적이다.** 이러한 성격을 가진 사람은 자유롭게 자신을 규정하며 자신의 일을 꾸미기를 좋아한다. 그러나 이 사람은 모든 것이 임의적이고 모든 것을 유희적으로 대하고 있다는 사실과 모든 것이 흘러 지나가며 어떤 타당한 척도도 없다는 사실, 그리고 강조된 자아가 결국에는 흔적도 없이 사라진다는 사실로부터 고통을 받는다(Funk 2005, 55 참조). 포스트모던의 성격은 다음과 같은 측면의 고통을 가진다. 삶은 공허하고 무의미하다. 살면서 느끼는 긴장과 모순들은 견디기 어렵다. 파라다이스처럼 놀고먹는 세상을 추구하는 경향이 팽배해진다. 사람들은 인간의 위대함과 좌절하지 않는 자유로운 삶을 소망한다. 이로 인해 사람들은 정체성의 혼란과 정체성의 병리학을 체험한다.

연습 당신은 위에서 기술한 성격구조들 중에 어떤 것을 알고 있는가? 시민사회의 발전 단계는 이러한 성격을 충분히 설명해 주는가?

사회적 변화를 통한 치유

사회적 고통을 치유하려는 지금까지의 시도는 잘못된 것이었다. 가난한 자들의 변호인으로서 예수는 가톨릭교회의 주인이 되었고, 계몽주의는 프랑스 혁명의 공포를 가져다주었다. 마르크스는 스탈린주의로 변질되었고, 마오쩌둥은 문화혁명에서 수만 명을 죽음으로 내몰았다. 그러나 프롬에게는 개인의 신경증을 치유하기 위한 조건은 사회적 고통의 조건을 치유하기 위한 조건이기도 했다.

개인의 신경증을 치유하기 위한 조건은 다음과 같다.

1. 고통을 극복하려는 의지가 생겨야 한다.
2. 고통과 그것으로 인한 억압이 의식되어야 한다.
3. 삶의 실천이 자신을 변화시키며 고통의 원인을 극복해야 한다.

사회적 광기를 위한 집단적 치유의 조건은 다음과 같다. 사회적 고통을 극복하려면 사회가 실존적 욕구와 사회적 성격을 가진 문제의 갈등에 대한 극복을 **원해야** 한다. 사회는 억압된 고통을 의식하도록 만들고 병리학적인 사회적 성격을 변화시키려 노력해야 한다. 사회는 더 이상 소유가 아니라 창조적이고 자치적인 생산적 성격을 추구해야 한다. 프롬에 따르면 병리학적인 사회적 성격의 변화는 집단적 자기분석을 통해서 가능하다.

집단적 자기분석은 집단적 자기치료 모임을 통해 수행되어야 한다. **자기분석의 집단적 과정**은 다음의 단계를 포함한다.

a) 의식적인 삶의 목적과 무의식적인 삶의 목적에 대해 연구하기
b) 의식적 성격의 특징과 무의식적인 성격의 특징에 대해 해명하기
c) 타인과 사회에 대한 입장표명하기
d) 명상과 자기분석을 통해 죽음을 사랑하는 삶의 태도에서 삶을 사랑하는 삶으로 태도를 변화시키기
(Fromm 1994 참조)

이러한 집단적 자기치료 모임에서 사회적 변화의 잠재력이 생겨날 수 있다.

연습 병리학적인 사회적 성격을 어떻게 집단적 자기분석으로 인도할 수 있는가? 그 방법에 대해 제안해 보시오.

광적인 사회로부터 벗어나려는 해방운동의 목적은 다음과 같다.

- 생산적인 사회적 성격을 가진 사회는 협동하여 경제를 민주적인 사회주의의 방향으로 조직해 나가야 한다.
- 사회는 근본적으로 민주적이어야 한다.
- 사회는 낙관적이고 위대한 철학자들을 문화의 중심에 놓아야 한다.

(Fromm 1980, 4권 184-247 참조)

연습 고통받는 광적인 현대사회로부터 벗어나기 위해 당신은 어떤 방법을 제안하는가? 그 제안을 통해 어떤 목적과 변화를 추구하는가?

사례: 네크로필리아로 인한 히틀러의 고통

프롬에 따르면 폭력과 대량학살을 초래한 히틀러의 광기는 권위적인 사회에 살았던 유년 시절에 기인한다. 그 외에도 히틀러는 냉혹한 어머니와 잘못된 인간관계를 맺었으며, 독재적인 아버지와 계속되는 갈등을 겪었다(Fromm 1980, 7권 340 이하). 히틀러는 실업학교에서 낙제 점수를 받았으며 일찍이 전쟁놀이와 같은 상상의 세계에 빠져들었다. 그는 예술가가 되기를 원했지만 예술학교로부터 세 번이나 거절을 당했다. 1909년 12월부터 그는 떠돌이가 되어 노숙자 보호소에서 밤을 보냈으며 추방자와 부랑자로서의 고통을 겪었다. 히틀러는 권위적 사회 환경에서 강한 멸시와 깊은 절망을 느꼈다. 이러한 상황에서 그의 폭력적인 성격이 초래되었다.

연습 당신이 노숙자가 된다면 어떻게 반응하겠는가?

이러한 상황에서 히틀러는 인종적이고 반유태적이며 사회주의적 이념으로부터 극단적인 네크로필리아의 경향을 가진 자신의 생철학을 기획함으로써 정신병의 경계에서 자신을 구제하였다. 훗날 이와 관련된 선동적인 구호를 통해 그는 "미치는 것으로부터" 자신을 보호하였다. 히틀러가 뮌헨에서 화가가 되지 못했을 때 그의 마음은 증오와 분노로 가득 차 있었다. 제1차 세계대전과 1918년 혁명에서 군인으로 겪은 그의 경험은 "근절할 수 없는 히틀러의 파괴적 성격을 결정적으로 형성하였다."(같은 책, 358) 그의 파괴적 성격과 죽음에 대한 사랑은 그가 촉발시킨 제2차 세계대전을 통해 폭발하였다. "그를 계속해서 추종했다면 히틀러의 패배와 죽음은 그와 가까이에 있는 모든 사람들의 죽음과 독일인의 죽음과 세계의 파괴로 이어졌을 것이다."(같은 책, 364) 네크로필리아의 성격으로 인해 그는 인류, 독일인, 그의 당원, 생명 전체를 증오하였다. 게다가 히틀러의 극단적인 자아도취는 그를 철저히 고독하게 만들었다. "그의 유일한 친구는 자신의 개와 그가 사랑하지도 존경하지도 않고 전적으로 군림하기만 하였던 부인이었다."(같은 책, 370) 그러나 히틀러는 인간을 지배하는 권력을 통해 자기의식을 확보할 수 있었다. 그는 뛰어난 수사적인 능력과 굽히지 않는 광신주의적 경향을 가졌다. 그는 항상 실수 없이 역할을 수행해야 했다. 이는 히틀러가 극단적인 무력감과 깊은 열등감을 가졌다는 사실을 보여 준다.

연습 삶의 이력으로 인해 히틀러와 유사한 위험을 초래할 수 있는 사람들을 당신은 아는가? 이것을 막는 방법은 무엇인가?

무엇보다 유념해야 할 것은 히틀러가 사회 전체를 네크로필리아의 경향으로, 즉 광적으로 만드는 데 성공했다는 사실이다. 이는 그가 권위적인 사회를 네크로필리아의 사회로 전환시키려고 했던 결과이다. 히틀러는 파시스트적인 네크로필리아를 퍼트릴 목적으로 모든 형태의 직접적인 폭력을 동원한 것은 물론이며 대중을 선동하기 위해 방송과 공개적인 행사를 수단으로 사용하였다. 그가 가진 네크로필리아의 성격은 대중으로부터 사랑을 받았다. 왜냐하면 대중 자체가 삶을 증오하는 네크로필리아에 사로잡혀 있었기 때문이다. 이러한 삶에 대한 증오는 제1차 세계대전의 패배, 경제 위기, 대량 실업, 민주주의의 자유에 대한 대중의 도피로부터 나온 산물이었다.

연습 당신은 1933-1945년 사이의 독일의 광적인 사회에 대해 어떻게 생각하는가?

현대 심리치료에서 프롬의 의의

프롬은 정신분석이 하나의 도그마처럼 굳어졌을 때 철학자로서 그러한 경향을 근본적으로 비판하였다. 그는 정신분석이 우리에게 안정제의 역할을 함으로써 창조성과 생산성을 빼앗은 것에 대해 우려를 나타냈다. 그 외에도 그는 제3세계인 멕시코에 정신분석을 도입하였다. 특히 그는 멕시코 마을에서 행한 연구를 통하여 정신분석가들을 훈련시키기 위한 새로운 개념을 발전시켰다. 일상병리학과 병리학적 사회에 대한 그의 연구는 정신분석, 마르크스주의, 선불교, 마이스터 에카르트의 신비주의를 매개하려는 시도에서 알 수 있는 독창적이었다. 이처럼 그는 고통을 극복하기 위해 초개인적인 관점에도 관심을 가졌다. 이런 점에서 프롬은 초개인적 심리치료의 공동 설립자로 여겨진다.

마지막 연습 에리히 프롬의 어떤 사상이 당신의 고통을 감소시키고 치유하였는가? 그렇지 않은 것도 있는가?

◎ 참고문헌

Fromm, E.: *Gesamtausgabe* [전집]. Bd. 1-10, Stuttgart 1980.
Fromm, E.: *Schriften aus dem Nachlass* [유고집]. Bd. 1-8, Weinheim 1989.
Fromm, E.: *Vom Haben zum Sein* [소유에서 존재까지]. Weinheim 1994.
Fromm, E.: *Die Pathologie der Normalität* [정상의 병리학]. Berlin 2005.

Bon, G. le: *Psychologie der Massen* [대중 심리학]. Stuttgart 1982.
Funk, R.: *Mut zum Menschen* [인간에 대한 용기]. Stuttgart 1978.
Funk, R.: *Erich Fromm* [에리히 프롬]. Reinbek 1983.
Funk, R.: *Ich und Wir. Psychoanalyse des Postmodernen Menschen* [나와 우리. 근대 후기 인간의 정신분석]. München 2005.
Jay, M.: *Dialektische Phantasie* [변증법적 상상]. Frankfurt 1981.
Wiggershaus, R.: *Die Frankfurter Schule* [프랑크푸르트 학파]. München 1988.

17. 절망의 절정을 넘어서: 에밀 미셸 시오랑

"나는 우리 세대의 최고 두뇌들이 광기로 파괴되어 가는 것을 보았다.
그들은 새벽에 흑인들의 거리에서 힘겹게 자신들의 몸을 질질 끌고 다니며
쇠약하고 신경질적이며 헐벗은 상태로 자신을 미치게 만드는 마약을 찾아다녔다."
— Allen Ginsberg

에밀 미셸 시오랑Emil Michel Cioran, 1911-1998은 새로운 "쇼펜하우어"와 유럽 불교주의자로서 삶 속에서 고통의 절대적 심연을 발견하였다. 시오랑은 세계를 지옥으로 여긴다.

시오랑의 생애

시오랑은 1911년에 교구 신부의 아들로서 루마니아의 도시 헤르만슈타트Hermannstadt에서 태어났다. 그는 어린 시절부터 권태에 익숙했다. 그 권태 속에서 그는 일찍이 공허와 허무를 느꼈다. 21살 때부터 시오랑은 불면증을 앓았다. 그는 앙리 베르그송의 생철학에 관한 석사논문을 쓰고 그것으로 자신의 철학 공부를 마쳤다. 1933-1935년 그는 베를린, 드레스덴, 뮌헨에서 공부하였고, 이 시기에 절망의 절정을 경험하였다. "나는 베를린에서 환각과 광기 그리고 철저한 고독 속에 살았다."(Cioran 2001, 97) 그리고 "베를린에서 겪은 나의 고독은 정상인으로서는 생각할 수 없는 것이었다. … 나는 한 번도 정신이 붕괴된 적이 없으며 그렇다고 신성함에 도달해 본 적도 없었다."(같은 책, 160) 그럼에도 불구하고 그는 광신적인 상태에 빠졌다. "나는 23살에 선지자가 되었다. … 나는 1936년 뮌헨에서 결국 새로운 종교가 발칸반도에서 등장하리라 생각하며 과도한 흥분 속에서 살았다."(같은

책, 195) 그는 20-25세에 음악과 신비학에 열광하였고, 이후 "비참함, 혼란, 회의주의, 불안"을 겪었다. 그는 이러한 정신적 변화과정을 그대로 받아들였다. "내가 끓어오르는 상태에서 조금만 더 오래 있었더라면 나는 오래전에 폭발했을 것이다."(같은 책, 197 이하)

연습 젊었을 때 당신은 폭발하는 느낌을 가져 본 적이 있는가?

시오랑의 불면증은 그로 하여금 모든 철학에 대해 회의하도록 만들었다. "어떠한 이념도 어둠 속에서는 위로가 될 수 없으며, 어떤 체계도 깨어 있는 밤을 견딜 수 있도록 도와주지 못한다. 불면증에 대한 분석에서 확실한 것으로 여겨진 것들이 파괴되었다."(Cioran 1979b, 205)

젊은 시절 시오랑은 밤새도록 텅 빈 거리를 산책하였다. 밤을 지새운 흔적은 그대로 나타났다. 모든 사람들은 그를 미쳤다고 생각하였다. "밤 때문에 아픈 눈이 있다. 이 눈은 밤 때문에 나을 수 없다."(같은 책, 206)

연습 당신은 자신의 생철학을 위해 깨어 있는 밤으로부터 무엇을 배웠는가?

1934년 그의 철학적 연구는 『절망의 절정에서』라는 저서로 시작된다. 이 책에서 그는 자신이 체험한 고통을 다루었다. 이 작업은 그가 죽기 전까지 계속되었고, 그는 니체처럼 죽었다.

시오랑은 1998년 파리 정신병원에서 심각한 신경계통의 병을 앓다가 죽었다.

심리치료에 대한 시오랑의 근본원칙은 다음과 같다.

1. 인생은 완전히 잘못된 구조이다. 모든 형태의 의식은 죽음에 대한 불안, 유한성 및 좌절에 대한 불안만을 제공한다.

2. 삶의 고통은 세계 도피를 통해서만 치유될 수 있다.
3. 의식으로부터 도피하는 방법으로서 세계 도피의 방법은 음악, 명상, 울음 등이 있다. 이 방법의 목적은 다음을 위한 것이다. 자아가 있던 곳에 비아가 있어야 한다.
4. 인생에서 최고의 것은 "출생 이전으로 돌아감"을 생각 속에서 가능한 한 자주 촉발시키는 것이다.
5. 출생 이전으로 돌아감은 자아의식과 자아로 인한 고통에서 생기는 광기를 막거나 약화시킨다.

시오랑의 철학적 배경

시오랑은 일찍이 독일과 프랑스의 생철학에 심취하였다. 그의 근본적인 비관주의는 쇼펜하우어에게서, 그의 신비적인 황홀함은 니체에게서, 그가 추구한 고통의 극복은 붓다에서 온 것이다. 그러나 시오랑은 붓다의 가르침이 유럽적 상황에서는 다를 수 있다고 생각하였다. "유감스럽지만 우리는 자신의 욕망을 근절시킬 수 없고 단지 줄이고 약화시킬 수 있을 뿐이다. … 깨달은 이후 붓다도 고차적인 인식을 가진 싯다르타 고타마로 머물러 있었을 뿐이었다."(Cioran 1979a, 83)

시오랑은 하이데거의 『존재와 시간』을 읽고 대단히 실망하였다. 그는 하이데거의 저작이 아무것도 말하고 있지 않은 공허한 은어로 집약된 것이라고 여겼다. 고통과 광기에 대한 시오랑의 탐구는 오히려 1864년에 『천재와 정신착란』을 출판한 이탈리아의 인류학자이자 정신의학자인 케자레 롬브로소Ceasare Lombroso로부터 자극을 받았고, 1926년에 『천재—정신착란과 명성』을 출판한 독일의 정신의학자 랑게 아이히바움Lange-Eichbaum에게서도 자극을 받았다. 시오랑은 두 유형의 인간에 대해 말한다. 하나는 문제없이 생을 마감하는 일상적인 인간이고, 다른 하나는 광기와 고통을 통해 가장 깊은 깨달음을 얻는 천재이다.

연습 고통과 광기가 예술 또는 사유의 원천이 될 수 있는가? 예술, 문학 또는 학문을 예로 들어 그것을 설명해 보시오.

시오랑은 삶의 인식을 위한 왕도로서 베르그송에게서 배운 내적 성찰과 직관을 통해 고통에 대한 탐구를 시도한다. 그는 정신분석을 거부한다. 정신분석의 해명은 "간단히 말해 맞지 않다." 시오랑에게 고통은 자연이나 형이상학에 뿌리를 두고 있다. "통상적으로 나는 심리적 현상에 대한 생물학적 설명과 신학적 설명만을 믿는다. 한편에서는 생화학을, 다른 한편에서 신이나 악마를 믿는다."(Cioran 2001, 50)

연습 당신은 생화학과 신 또는 악마에게서 어떤 심리적 고통의 원천을 인식할 수 있는가?

시오랑의 심리론

시오랑은 "영혼의 악마로서의 정신"에 대해 주장한다. 그에 따르면 의식의 발생은 인간을 자연과의 조화로운 통일성에서 분열시킨다. 영혼의 적대자인 의식의 발달 결과는 유한성에 대한 인식과 죽음에 대한 불안으로 나타난다. 시오랑에게 의식은 불운을 의미한다. 의식을 지양하는 것이 영혼에게 부여된 생의 과제이다. 영혼은 의식의 병을 지배하기 위해 초의식을 발전시켜야 한다. 비로소 영혼이 최고의 단계에 도달할 때, 정신과 의식의 자기고양이 개방될 수 있다. 시오랑은 프로이트처럼 "이드가 있던 곳에 자아가 있어야 한다"고 말하지 않고 오히려 "이드가 있던 곳에 비아가 있어야 한다"고 말한다. 시오랑은 영지주의자들처럼 영혼이 지옥과 같은 세계 속에 사로잡혀 있으며 따라서 광적인 세계로부터 도피하기 위한 모든 노력을 감행해야만 한다고 생각한다.

잘못된 창조로 인한 고통

시오랑은 악한 창조신에 고통의 근원이 있다고 여긴다. "나는 연구의 전제로서 악한 데미우르고스Demiurgos를 필요로 한다. 그것을 포기한다는 것은 궁극적인 세계에 대해 아무것도 모른다는 것을 의미한다."(같은 책, 132) 시오랑에게 고통의 근원은 악마적이며 파괴적인 것이다. 고통과 질병은 악마의 원리이다. 고통의 최종 근거는 개체가 세계 안으로 떨어진 것이며 세계 속에서 자아로 등장한 것이다. 시오랑에 따르면 이전 세계에서, 명정 상태에서, 창조 이전에, 순수한 탈자적 상태에서 사는 사람만이 고통을 느끼지 않는다. "고통이 없는 사람은 신과 동시대인이다. 그는 빛이 있기 이전에, 언어가 있기 이전에 자신의 심연 속에 깊이 들어가 지복을 누리며 자기 자신과 대화하는 자이다."(같은 책, 172) 시오랑은 우리가 만물 속에서 자신의 위상이 미세하다는 것을 깨닫는다면 그 즉시 미칠 것이라고 말한다(Cioran 1979b, 11 참조). 우리는 출생 이전에 어떤 불의를 행하지 않았지만 그럼에도 불구하고 태어났으며 죽음을 선고받았다.

연습 태어나지 않는 것만이 고통으로부터 완전히 해방되는 것이라고 여길 수 있는가?

선한 창조신으로부터 자신의 출생을 도출하는 사람에게는 악한 세상이 미친 것처럼 보여야 한다. "우리 내면에는 본질적인 패배감이 아주 깊게 닻을 내리고 있다. 그것을 우리는 조금씩 감지하며 살고 있다."(Cioran 1979a, 16) 시오랑은 다음과 같이 쓰고 있다. "창조는 첫 번째 사보타주Sabotage였다."(Cioran 1995c, 60)

일상적인 삶과 일상적인 의식에서 벗어난 사람이라고 해서 곧바로 깨달음의 길에 들어서는 것은 아니다. 그는 자주 광기의 전조를 체험한다.

그 전조는 다음의 단계를 가진다.
1. 너는 동요 속에 빠진다.
2. 전율이 너를 덮친다.
3. 네가 가진 유일한 자아의 관점이 해체된다.
4. 우주를 갈망한다.
5. 엄청난 우울함이 엄습한다.
6. 무의미한 웃음이 너를 괴롭힌다.
7. 너는 섬광처럼 명멸하고 싶어 한다.
(Cioran 1997a, 26-28)

연습 당신은 이러한 전조의 단계를 아는가? 당신에게 자기치유가 필요한 단계는 어디인가?

이러한 경험들은 인간을 절망에 빠지게 한다. "세계의 무한성과 인간의 유한성 사이의 불화가 절망할 수밖에 없는 가장 심각한 근거이다."(Cioran 2001, 43)

연습 인간의 유한성이 당신에게는 절망할 수밖에 없는 근거인가, 아니면 희망을 가질 수 있는 근거인가?

절망 뒤에는 죽음이 있고, 죽음 앞에는 불안이 있다. 죽음은 "너의 세계 도피를 고대한다. 네가 세계를 잃어버리면 너도 자신을 상실한다. 이후 너의 모든 행동은 격노하며 전율하는 암울한 웃음을 동반한다."(같은 책, 127)

앞에서 말했던 것처럼 유한성에서 벗어나 무한성으로 도피하려는 시도는 다음과 같은 물음으로 어리석은 자들의 비난을 받는다. "무한한 것을 향해 가려는 모든 것이 광기의 오솔길로 향하는 것이 아닌가?"(같은 책, 163)

세계의 신은 죽음이다. "죽음은 부정적인 세계 질서의 최고 현실이다. … 삶은 진저리 나는 죽음의 고통 이외에 다른 것이 아니다."(같은 책, 57)

연습 삶과 죽음에 목소리를 부여하고, "삶"과 "죽음"이 서로 논쟁하는 대화를 기술하시오. 그리고 지금부터 도대체 둘 중에 "누가" 더 좋으며, 더 슬프며, 더 무서우며, 더 현실적인지를 기술하시오. 이때 당신의 생각은 어떻게 표현되고 있는가?

삶에 대한 의식적인 경험은 슬픈 의식을 동반한다. "슬픔은 삶을 지치게 만드는 모든 경험에 등장한다. 슬픔의 강도는 상실함에 상응한다. 따라서 죽음의 현상은 가장 깊은 슬픔을 불러일으킨다."(Cioran 1997a, 57) 시오랑은 다음과 같이 쓰고 있다. "슬픔은 우리를 파멸시키기까지 뿌리 깊게 스며든다. 슬픔은 원죄의 시이다."(Cioran 1979b, 171) 원죄는 태어났다는 사실로 인한 것이다. 가장 깊은 슬픔은 눈물에서 나타난다. 시오랑은 세계 역사가 눈물의 역사라고 말한다. 모든 눈물은 사상 이상의 것을 말할 수 있다. "개념에 근거한 세계관은 눈물로 새겨진 세계관보다 정당하지 못하다."(같은 책, 179)

연습 눈물은 고통에 대한 최종적인 진리를 말하는가? 슬픔에 관한 짧은 시를 써 보시오.

세계 도피를 통한 치유

시오랑은 세계 도피적 탈자를 제시하는 영지주의적 방법이 고통의 치유를 위한 유일한 것이라고 주장한다. "사람들은 빛과 어둠으로 인해 죽을 것 같은 마지막 느낌에서 탈자의 절정에 도달한다."(Cioran 1997a, 108) 모든 대립의 저편에 대한 경험도 인간이 죽는다는 것을 망각하게 한다.

연습 당신은 세계에서 도피하기 위해 삶에서 탈자를 위한 모든 기회를 사용하는가? 그것이 도움이 되는가?

사색, 명상, 신비적 침잠, 고독과 같은 방법은 제각기 빠른 시간에 삶에 대한 절망에서 벗어나도록 도와준다. "많은 명상적인 경험을 통해서만 사람들은 영원한 명정, 순수한 영혼의 정화상태에 도달할 수 있다."(Cioran 1997a, 90) 그러므로 중요한 것은 유한한 의식을 영원의 의식으로 바꾸는 것이다. "영원의 의식에 도달한 사람에게는 모든 것이 허락된다. 왜냐하면 그에게는 모든 구별이 불멸적인 명랑함의 시선 속에서 용해되기 때문이다."(같은 책, 91) 치유의 목적은 무한한 웃음이다. 시오랑은 다음과 같이 기술한다. "나는 절체절명의 순간, 즉 절대적 무, 궁극적인 고뇌, 가장 극단적인 것에 직면해서도 웃는 인간이다."(같은 책, 119)

연습 당신은 파트너와 마주보고 다양한 방식으로, 예를 들어 마귀할멈, 산타클로스, 광대, 심술궂은 난쟁이처럼 계속해서 웃으시오. 그러면 당신은 정말로 웃어야만 한다는 사실을 깨닫게 될 것이다.

시오랑에 따르면 절대적 퇴화에 대한 생각을 통해서도 고통으로부터 벗어날 수 있다. "만약 그것이 가능하다면, 나는 매일 동물적인 또는 식물적인 삶의 특수한 형식으로 나를 변화시킬 것이다."(같은 책, 95)

연습 당신이 좋아하는 동물은 무엇인가? 당신은 매일 그 동물처럼 살고 싶은가?

또는 근원적인 카오스로 되돌아가기를 원할 수 있다. "나는 세계의 시원, 즉 근원적인 카오스의 초자연적인 소용돌이 속에서 살고 싶다."(같은 책, 124)

연습 당신은 출생 이전에, 우주의 생성 이전에 있었던 근원으로 돌아가고 싶은가?

붓다를 통해 시오랑은 출생 속에 모든 재난의 근원이 있다는 것을 깨닫는다 (Cioran 1997b, 6 참조).

연습 당신도 죽음에 대한 불안이 삶의 시작부터 나중에 오게 될 삶의 끝을 미리 투사하는 불안이라고 여기는가?

음악은 만물과 인간을 연결시킬 수 있다. "음악을 듣지 않는 사람은 신을 가지고 있지 않다. 저편의 목소리 없이는 어떤 신비도 어떤 최종적인 탈자도 없다. 메아리 없는 노래는 저 세상보다 더 멀다."(Cioran 1994a, 143) 음악은 인간을 근원으로 되돌아가도록 인도하고, 음악을 듣는 사람을 곧바로 "천상의 음악이 있는" 곳으로 옮긴다. 시오랑은 다음과 같이 말한다. "나는 모차르트, 바흐의 음악을 절망을 치유하기 위한 수단으로 추천한다."(같은 책, 41) "당신이 이 음악을 듣는다면 당신은 천사와 같다는 느낌을 가진다."

연습 당신이 좋아하는 음악을 들을 때 당신은 어디에 있는가? 음악은 당신에게 어떤 영향을 주는가?

세계의 저편에 있는 낙원을 위한 공식적인 음악이 바로 모차르트의 음악이다. 시오랑은 "왜 내가 파멸하지 않았는가?"라고 스스로에게 묻고 이에 답한다. "내 안에 있는 모차르트가 나를 구원했기 때문이다."(같은 책, 89)

그러나 시오랑은 다음과 같이 말한다. "연속적인 변화의 영역에 도달하기 위하여 당신은 많은 고통을 겪어야 하며, 그와 함께 깊이 있는 삶의 완성을 위하여 많이 인내해야 한다."(같은 책, 64) 결국 고통이 자신을 치유한다. "병은 우리에게 최종적인 현실, 대부분 볼 수 없는 것에 이르는 통로를 열어 준다."(Cioran 1995b, 93)

연습 당신은 자신의 병을 통해 무엇을 배웠는가?

고통을 없애는 가장 근본적인 수단은 자살이다. "우리가 자기 자신을 죽일 수 있는 힘을 가지고 있다는 사실은 가쁘게 숨을 쉬고 있는 자신의 주거지를 무한한 공간으로 확대하는 하나의 위로가 된다."(Cioran 1979b, 48) 아직 자신의 죽음을 계획하지 않은 사람은 "우주의 거름더미 위를 기어 다니는 한 마리의 벌레"에 불과하다(같은 책, 49). 그러나 시오랑은 세계 도피를 내적인 거리두기로 인식하기도 한다. "무엇인가 숨 쉬는 것이 있는 곳에는 새로운 결핍도 있다. … 나는 이 지구와 더 이상 아무것도 공유하지 않을 것이다. 모든 순간은 나의 절망의 투표함에 담겨 있는 한 장의 투표용지일 뿐이다."(같은 책, 174)

연습 직장에 사표를 쓴 사람처럼 당신은 내적으로 세계와 결별하였는가?

마지막으로 광기로 도피함으로써 사람들은 절망을 해결할 수 있다. "남아 있는 것은 최종적으로 정신착란으로 도피하는 것이다. 우리는 미로 속에서 고뇌하기만 하는 것이 아니라 고통과 슬픔 속에 있으면서도 어둠 속에서 치유를 찾아 헤맨다."(같은 책, 200) 붓다에 따르면 광기는 모든 고통의 원천인 나로부터 자유롭게 해 준다. 시오랑은 다음과 같이 기술한다. "나는 바보천치의 정신착란과 그로 인한 고통을 원한다. … 나는 사람들이 자기에게는 낯선 것이며 … 자신의 과거와는 영원히 분리되어 있고 자신의 이름과는 상관이 없다고 여기는 고통의 길을 원한다. … 그렇게 함으로써 나는 결국 광

기의 지혜를 터득할 것이다.”(같은 책, 200)

연습 당신은 미친 사람이 더 이상 고통받지 않는다고 생각하는가?

사례: 좌초한 자의 초상

시오랑은 좌초하기를 원했다. 그에게 등장하는 모든 인물들은 사무엘 베케트Samuel Beckett로부터 유래한다고도 할 수 있다. 항상 그렇듯이 모든 사람은 고도Godot를 기다린다. 광기로 인해 자초한 자의 초상은 시오랑에게 다음과 같이 묘사된다. “모든 행위는 그에게 하나의 만행이다. … 웃으면서 그는 자신을 삶을 황폐화시킨다. … 매 순간 모든 것이 의미 없는 것으로 여겨진다. … 그는 모든 것을 거부하고 모든 것에 거부당한다. 그는 완성되지 않은 많은 것에서 자신의 자유를 이끌어 낸다. 그가 다른 사람에게 보냈던 멸시는 결국 그에게로 돌아온다. 마지막으로 그는 자신의 삶의 끝에 이르러 어떤 명성도 얻지 못하고 무용함이라는 왕관을 쓰는 것으로 위로를 받는다.” (Cioran 1979b,105)

연습 당신이 좌초했던 삶의 경험에 대해 기술하시오.

또한 시오랑은 절망의 절정에 도달한 사람에 대해서도 말한다. “그가 살아서 마지막으로 할 수 있는 것은 아직 이성적으로 소유하고 있는 모든 것을 말살하는 것이다. … 그는 지구가 유리로 만들어져 있다면 그것을 산산조각 낼 수 있는 일말의 깨어 있는 감각을 원한다. … 아주 미약한 생명의 숨결로 그는 절규한다.”(같은 책, 213)

연습 절망의 절정에서 자신을 발견한 인간에 대해 기술하시오.

현대 심리치료에서 시오랑의 의의

시오랑은 우울증과 자살의 위험에 노출되어 있는 사람에게 중요한 의미를 가진다. 그는 이런 경우에 어떤 치유가 필요한지를 직접 경험하였다. "나는 『분열에 관한 이론』을 읽은 사람들로부터 편지를 받았다. 모든 사람들은 약간의 정신적인 장애를 가지고 있었고 대부분 가난했다. 근본적으로 이 책은 "가난뱅이를 위한 책"으로 불려야 할 것이다."(Cioran 2001, 225) 자신에게 오는 편지는 시오랑에게 답장을 쓰도록 만들었다. 이로써 그는 세네카의 전통을 따라 자살의 위험에 노출되어 있는 사람들에게 편지치료를 개발하고 실천하는 사람이 되었다. "자살을 생각하는 것이 문제가 되는 대부분의 경우에 나는 편지를 쓴 사람들을 설득하려고 시도한다. 그렇지만 어떻게 하든 그에게 용기를 불어 넣는 것은 불가능하다. 내가 떠맡아야 하는 이러한 도덕적 역할은 나의 삶에서도 희귀한 아이러니에 속한다."(같은 책, 232)

마지막 연습 시오랑의 어떤 사상이 당신의 고통을 감소시키고 치유하였는가? 그렇지 않은 것도 있는가?

◎ 참고문헌

Cioran E. M.: *Die verfehlte Schöpfung* [잘못된 창조]. Frankfurt 1979a.
Cioran E. M.: *Lehre vom Zerfall* [분열에 관한 이론]. Stuttgart 1979b.
Cioran E. M.: *Gedankendämmerung* [사상의 황혼]. Frankfurt 1993.
Cioran E. M.: *Das Buch der Täuschungen* [거짓에 관한 책]. Frankfurt 1994a.
Cioran E. M.: *Von Tränen und von Heiligen* [눈물과 성스러움에 관하여]. Frankfurt 1994b.
Cioran E. M.: *Dasein als Versuchung* [유혹으로서 현존재]. Stuttgart 1995a.
Cioran E. M.: *Der Absturz in die Zeit* [시간 속으로 전락]. Stuttgart 1995b.
Cioran E. M.: *Syllogismen der Bitterkeit* [비참함의 삼단논법]. Frankfurt 1995c.
Cioran E. M.: *Geschichte und Utopie* [역사와 유토피아]. Stuttgart 1996a.
Cioran E. M.: *Leidenschaftlicher Leitfaden* [열정의 단초]. Frankfurt 1996b.

Cioran E. M.: *Auf den Gipfeln der Verzweiflung* [절망의 절정에서]. Frankfurt 1997a.
Cioran E. M.: *Vom Nachteil geboren zu sein* [태생적 고통에 대해]. Frankfurt 1997b.
Cioran E. M.: *Gevierteilt* [사등분]. Frankfurt 1998.
Cioran E. M.: *Der zersplitterte Fluch* [분산된 저주]. Frankfurt 1999.
Cioran E. M.: *Cahiers* [보고서] 1957-1972. Frankfurt 2001.
Cioran E. M.: *Zersplitternde Gewissheiten* [파괴된 확실성]. Frankfurt 2002.

Decher, F.: *Verzweiflung. Anatomie eines Affekts* [절망. 감정의 해부학]. Lüneberg 2002.
Reschika, R.: *E. M. Cioran* [에밀 미셸 시오랑]. Hamburg 1995.
Savater, F.: *Versuch über Cioran* [시오랑에 관한 시론]. München 1985.

18. 광기의 뿌리를 파헤침: 미셀 푸코

"나는 내 앞에 있는 무시무시한 심연을 보고 있다.
어둡고 텅 빈 심연 앞에서 나는 두려움에 떨어야 했다."
— Franz Grillparzer

미셀 푸코Michel Foucault, 1926-1984는 근대 사회로부터 광기와 이성의 분리가 시작되었으며, 고통의 원인을 권력을 목적으로 하는 사회적 낙인찍기로 폭로한다.

푸코의 생애

푸코의 삶은 광기, 쾌락, 꿈과 연관된 문제로 점철되어 있다. 그는 의사 집안에서 태어났지만 아버지가 원하는 의사가 되지 않고 철학자가 되었다. 1948년 고등학교 졸업 시험을 마치고 그는 처음으로 자살을 시도하였다. 그는 자신이 동성애자였음을 고백하였고, 당시 동생애자가 겪는 경계와 고립을 감수해야만 했다. 푸코는 공포와 고통을 겪었다. 생존을 위한 수단으로 그는 연구에 집중했고, 불안으로부터 벗어나기 위하여 술을 마셨다. 1950년 그는 두 번째 자살을 시도하였다. 이후 그는 잠깐 알코올 중독 치료를 받기도 했다. 그는 정신병리학과 정신의학을 집중적으로 공부하였다. 그는 플라톤, 칸트, 헤겔과 같은 고전 철학자에 대해서 읽었으며, 특히 하이데거와 니체와 같은 철학자에 대해서도 공부하였다. 당연히 푸코는 지그문트 프로이트에 대해서도 공부하였으며, 칼 야스퍼스의 『일반 정신병리학』(1913)에 대해서도 잘 알고 있었다.

1950년 그는 정신의학으로 옮겨 공부하고 싶었던 소망을 이루었다. 그는 짧은 정신분석을 수행하였다. 1950-1951년 그는 프랑스 공산당에 입당해 집중적으로 마르크스와 트로츠키를 연구하였다. 당시 그는 정신병이 가난과 착취의 산물이며, 실존적 조건의 근본적인 변화를 통해서만 해결할 수 있다고 믿었다(Eribon 1993, 93 이하). 1951년에 푸코는 철학으로 대학 졸업 자격 국가고시를 통과하였다. 친구들은 다음과 같이 주장하였다. "푸코의 삶 전체가 항상 광기와 가깝게 있었다."(같은 책, 54) 그러나 푸코는 이러한 주장을 받아들이지 않고 그에 대해 공격적인 태도를 취했다. 1950-1952년 그는 철학자로서 정신병에 대하여 연구하였다. 그 외에도 그는 하이데거의 전통과 연관된 루드비히 빈스방거Ludwig Binswanger와 메다르트 보스Medard Boss의 현존재분석에 친숙했다. 푸코는 빈스방거의 『꿈과 실존』의 서문을 썼고 이 서문에 대해 빈스방거는 매우 만족하였다. 정신의학 분야에서 푸코는 실습생으로 머물러 있었다. 그는 어떤 공식적인 직함을 가지고 있지 않았고 보수도 받지 못했다. 그리고 그는 동일한 자격을 얻기 위해 동료들보다 더 오래 훈련을 받았다. 푸코는 이러한 연구소 생활을 하는 동안 현장 실습을 경험하였다. 거기에서 그는 광기, 범죄, 병에 대한 현실적인 상황에 직면하였고, 배타적이며 폐쇄적인 연구소와 이성적 사회 사이의 분리를 보다 더 정확하게 이해하기 시작하였다.

심리치료를 위한 푸코의 근본이념은 다음과 같다.

1. 푸코에 따르면 고통과 치유는 사회적으로 생산된다. 근대의 계급사회는 성을 억압한다. 근대적 이성은 감정을 지배한다. 그리하여 이성은 반대의 것, 즉 광기를 산출한다.
2. 성의 억압은 성도착증을 불러일으킨다. 근대사회에 의한 이러한 도착증은 성적으로 일탈하는 인간을 만들어 낸다. 이들은 비정상인이라는 꼬리표를 달고 정신병원, 감옥, 병원에 감금된다.
3. 푸코는 정신병원, 정신과 의사, 학문으로서의 정신의학이 행하고 있는 낙인찍기 제도를 제거함으로써 사회를 광기로부터 해방시킬 수 있는 방법을 찾는다. 그런 점에서 푸

코는 반反정신의학 주창자들 중 한 명이다.

4. 후기 사상에서 푸코는 이러한 낙인찍기와 격리로부터 개별적으로 단절하는 개인의 인격적 힘을 발견하기도 한다.
5. 푸코는 고대철학의 삶의 기예에서 사회적으로 성을 격리시키지 않고 의식적으로 성을 사용하는 방법을 발견한다. 성의 지배, 성의 극복을 위한 방법으로서 그는 자기대화, 자기고찰, 하루의 결산, 목적 설정과 자기 자신으로의 복귀를 권한다.

1952년에 푸코는 릴Lille대학의 조교가 되었다. 1955년에 그는 프랑스에서 동성연애자로서 받은 차별을 피하기 위해 스웨덴으로 간다. 1960년에 그는 다시 프랑스로 돌아와서 심리학 강사가 되었다. 1962년에 그는 클레르몽 페랑대학의 교수가 되었고, 1966년에 튀니스대학에 재직하였다. 1968년에 그는 다시 프랑스로 돌아와 1969년에 '꼴레쥬 더 프랑스'에 소속된다. 푸코는 정치적으로 좌파에 속했다. 그는 여행을 많이 다녔다. 1983년에 가을에 에이즈 양성 판정을 받았고, 1984년에 이 병의 감염으로 인해 사망하였다.

푸코의 철학적 배경

푸코는 일찍부터 많은 책을 저술하였고 그 책들은 모두 자전적인 내용을 포함하고 있다. 광기, 쾌락, 권력과 같은 중심 주제는 푸코의 경험을 반영하는 동시에 철학적 전통에 대한 그의 대답이었다. 광기와 고통에 대한 푸코의 사상은 먼저 칼 마르크스에 빚지고 있다. 푸코에 따르면 광기의 저지와 억압은 계급적 독재의 결과이다. "인간의 성과 자기결정을 위한 실존적 기투의 자유는 사회적 지배 관계를 통하여 병인적 관점에서 억압된다."(Fink-Eitel 2002, 24) 다른 한편 푸코는 프리드리히 니체의 관점에서 탐구를 수행하려는 목적에 대해 다음과 같이 말한다. "이 탐구는 역사의 변증법을 흔들리지 않는 비극의 구조와 대결시키는 것이다."(Foucault 1973, 11)

푸코는 동양, 꿈, 성에 대한 억압과 시민사회에서 추구하는 욕망의 행복한 세계를 비극으로 파악한다. 이 비극을 푸코는 니체가 서구의 근본적인 갈등으로서 분석한 아폴론과 디오니소스의 대립이라는 의미에서 이해한다. 합리성과 이성은 비합리성과 광기에 맞서 있다. 이것이 서구의 근본적인 갈등이다. 이를 통해 우리는 고통에 대한 푸코 사상의 근본구조가 니체에 의하여 형성되었다는 것을 분명히 알 수 있다.

이후에 푸코가 실존철학자로서 하이데거의 의미에서 "시민적 자유에서 완수되어야 할 실존적 기투가 강제적으로 붕괴되는 것에서 정신병을 파악했다는 사실"은 놀라운 것이 아니다(같은 책, 23).

결국 광기로 인한 고통은 푸코에 의해 근대적 해석의 틀에서 규정된다. 다시 말해 광기로 인한 고통은 계급의 억압(마르크스), 아폴론적인 것을 통한 디오니소스의 억압(니체), "일상인", 즉 사회의 집단성에 의한 개별자의 억압(하이데거)에서 발전된 것이다.

푸코의 심리론

정신분석이든 후설의 현상학이든 상관없이 푸코는 단호하게 그 속에 담겨 있는 주체 개념으로부터 결별을 선언하였다. 그는 인식하는 주체의 이념을 받아들일 수 없었다. 왜냐하면 이러한 주체는 객체, 즉 통제할 수 없는 권력 구조에 의존하는 것으로 여겨지기 때문이다. 그런 점에서 푸코는 주체를 해체하려고 한다. 주체는 진정한 인식과 자율적인 행위의 원인자가 아니다. 푸코는 개인의 무의식과 집단의 무의식을 일차적인 것으로 이해하고 주관적 의식을 부차적인 것으로 보는 구조주의 이론을 지지한다. 푸코에게 중요한 것은 허무주의적인 주체의 해체가 아니라 어떤 방식의 권력 구조가 의식하지 못한 상태에서 인간을 고통스럽게 만드는지를 이해하려는 심층적인 시도이다.

연습 의식하지 못한 상태에서 당신을 고통스럽게 하는 권력 구조로는 어떤 것이 있는가?

푸코는 독립적인 개인의 마음에 대해 오랫동안 사유하지 않았다. 후기의 연구에서 비로소 그는 개인에 대한 숙고를 시작하였다. 그의 후기 저서 『성과 지배』는 외적이고 객관적인 모든 권력에 대항하여 삶을 주권적으로 형성하는 삶의 기예자를 위한 자기강화에 초점이 맞추어져 있다. 고대의 개체성이 가진 가치에 대한 평가와 기독교적인 대중도덕에 대한 비판을 통해 푸코는 니체가 발견한 주인의 도덕과 노예의 도덕의 대립을 재해석하고, 개체적 이성을 마음의 힘으로 다시 도입한다. 이러한 마음의 힘은 사회에 의해 이해된 신체에 대한 지배력을 다시 획득할 수 있다.

연습 이성이 개별자를 자율적인 삶의 기예자로 만들고, 개별자를 고통에서 구원할 수 있는 힘을 가지는가?

고통에 대한 푸코의 이해

푸코의 초기 주저 『광기와 사회』는 이성과 비이성의 긴장 배후에서 광기가 어떻게 발전하였는가를 다루었다. 이미 푸코는 그의 연구 「심리학과 정신병」에서 자본주의와 계급의 억압이 광기와 고통을 형성한다고 주장한 바 있었다. 푸코에게는 자본주의의 역사에 대한 통찰만이 발전하고 있는 현실적인 폭력의 형태를 설명할 수 있는 것으로 여겨진다(Foucault 1968, 129).

르네상스 시기만 해도 모든 사람에게 광기가 있을 수 있다는 것이 여전히 인정되었다. 인간은 바보이며 죽을 수밖에 없는 존재로 여겨졌다. 그러나 도시에서 도시로 이어지는 강을 지나다니는 “바보선”은 적어도 그 사회가 이성적인 인간과 바보를 분리시키기 시작했다는 사실을 보여 준다.

연습 인간은 본래 바보인가?

근대 초기부터 광기로 인한 고통을 격리하기 시작하였다. 이때부터 폭력에 의해 이성적 인간과 바보가 분리되었다. 광인은 감금되고, 광기는 침묵할 수밖에 없었다. 광기는 무에 대한 경험과 연결된다. 광기는 죽음이 현재 드러난 것이다(Foucault 1973, 34).

연습 광기는 사회적 죽음의 경험과 연결되는가?

격리된 바보들을 위한 초기 장소는 감옥이었다. "바보들은 국가 비용으로 숙박하고 영양을 공급받는다. 그러나 이들은 치료를 받지는 않는다. 이들은 아주 간단하게 감옥에 내던져진다."(같은 책, 27)

이성과 광기가 근본적으로 통합될 수 없다는 생각은 데카르트와 함께 시작된다. 데카르트에 따르면 사고하는 인간은 미칠 수 없다. 왜냐하면 사고는 모든 오류들로부터 자신을 안전하게 지킬 수 있기 때문이다.

연습 당신은 이성과 광기 사이의 경계를 그을 수 있는가? 사고하는 인간은 광기로부터 벗어날 수 있는가?

데카르트는 광기가 사고(사고하는 것)에서가 아니라 연장을 가진 것(신체, 육체)에서 유래한다고 여겼다. 정신병자와 함께 근대 초기부터 거지, 실직자, 방랑자는 고통의 새로운 장소인 정신병원에 격리되었다. 첫 번째 정신병원은 파리에 건립되었다. 이때부터 유럽과 미국 전역에 퍼진 정신병원에서 모든 입원자는 노동과 도덕을 통해 재사회화되어야 했다. 고통받는 자는 정신착란으로 고통받는 것이 아니라 악한 것, 비사회적인 것을 퍼트리는 자로 오인받고 그로 인하여 처벌을 받았다. 푸코에 따르면 정신병원에는 괴물 같은 인간, 계도되어야 할 개인, 자위행위자들이 모인다(Foucault 2003, 76 이하). 정신병원의 모든 입원자는 이성을 결여한 자로서 동물과 같이 여겨졌다. 정신병자가 동물이라면 그는 모든 소통 관계에서 격리되어야 한다. "사람들은 조련과 사육을 통해서만 고삐 풀린 동물성을 지배할 수 있다." (Foucault 1973, 145) 그러므로 정신병자를 위한 가장 좋은 장소는 동물의 우리이다. 동물적인 광란으로 자유롭게 돌아다니지 못하도록 하기 위해 정신병자들은 사슬에 묶여 있어야 한다. 이때 광기는 고통이 아니라 자기 탓으로 인한 동물성, 동물로의 회귀로 파악된다.

연습 동물의 우리에서 사슬에 묶여 있다면 당신은 어떻게 행동하겠는가?

계몽주의는 먼저 정신병자의 상태를 변화시켰다. 이때부터 정신병자는 격리 대상에서 의학, 특히 정신의학의 연구 대상이 되었다. 의학은 고통받는 자를 감시하고 심문한다. 사슬은 사라졌다. 사람들은 재사회화 과정에서 이성을 강조한다. 헤겔에 따르면 이성은 모든 비이성적인 사람들에게도 존재하는 것이다. 이에 따르면 정신적으로 고통받는 사람에게 문제가 되는 것은 이성이 자기 자신에 대해 가지는 갈등이다. 그러므로 진료는 때때로 잘못된 이성으로 고통받는 자를 배려하는 것이다.

연습 고통받는 자를 치료하기 위해 필요한 결정적 요인이 여전히 그에게 남아 있는 이성의 일부인가?

자연은 심지어 광기를 야기한다. 그러나 개별자가 자신을 치유하기 위해 그의 이성을 사용하지 않는다면 스스로 책임을 져야 한다.

연습 당신은 모든 광인이 고통받으며 치료되기를 원한다고 생각하는가? 당신은 그가 치료에 반대하여 무엇을 말할 수 있다고 생각하는가?

이때부터 새로운 분야로 정립된 정신의학의 틀에서 큰 기준에 따라 광기의 목록을 만드는 것이 시도되었다. 위대한 정신과 의사인 에스키롤Esquirol은 광증, 멜랑콜리, 치매, 정신박약과 함께 편집증을 목록에 덧붙였다. 이후 일반적인 마비, 신경증, 정신이상, 과대망상증, 조발성 치매, 정신분열증이 목록에 포함되었다(같은 책, 199).

그 외에도 광기의 원인에 대한 탐구가 시작되었다. 이때부터 더 광범위한 분야가 광기에 대한 연구에 적용되었다. 이에 따라 유기체 전체의 부분들이 원인이 될 수 있고, 마음의 모든 진행 과정도 광기로 변질될 수 있다는 것이 밝혀졌다. 그러나 푸코는 일차적으로 사회가 성의 억압을 통해 광기를 불러일으킨다고 보았다(같은 책, 223).

연습 당신은 광기의 원인을 무엇으로 보는가?

시민사회의 광기에 대한 푸코의 역사 탐구는 다음과 같은 결과를 제시한다.

- 광기는 유아화infantilisierung이다. 광인은 사회가 현실적인 삶을 억압할 때 인간을 어떻게 변화시킬 수 있는지를 보여 준다.

연습 광기는 인간이 겪는 고통의 원천에 대하여 무엇을 말해 주는가?

- 원시인은 고통을 받지 않는다. 그들은 규정된 광기의 형태를 알지 못한다. 광기는 "문명"과 함께 시작한다. "문명화의 과정에서 변화해 온 광기의 모든 형태는 인간을 파멸시킬 수 있는 탈자연화의 형태와 내용을 일컫는다." (같은 책, 546)

연습 원시인은 어떤 광기도 알지 못하는가?

- 광기는 근대사회와 의학의 제도화로 인한 산물이다. 광기는 근대 산업 체계에 적응하지 못한 광인들의 격리와 낙인찍기를 통해 발생하였다. 광기는 정신의학의 해체와 환자에 대한 의사들의 낙인찍기를 종결시킴으로써 제거될 수 있다.

연습 정신의학의 해체가 광기를 제거할 수 있는가?

고통의 치유

푸코는 후기 연구에서 다시 개인을 발견한다. 이때부터 그는 모든 외적인 권력과 억압에 대항하여 그 자체로 있는 개인의 자율적 노동을 주제로 다룰 수 있었다. 고통과 광기에 대한 대립하는 힘으로서 자기 자신에 대한 염려의 중심에는 성이 놓인다. 성의 문제를 해결하면 모든 고통의 문제도 해결될 수 있다. 성적 억압은 모든 형태의 광기에 대한 원인이 될 수 있다.

연습 성적 억압이 모든 고통의 첫 번째 원인일 수 있는가?

성적 억압은 결코 완전하게 이루어질 수 없었다. 오히려 국가, 교육, 종교가 권력의 이익을 위해 성적 행동을 통제해 왔다. 이후에는 다른 학문들도 성에 대한 논의를 발전시켰다. "우선 의학이 정신병에 대한 연구를 시작하였고, 이후 정신의학이 먼저 방탕함에서 정신병의 원인을 찾았고 점차 자위행위, 불만족, 천성적으로 남을 속이는 것으로 정신병을 확대시키기 시작하였다. 특히 정신의학은 모든 성도착증을 정신병의 가장 근원적인 영역 안에 포함시켰다."(Foucault 1983, 43)

연습 방탕함, 자위행위, 불만족, 성도착증이 고통을 야기할 수 있는가?

"근대사회는 가장 번성한 성도착증의 사회이다. 이 사회는 성에 어떤 경계도 없었으며 성적 만족을 위해 최대의 공간을 제공하였다."(Foucault 1983, 63) 그러나 그와 동시에 근대사회는 성으로 인한 광적인 고통의 장소를 만들기도 하였다. 이에 대해 금욕의 저항이 일어났다. 후기 연구에서 푸코는 쾌락의 의식적 사용을 가르치는 삶의 중요한 기예가 고대 그리스에 있었다는 사실에 주목하였다. 푸코는 『성과 진리』 1, 2권에서 플라톤, 아리스토텔레스, 크세노폰과 그 외의 다른 사람들이 어떻게 중용의 윤리학을 발전시켰는지에 대해 소개한다. "그러나 쾌락이라는 내적인 적을 이긴 사람은 자신의 경쟁자를 이길 수 있는 사람보다 더 아름답다."(Foucault 1989, 214)

연습 당신은 자신의 쾌락을 내적인 적으로 여기는가? 당신의 성적 쾌락을 억누르는 것이 추구할 만한 가치가 있다고 여기는가?

푸코는 『성과 진리』의 3권 "자가 자신에 대한 염려"에서 꿈속의 쾌락을 올바로 다루기 위해 아르테미도르Artemidor의 꿈 해석 방법을 소개한다. 아르테미도르는 꿈속에서 나타나는 성적 상상을 권력의 측면, 즉 우월감 또는 열등감의 측면에서 연구한다.

연습 성적 상징으로서 당신의 꿈은 얼마나 권력의 행위를 보여 주는가?

푸코는 삶의 기예로 인도하고 과도한 성으로 인한 고통의 위험을 물리칠 수 있는 금욕의 훈련을 매우 강조한다. 이러한 금욕의 훈련에는 자기대화, 자기고찰, 하루의 결산, 목적 설정, 자기 자신으로의 복귀 등이 속한다.

연습 당신은 오늘날 소외된 만족의 팽배로 인한 고통을 막기 위해 무엇을 하는가?

푸코는 고대에 행해졌던 자기염려를 성적 고통을 위한 최고의 치유로 여긴다. 그 이유는 다음과 같다.

- 고대의 삶의 기예는 삶의 경영을 주체에게 맡겼다.
- 모든 주체는 이질적인 권력의 요구가 아니라 자기보존의 원리에 따라 행동한다.
- 모든 주체는 성적 쾌락을 소외된 학문이 아니라 진정한 삶을 실현하는 데 기본적으로 사용한다.
- 모든 주체는 쾌락의 욕구를 처리하고 지배하는 자기기술을 소유한다.
- 모든 주체는 자신의 삶으로 예술 작품을 만들 수 있다.

(Kögler 2004, 153 이하 참조)

연습 고대의 자기치유를 위한 위의 문장들이 당신에게는 어떻게 적용될 수 있는가? 당신의 성적 고통을 치유하는 데 적합한 것이 있는가?

비정상의 사례

푸코는 항상 비정상인들에 대해 관심을 가지고 그들의 편을 들었으며, 그들을 비정상인으로 낙인찍는 사회로부터 그들이 받는 고통을 기록하였다. 따라서 사회에 의해 괴로움을 당하는 사람들에 대한 많은 사례가 그의 저작 속에서 발견된다. 특히 푸코는 양성인, 즉 두 개의 성을 가진 인간의 운명에 대하여 연구하였다. 그는 15-17세기에 양성인이 처형되었다고 주장한다. 처형의 사유는 양성인이 악마가 만든 괴물이라는 것이었다. 이와 관련하여 푸코는 안티대 콜라스Antide Collas에 대해 다음과 같이 보고한다. 그는 양성을 가지고 있었다. 그 이유는 그가 사탄과의 관계를 즐겼으며 이러한 사탄과의 관계가 그의 원래 성에 다른 성을 덧붙였기 때문이다. 1599년에 콜라스는 고문을 통해 죄인으로 인정된 후 살아 있는 채로 화형을 당했다(Foucault 2003, 93). 150년 이후 양성은 단지 잘못된 신체 기관의 형성으로 이해되고 있다. 사회는 이들을 주변인으로 만들 뿐 더 이상 살해하지는 않는다. 푸코는 양성인으로서의 정체성을 견디지 못하고 자살한 헤르쿨린 바빈Herculine Barbin의 기억에 대한 책을 출판하였다. 헤르쿨린 바빈은 자신의 기억을 다음과 같이 말하기 시작한다. "나는 많은 고통을 받았고 홀로 힘들어 했으며 모든 사람에게 버림을 당했다. 이 세상에 나를 위한 공간은 그 어디에도 없었다. … 어떤 생명체도 이처럼 끝없는 고통을 겪어서는 안 된다. 그러한 고통이 유년 시절 끝 무렵 나에게 덮쳐 왔다."(Foucault 1998)

연습 양성인에 관해 당신은 무엇을 알고 있는가? 그것에 대해 어떻게 느끼는가? 동정, 수치, 무관심? 당신은 이러한 느낌에 대해 어떤 견해를 가지고 있는가?

또한 푸코는 19세기의 사회가 자위행위를 광기의 근원으로 여겼다고 비난한다(Foucault 2003, 313). 자위행위로 낙인찍히는 것은 모든 연령대의 사람들에게 깊은 고통을 가져다주었다. 낙인찍힌 자위행위자는 다음과 같이 쓰고 있다. "이 습관은 나를 끔찍한 상황에 이르게 하였다. 나는 더 살고 싶은 희망을 전혀 가지고 있지 않다. 나는 현기증을 일으키는 발작 증세를 가지고 있으며 때때로 심장의 통증을 느낀다."(같은 책, 315)

당시 정신과 의사들은 일상적인 병을 유년기의 자위행위로 인한 것으로 원인을 돌렸다. 자위는 19세기에 "모든 병의 일반적인 원인이 되었다."(같은 책, 316) 자위행위를 막는 방법은 가학적이었다. 사람들은 자위를 한 남자아이의 요도에 관을 삽입하고 화학약품으로 요도를 녹여 자위행위를 중단시켰다. 소녀의 경우 음핵을 제거하였다. 19세기에는 마녀사냥 대신에 자위 행위에 대한 억압이 등장하였다. 사회적으로 낙인을 찍는 권력이 다만 그 희생물을 바꿨을 뿐이다.

연습 당신은 오늘날 사회적 낙인에 대해 자신을 방어할 힘을 가지고 있는가, 또는 가질 수 있는가?

현대 심리치료를 위한 푸코의 의의

미셸 푸코는 현대 심리치료에 이중으로 영향을 끼쳤다. 광기에 관한 그의 초기 저서들은 반反정신의학에 대한 자료로 파악될 수 있다. "반反정신의학은 푸코에게 많은 빚을 지고 있다."(Fink-Eitel 2002, 32)

반反정신의학의 주창자에는 토마스 사즈Thomas Szaz, 다비드 쿠퍼David Cooper, 도날드 랭Ronald D. Laing, 어빙 고프만Erving Goffman과 함께 푸코가 포함된다. 반反정신의학에 대한 **다섯 가지 근본적인 논점**이 푸코의 저작에서 제시되고 있다.

a) 광기를 사회 적대적인 것으로 해석하는 것은 환자의 수를 늘리기 위해 의학이 사용하고 있는 권력의 전략이다.
b) 광기의 역사는 병의 이미지와 치료방법이 역사적으로 상대적이라는 것을 보여 준다.
c) 광기가 너무 광범위하게 파악되면 통상적인 위기, 장애, 삶의 투쟁조차 그 자체로 파악되기보다는 오히려 병리학적인 낙인찍기로 나타난다.
d) "광기"라고 규정되는 것은 우연적인 요소에 의존한다. 광기는 역사적 구성물이고 단순한 꼬리표이다.
e) 신체적 병은 발견되고 정신적 병은 발명된다.

(Schramme 2003, 28-66 참조)

이러한 통찰로부터 도출될 수 있는 결론은 사람들이 정신의학과 심리치료를 제거한다면 광기와 고통도 사라진다는 사실이다. 이런 생각으로 푸코는 그와 관련된 모든 연구소에 대해 비판적 입장을 취했다. 그러나 반反정신의학의 역사는 기대했던 만큼의 반향을 얻지 못했다. 그럼에도 불구하고 푸코는 심리치료를 위한 이차적인 동기를 부여하였다. 고대의 자기염려라는 방식을 발견함으로써 푸코는 환자의 자기치료를 위한 과제로서 인지적 심리치료의 방법을 광범위하게 확장시켰다(Kanfer 1996, 416 이하).

마지막 연습 푸코의 어떤 사상이 당신의 고통을 감소시키고 치유하였는가? 그렇지 않은 것도 있는가?

◎ 참고문헌

Foucault, M.: *Psychologie und Geisteskrankheit* [심리학과 정신병]. Frankfurt 1968.
Foucault, M.: *Wahnsinn und Gesellschaft* [광기와 사회]. Frankfurt 1973.
Foucault, M.: *Der Wille zum Wissen* [앎에의 의지]. Frankfurt 1983.
Foucault, M.: *Der Gebrauch der Lüste* [쾌락의 사용]. Frankfurt 1989.
Foucault, M.: *Sexualität und Herrschaft* [성과 지배]. Bd. 1-3, Frankfurt 1993-1998.
Foucault, M.: *Überwachen und Strafen* [감시와 처벌]. Frankfurt 1994.
Foucault, M.: *Über Hermaphroditismus* [양성에 관하여]. Frankfurt 1998.
Foucault, M.: *Die Geburt der Klinik* [임상의학의 탄생]. Frankfurt 2002.
Foucault, M.: *Die Anormalen* [비정상인들]. Frankfurt 2003.

Eribon, D.: *Michel Foucault* [미셸 푸코] Frankfurt 1993.
Fink-Eitel, H.: *Michel Foucault* [미셸 푸코] Hamburg 2002.
Kanfer, F. H.: *Selbstmanagementtherapie* [자기관리치료]. Heidelberg 1996.
Kögler, H.-H.: *Michel Foucault* [미셸 푸코] Stuttgart 2004.
Marti, K.: *Michel Foucault* [미셸 푸코] München 1999.
Schramme, T.: *Psychische Krankheiten aus philosophischer Sicht* [철학적 관점에서 본 정신병]. Gießen 2003.
Taurek, B. H. F.: *Michel Foucault* [미셸 푸코] Reinbek 1997.

19. 삶의 의미에 대한 숙고: 어빈 데이비드 얄롬

"이 세계에 대한 참을 수 없는 구토가
너무나도 일찍 나를 덮쳤다."
— Gustave Flaubert

어빈 데이비드 얄롬Irvin David Yalom, 1931- 은 미국에서 유럽의 실존주의를 물려받은 심리치료를 발전시켰다.

얄롬의 생애

얄롬은 1931년에 워싱턴에서 태어났다. 그의 부모는 야채 가게를 운영하였다. 그는 유년 시절을 흑인들과 빈민촌에서 보냈다. 그는 독서를 일찍 시작한 덕분에 좋은 성적으로 고등학교를 졸업하고 대학에 들어갈 수 있었다. 얄롬은 전공으로 의학을 선택하고 1967년에 정신과 전문의가 되기 위한 공부를 하였다. 그리고 그는 일찍이 모든 환자에게 개별적인 치료가 필요하다는 것을 깨달았다. 그는 값싸고 아주 널리 퍼져 있는 증후 중심의 치료와는 거리를 두었다. 그는 집단 심리치료를 연구한 이후 그에 관한 책 『집단 심리치료의 이론과 실천』을 1970년에 처음 출판하고 성공을 거두었다. 이미 이 책에는 고통과 환자의 치유를 직접적으로 묘사한 이야기들이 수록되어 있다. 이야기에 대한 동일한 원칙은 큰 집단에서 자기경험을 확인하는 과정을 다루는 『대면집단』이라는 그의 책에서도 그대로 적용되고 있다. 얄롬은 프로이트가 제시한 정신분석의 기초에 만족하지 않았다. 그 때문에 얄롬은 실존철학으로 연구의 방향을 돌렸다.

얄롬은 1973년부터 스탠포드대학의 정신과 교수로 재직하면서, 1973년에서 1988년까지 정신과 공동과장을 역임했고, 1994년에 퇴임하였다.

실존철학자들의 영향을 받은 얄롬은 지그문트 프로이트의 욕망의 경제학과 결정론의 이념을 담고 있는 심리적 갈등의 모델을 거부하고, 개인의 고통이 "자신의 실존적 상황과의 대결에서 생겨난다는 것"을 깨달았다(Yalom, 2000, 18).

연습 당신은 고통과 관련하여 어떤 실존적 근거를 알고 있는가?

얄롬은 실존적 심리치료로의 전환을 통해 심리치료에 대한 이야기와 소설을 저술하였다. 그와 관련하여 출판된 책으로는 『나는 사랑의 처형자가 되기 싫다』, 『파울라와의 여행』, 『빨간 카우치』, 『매일 조금씩 더 가깝게』, 『파나마 모자』 등이 있다. 이와 함께 소설 『그리고 니체는 울었다』에서 얄롬은 니체에 대해 연구했고 이 소설에서 니체를 분석하였다. 그리고 이어 독일에서 쇼펜하우어에 관한 책인 『쇼펜하우어 치료*Schopenhauer-Kur*』가 출판되었다. 다른 실존철학자와 마찬가지로 얄롬에게 철학적 담론은 문학적 담론으로 넘어간다. 사람들은 철학적 저작과 함께 생겨난 까뮈와 사르트르의 소설만을 생각하지만 얄롬의 책은 프랑스 실존주의자들과는 다르게 심리치료에서 나온 오래된 경험을 그의 사유로 옮겨 놓고 있다. 그는 고통에 대한 경험과 치료를 수년 동안 임상을 통해 심화하고 구체화하였다. 따라서 실존적 심리치료는 교실에서 생겨난 것이 아니라 항상 치유 공간에서 생겨난 것이라고 말할 수 있다.

철학적 심리치료를 위한 얄롬의 근본원칙은 다음과 같다.

1. 철학적 심리치료는 붓다에 이르는 전통 속에 있다.
2. 인간은 모두 자신의 삶에서 **죽음, 자유, 소외, 무의미**와 같은 궁극적인 실존적 물음과 대결할 수밖에 없다. 이 대결이 좌초될 때 신경증과 정신병으로 이어질 수 있다.
3. 사람들이 위에서 말한 실존적 주제들을 억압에서 해방시킬 수 있다면 좌초되는 것을 막을 수 있다. 이 해방은 죽음의 경우에 다시 태어남의 체험과 정신적 참여의 고양을 통해 뒷받침된다. 자유의 문제는 자기관리를 통해 극복될 수 있다. 고독과 소외는 명상을 통해 활력을 주는 경험으로 전환될 수 있다. 무의미의 극복은 무의미에 대한 저항과 삶의 의미를 부여하는 과정에서 성취된다.
4. 니체 그리고 쇼펜하우어의 사례와 관련하여 얄롬은 심리치료를 소설의 형식으로 표현하였다. 여기에서 그는 철학자인 환자가 치료사를 치유한다는 것을 보여 준다.

얄롬의 철학적 배경

실존철학에 대한 얄롬의 관심은 1950년에 설립된 "인본주의 심리학"이 확장되는 과정에서 생겨났다. 인본주의 심리학은 정신분석, 행동치료와 함께 제3의 힘으로 이해되었다. 인본주의 심리학은 프로이트와 스키너에서 어떤 역할도 하지 못했던 창조성, 고차적인 가치, 자아의 초월, 초월적 경험들과 같은 인간적 경험과 연결되어 있었다. 인본주의 심리학은 칼 로저스Carl Rogers, 롤로 메이Rollo May, 아브라함 메슬로Abraham Maslow, 알두스 헉슬리Aldous Huxley에 의하여 형성되었다. 인본주의 심리학자에게 인간은 전체적 관점에서 파악된다. 인간은 상호작용하며 소통하는 존재이며 넓은 의식의 층을 타고난 존재이다. 그리고 인간은 선택 가능성을 통해 형성되며 미래로 향하는 존재이다. 정신분석과 행동치료에서처럼 단순한 충동, 내적인 태도 또는 행동에 대한 접근으로는 인간의 고통을 충분히 인식할 수 없다.

얄롬은 인본주의 심리학에 고무되어 키에르케고르, 니체, 쇼펜하우어, 하이데거, 야스퍼스Jaspers와 같은 유럽의 실존철학자의 저작에 대해 직접 연구하였다. 그는 하이데거의 수용을 통해 실존적 현존재분석을 성립시킨

의학자들로서 루드비히 빈스방거, 메다르트 보스, 빅토르 프랑클 등과도 친분을 가졌다. 그는 자신의 심리치료를 보다 더 큰 틀 속에서 이해하려고 했다. "우리 치료사는 프로이트, 융으로부터 시작하여 이들의 선구자인 니체, 쇼펜하우어, 키에르케고르와 같이 직접 심리치료를 앞서 수행한 사람뿐만 아니라 예수, 붓다, 플라톤, 소크라테스 … 그리고 인간의 고통이 시작된 이후에 병을 치료해 온 모든 다른 철학자들과 의사들에 이르는 전통 안에 서 있다."(Yalom 2002, 280)

이처럼 철학과의 대결을 통해 얄롬은 다음과 같은 근본적인 인식을 이끌어 내었다. "사람은 모두 자기 삶의 어떤 지점에서 어두운 단계에 돌입하며 어떤 방식으로든 궁극적인 실존적 문제로 골몰한다."(Yalom 2000c, 28) 여기에서 말하는 어두운 단계는 철학이 필요한 시기이다. "철학자의 과제는 다시 억압을 물리치고, 개인으로서 그 또는 그녀가 이미 항상 알고 있는 것을 다시 신뢰하도록 만드는 것이다. 그 외에도 철학자는 개인으로 하여금 자신의 실존적 상황을 직관하고 그 상황에 자신을 던질 수 있는 용기를 북돋아 주어야 한다."(같은 책, 28)

연습 당신은 자신의 실존적 상황을 세 문장으로 표현할 수 있겠는가?

얄롬의 심리론

얄롬은 마음을 기계적으로 이해하는 프로이트를 거부하고 하이데거의 현존재분석론을 심리론의 기초로 수용하였다. 얄롬에게 인간은 생활세계 속에서 타인과 함께 여기에 지금 실존하는 자이다. 생활세계의 개념에서 일상적 경험의 세계는 공동세계로 이해되어야 한다. 일상적 생활세계는 항상 모든 개별자에게 개체적 의미를 지닌다. 그러나 생활세계를 개체적으로 해석하는 생철학의 중요성은 개별자에게 자주 왜곡되고 감추어진다. 특히 얄롬에게 생활세계의 네 영역은 실존적 상황과 실존적 고통의 결정적인 특징들,

즉 **죽음, 자유, 소외, 무의미**로 제시된다. 고통을 극복하기 위해서는 이 네 영역에서 등장하는 심리적 문제가 의식되고 해명되어야 한다. 이에 대한 의식화는 방어기제의 극복을 통해 가능해진다. 이러한 의식화를 통하여 개별자는 일상을 극복하며 억압으로 소진된 자신의 활력을 돌려받는다.

정신적 고통

얄롬은 삶과 죽음이 동시에 실존한다고 여긴다. 우리가 죽음에 대해 지속적으로 생각하지 않을지라도 죽음은 삶에 영향을 준다. 죽음은 모든 불안의 원천이다. 죽음에 대한 불안은 모든 고통의 궁극적 원인이다. 하이데거를 통해 얄롬은 죽음에 대한 망각의 상태와 죽음에 대한 의식의 상태가 있다는 것을 알게 된다. 죽음을 망각하는 것은 염려의 일상적인 형태이다. 우리는 일상적 염려에 빠짐으로서 죽음이 가진 특별한 수행 능력을 억압한다. "죽음은 우리가 본래적인 형태와 방식으로 자신의 삶을 살게 하는 조건이다." (Yalom 2000c, 45) 죽음에 대한 인식과 인정이 삶의 기쁨을 심화시키고 공포와 불안을 우리로부터 몰아낸다. 그리고 죽음을 부정하기 위해 소진된 삶의 힘이 다시 생겨난다.

연습 당신은 죽음에 긍정적인 면이 있다고 생각하는가?

인간을 억압하는 죽음의 불안은 꿈, 환상, 정신병, 신경증에서 나타난다. 죽음의 불안이 가져다주는 억압의 주요 기제는 자신의 특수성에 대한 믿음과 마지막 구원자에 대한 소망이다. 자신의 특수성에 대한 믿음은 강박적 영웅주의, 일중독, 자아도취, 권력 추구, 공황장애로 나타난다. 이 특수성은 불안으로 판정된다. 이 불안은 개별자를 자기의 본성으로부터 벗어나게 하고 자신이 모든 것의 지배자가 되기를 원하며 인간 공동체의 위로를 포기하게 만든다.

연습 당신은 영웅주의의 형태들로서 일중독 또는 인간 공동체와 분리시키는 자아도취에 대해 알고 있는가?

마지막 구원자에 대한 믿음은 근본적으로 종교와 연결된다. 이러한 종교적 믿음은 개인의 발전을 제한하며 언제든지 깨질 수 있는 것이다. 치명적인 질병, 우울증, 마조히즘, 인간관계의 위기로 인해 구원자에 대한 믿음은 깨질 수 있다.

연습 당신은 최종적인 구원자에 대한 믿음의 위기를 체험해 본 적이 있는가?

죽음에 대한 불안은 심각한 정신적 고통, 예를 들어 정신분열증을 초래할 수 있다. 얄롬은 죽음의 불안으로 인한 정신분열증의 발생에 대해 다음과 같은 이유를 제시한다.

1. 삶을 방치해 왔다는 느낌
2. 상실에 대해 당황스런 반응을 빠르게 보이는 너무 박약한 자아에 대한 느낌
3. 친밀한 인간관계(모친과의 관계)를 상실한 느낌

정신분열증 환자는 처절하게 절망하면서도 죽음을 부정하려고 한다.

연습 이러한 이유들 중에 한 가지(또는 여러 가지)가 당신에 나타난 적이 있는가? 이러한 느낌을 없애기 위해 당신은 무엇을 하는가?

"신의 죽음" 이후 우리는 **자유** 아래 놓이게 되었다. 우리의 자유는 세계에 의미를 부여함에서 드러난다. 오늘날 고통을 겪는 사람은 충동에 의한 문제라기보다는 오히려 세계 해석에 대한 자유의 문제를 가지고 있다. 자유에 대한 불안은 공허함과 무감동으로 표현된다. 자유를 억압하기 위해 우리는

거부할 수 없는 낯선 자아가 힘으로 행사하는 세계를 발명한다. 이 힘은 모든 것에서 우리를 강제하며 우리에게서 자유를 빼앗는다. 그렇지 않을 경우 우리는 책임을 회피한다. "과대망상증을 가진 사람은 자주 자기책임을 타인과 다른 힘으로 돌린다."(같은 책, 271)

사람들은 자신을 희생자로 여기거나 자신을 가끔 "미쳤다"고 설명함으로써 자유를 피해 간다. 키에르케고르와 하이데거가 주장하듯이 얄롬도 자신의 자유를 거부하는 사람은 자주 실존적 죄책감을 느낀다고 주장한다.

연습 당신은 자신의 책임을 타인에게 돌리려는 경향을 가지고 있는가? 가끔 자신을 삶의 행위자가 아니라 희생자로 느낀 적이 있는가?

깊은 자기인식의 과정에서 우리는 "인간이 비참할 정도로 홀로 있다"는 것을 경험한다. 얄롬에 따르면 **실존적 소외**는 자기 자신과 다른 생명체 사이에 연결될 수 없는 심연을 의미한다. 하이데거와 함께 얄롬은 다음을 주장한다. "어떤 사람도 타인에게 자신의 죽음을 넘겨줄 수 없다."(같은 책, 422) 우리는 하이데거가 말한 것처럼 삶 속에 내던져져 있다는 것을 경험한다. 그러나 헤아릴 수 없는 고독과 소외의 경험은 감추어져 있고 깊은 침묵 속에 잠겨있다. 그래도 이 경험은 악몽과 신비적인 환상으로 나타난다. 세계는 실존적 소외의 경험에서 섬뜩한 것, 즉 무자비하며 만유 속에 티끌 같은 행성의 무상함으로 나타난다. 실존적 소외는 우리를 무와 마주치게 한다. 이 무는 홀로코스트, 세계 전쟁, 자살행위로 등장한다. 이 경험들은 우리를 동요시킨다. 왜냐하면 이 경험들은 이 세상이 우리가 항상 생각했던 것과는 전혀 다르다는 것을 분명하게 보여 주기 때문이다.

얄롬에 따르면 우리는 실존적 소외를 방어기제를 통해 억압하려고 한다. 실존적 소외의 경험은 가장 깊은 불안의 원천이다. 이 때문에 우리는 관계, 대립, 나와 너의 교제를 추구한다. 에리히 프롬에 따르면 사랑을 추구한다.

연습 당신에게 불안을 야기하는 모든 것을 원하는 동물(전쟁=하이에나, 용기=사자)로 바꾸어 우화를 만들어 보시오. 우화 속의 동물들이 공존하거나 대립하는 이야기를 행복한 결말 또는 불행한 결말로 완성하시오.

그러나 모든 관계 뒤에는 분리와 상실의 불안이 도사리고 있다. 이 불안은 신경증적 애정결핍증을 불러일으키거나 정신병을 만든다. 왜냐하면 사람들은 홀로 있을 때는 실존하지 않는다고 생각하기 때문이다. 이 불안은 고독을 없애기 위해 자살 충동을 일으킬 수 있다. 또한 사람들은 광장공포증의 경우에서처럼 텅 빈 공간을 피한다. 그리고 사람들은 일 중독증처럼 일에 빠질 수 있다. 사람들은 과거에 대한 향수로 도피하려고 한다. 그리고 사람들은 타인들과 섞이려고 노력하며 물건들, 기획들에 몰두하고 지배적인 규범과 관습에 완벽하게 적응하려 노력한다. 자아가 하이데거의 표현처럼 "일상인" 속에서 상실될 때 소외의 느낌이 사라진다고 얄롬은 말한다.

연습 당신은 어떤 방법으로 실존적 고독을 극복하는가?

섹스중독, 강제적 성행위도 소외를 덮으려는 원망에 기초한다. 얄롬에 따르면 키에르케고르의 『유혹자의 일기』는 개별자의 소외와 고독으로부터 벗어나려는 시도를 기술한 것이다.

얄롬은 고통의 네 번째 유형으로 **무의미**를 제시한다. 그는 이에 대해 유일한 철학적 물음은 자살의 문제일 뿐이라고 주장한 알베르트 카뮈를 예로 들고 있다. 얄롬에 따르면 C. G. 융은 모든 신경증 환자의 3분의 1은 무의미의 경험을 통해 생겨난다는 사실을 정확하게 파악하였다. 현대인의 고통은 성적 욕망의 억압과 도착이 아니라 삶의 의미에 대한 결핍에서 생겨난다. 고통은 사회적 원인을 가진다. 후기 산업사회 이후 전통적인 노동의 의미는 모두 사라져버렸다. 의미를 제시하던 종교는 세속화되었다. 빅토르 프랑클이 말하는 "실존적 공허"가 퍼지고 있다. 무의미로 인한 신경증은 알코올중독, 우울증, 강박적 행동, 성적 과잉행동, 무모한 모험으로 나타난다. 신경증은 신체를 파는 행위, 허무주의, 흥미 상실에서 뚜렷하게 드러난다. 흥미 상실의 경우에 개인은 예를 들어 무감각, 권태, 무행동에 빠진다.

연습 당신은 흥미 상실의 느낌에 대해 아는가? 당신은 어떤 의미를 추구하는가?

아주 멀리 떨어져서 바라보면 삶은 무의미하게 보일 수 있다. 고대로부터 많은 철학자들이 "은하계와 은하수의 관점, 우주적 또는 지구적 관점"이라고 말한 것처럼 지극히 높은 곳에서 세계를 고찰하면 우리 그리고 우리와 함께 살고 있는 사람들은 사소하고 어리석어 보인다(같은 책, 563). 우주적 시간과 무한한 공간에서 우리의 삶 전체는 짧게 명멸하는 것처럼 느껴진다. 이에 대해 얄롬은 다음과 같이 말한다. "우리가 이런 관점을 지속적으로 취하게 되면 우리는 죽게 된다."(같은 책, 564)

연습 당신은 지극히 높은 곳에서 지구를 바라보는 우주적 관점에 대해서 아는가? 우주적 관점에서 지구는 어떻게 보이는가?

반항을 통한 치유

죽음의 불안에 대한 치유는 죽음에 의한 파괴를 신체에 국한시켜 이해하고, 죽음을 통해 무화될 수 없는 정신적 신념을 강화시킬 때 비로소 시작된다. 얄롬에 따르면 모든 삶의 순간을 중요하게 만드는 죽음의 관념은 죽음으로 인한 삶의 물리적 파괴를 극복할 수 있게 한다. 하이데거처럼 사람들이 죽음을 "가능성의 불가능성으로 이해할 때 그들이 살아 있는 한에서만 가능성을 가지고 있다는 사실을 깨달을 수 있다."(같은 책, 196)

연습 당신은 물리적인 힘이 쇠퇴하거나 소멸할 때 정신력으로 무엇을 고양시킬 수 있는가?

세상의 소유로부터 벗어나는 것이 죽음의 불안을 가볍게 해 준다. 자기 삶의 외적인 것으로 자신을 규정하려는 태도를 버리는 자는 결국 죽음의 불안의 핵심인 자신의 자아도 포기할 수 있다.

연습 어떤 방법으로 당신은 세상의 소유로부터 벗어날 수 있는가? 당신은 자신의 자아로부터 벗어날 준비가 되어 있는가?

사람들이 죽음의 불안과 정면으로 대결할 때 그 공포는 사라진다. 죽은 사람의 두개골에 대한 관찰은 죽음의 불안을 약화시킨다. 임사체험臨死體驗처럼 죽음의 체험과 재탄생의 체험은 강한 죽음의 불안에 맞설 수 있게 한다. 자신이 매장되는 순간을 생각하기, 자신의 묘비명 쓰기, 유족들에게 유언장 쓰기는 죽음의 불안을 무디게 하는 데 기여할 수 있다. 죽어 가는 사람과의 만남, 공동 장례식은 죽음을 구체적으로 와닿게 한다. 그 외에 삶의 기쁨을 고양시키는 것도 죽음의 불안을 누그러트릴 수 있다.

연습 자신의 매장을 기존 방식과는 다른 방식으로 한다면 어떤 것이 좋을지 계획해 보시오.

자유에 대한 불안의 극복은 다른 사람이 나에게 얼마나 많은 도움을 주는지와 무관하게 스스로를 책임지는 삶의 기예를 통해 가능하다. 스스로를 책임지는 자는 자신의 모든 잠재력을 이끌어 낼 수 있다.

연습 아직 길러내어지지 않은 당신의 자원은 어디에 있는가?

얄롬은 이런 점에서 사르트르의 철학도 수용하고 있다. 인간은 스스로에 대해 책임을 질 수 있을 때 자신을 창조할 수 있다. "우리는 결단을 통해, 행동을 통해 또는 행동하지 않음을 통해 자신을 창조한다."(Yalom 2002, 150) 인간은 자유를 선고받았다. 책임을 떠맡으며 자신의 자유를 형성하는 가장 좋은 방법은 자전적 글쓰기, 꿈 및 백일몽 일기, 삶의 위기에 대한 분석을 통한 자기치료이다.

연습 자기 자신을 관리하는 방법과 수단은 무엇인가?

소외 경험의 극복은 소외에 대한 경험과 함께 스스로 고독 속에 빠지는 것이다. 스스로 자처한 고독의 시기는 중요한 경험을 가져다준다. 명상을 통해 사람들은 소외에 직면할 수 있으며 그 소외를 초월할 수도 있다(Yalom 2000c, 474).

연습 3일 동안 침묵 또는 명상을 통해 소외를 경험해 보시오. 거기에서 당신은 무엇을 의식할 수 있었는가?

고독은 관계를 통해 극복된다. 칼 야스퍼스와 마틴 부버가 강조한 것처럼 얄롬도 실천적 대화를 통한 관계 맺음을 중시한다. 타인이 그것, 사물, 대상에서 너, 파트너, 상대자로 변화될 때 소외는 사라질 수 있다.

소외와 고독을 지양하는 관계는 다음과 같은 측면으로 나타난다.
- 자기 비움
- 완전한 방향전환
- 성장 촉진
- 능동적 파트너십

- 기꺼이 헌신하기
- 상호성

연습 현재 당신이 맺고 있는 인간관계는 위의 어떤 기준을 만족시키는가?

무의미의 극복은 세계가 자유롭게 인간이 세계에 자신이 확신하는 의미를 부여함으로써 세계가 의미를 획득한다는 인식에서부터 출발한다. 의미는 인간이 세계 발전을 위해 어떤 중요성을 가지는지 또는 인간이 각각의 타인을 위해 어떤 중요성을 가질 수 있는지를 인식할 때 부여될 수 있다. 인간은 창조를 완성할 수 있으며, 나아가 두 번째 창조를 수행할 수도 있다. 또한 인간은 어려운 삶에 처해 있는 타인에게 결정적인 도움을 줄 수도 있다.

연습 당신은 결정적인 도움을 줄 수 있는 어려운 삶에 처한 사람을 아는가? 무엇 때문에 당신은 그를 도와주지 못하고 있는가?

인간은 까뮈 또는 사르트르의 전통에서 제시되는 영웅적 허무주의를 통해 무의미에 저항할 수 있다.

의미는 세계에서 실천적 이타주의, 일에 대한 헌신, 창조성, 자기실현, 생산성, 자기초월을 통해 생겨날 수 있다.

연습 당신은 노후에 삶의 의미를 부여하기 위해 어떤 방법을 실천하고 있는가? 또는 어떤 방법을 실천할 것인가?

얄롬에 따르면 무의미의 문제를 극복하는 관건은 무엇보다도 은하수와 은하계의 관점을 넘어서는 데 있다. 은하계의 관점은 그것을 생각하는 정신 속에 세계와 개별자와의 극단적인 거리를 주입시킨다. 엄청난 거리에서 만유를 관찰하는 사람에게 세계는 미소微小한 것으로 나타나며 지구에 사는 우리의 삶은 완전히 의미 없는 것으로 보인다. 이처럼 은하계의 관점을 통해 주어지는 무의미의 경험에 대한 극복은 세계 안에서 지구를 위해 그리고 타인을 위해 일상적으로 참여하는 것으로부터 시작한다. "이러한 참여가 은하계의 관점에서 제시되는 치명적인 물음을 논리적 방식으로 반박하지는 못하지만 그 물음이 헤아리지 못했던 것을 일깨운다."(같은 책, 567) 모든 사람에게는 내부 세계에 참여할 수 있는 잠재력이 있다.

연습 당신은 무엇에 중점적으로 일상적 참여를 하고 있는가? 그 목록을 만들어 보시오.

사례: "그리고 니체는 울었다"

얄롬은 그의 실존주의적 심리치료에서 몇 가지 소설과 이야기를 소개한다. 『나는 사랑의 처형자가 되기 싫다』의 서문에서 그는 다음과 같이 쓰고 있다. "나의 견해에 따르면 심리치료에는 네 가지 실존적 근본사실이 특별히 중요하다. 피할 수 없는 죽음, 자유 … 궁극적인 소외, 마지막으로 인식할 수 있는 삶의 의미에 대한 결핍이 그것이다. 그러므로 이러한 근본사실은 무시무시한 것으로 존재할 수도 있고, 지혜와 충족을 위한 맹아를 보존하고 있기도 하다."(Yalom 1990, 11) 얄롬은 자신의 이야기와 소설에서 정상인이든 고통을 겪는 자든, 치료를 하는 자든, 치료를 받는 자든, 모든 사람에게 실존적 문제가 있다고 주장한다. "이에 대해 우리는 **그들**과 **그들의** 문제라고 말할 수 없다. 그 대신 **우리**는 우리와 **우리 자신**의 문제라고 말해야만 한다. 왜냐하면 우리의 삶과 실존은 항상 죽음과 연결되어 있고, 사랑은 항상 상실과 연결되어 있으며, 자유는 공포와 연결되어 있고, 성장은 분리와 연결되어 있기 때문이다. 우리 모두는 이러한 운명을 공유하고 있다."(같은 책, 25)

얄롬은 두 철학자, 쇼펜하우어와 니체의 사례에서 죽음의 불안을 실존주의적 심리치료에 관한 소설의 형식으로 소개하였다. 널리 알려진 그의 소설 『그리고 니체는 울었다』에서 실제로는 결코 일어날 수 없고 소설에서나 일어날 수 있는 실존주의적 심리치료를 기술하고 있다. 여기에서 치료자와 환자의 역할이 뒤바뀐다. 프로이트의 친구이자 멘토였던 의사 요셉 브로이어Josef Breuer는 1882년 얄롬의 소설에서 니체의 우울증을 치료하려고 시도하지만, 오히려 자신이 니체의 환자가 되고 만다. 철학자가 정신분석가를 치유한다. 니체는 의사의 실존적 위기를 발견하는 데 성공하였다. 브로이어는 다음과 같이 고백할 수밖에 없었다. "나의 마음속에는 절망이 일어나고 있다. 나는 무엇을 위해 내가 살고 있는지, 의미 전체가 어디에 있는지 더 이상 알지 못한다. 나는 나의 몰락과 늙음에 대한 생각에 사로잡혀 있다. 때때로 나는 자살을 생각한다."(Yalom 1996, 204) 브로이어는 니체의 비판적 시선 아래 자신이 늙어 가고 있으며, 노년을 두려워하고 있다고 고백한다.

연습 당신은 삶의 절정에서 죽음의 골짜기를 바라보는 느낌을 아는가? 그 느낌에 대해 기술하시오.

브로이어는 자신의 삶의 위기에서 말한다. "나는 신을 죽였고, 초자연적인 것에 대해 믿지 않는다. 그리고 나는 니힐리즘 속에 빠져 있다." 니체는 정신과 의사인 브로이어가 그의 환자 O. 안나Anna — 본명은 베르타 폰 파펜하임Berta von Pappenheim이었다 — 에 대한 피상적인 사랑이 점점 더 깊어져 가고 있다는 것을 알았다. 그러나 의사와 환자의 관계로서 불가능한 그들의 사랑은 브로이어의 핵심적인 고통이 겉으로 드러난 것일 뿐이었다. 실제로 브로이어는 죽음으로 인한 고통을 겪고 있었다. 철학적인 수단을 통해, 다시 말해 지극히 높은 곳에서 내려다보는 은하계의 시선 또는 죽음이 우리와는 무관하다는 에피쿠로스의 이론을 통해 죽음을 극복해 보려는 시도는 전혀 효과가 없었다. 브로이어는 이런 철학들이 아무 소용이 없다고 말한다. 이에 대해 니체는 **영원회귀 사상**을 제시한다. "당신이 지금까지 살았고 살아왔었던 것처럼 당신은 이 삶을 한 번 더 그리고 무수히 살아야 할 것이다."(같은 책, 361) 죽음은 이러한 회귀 사상에서 소멸한다. 영원한 죽음의 밤 대신에 영원히 회귀하는 삶의 여정이 들어선다. **하나의 삶**을 위한 철학의 과제로서 **영원히 많은 삶**을 제시하는 니체 철학을 받아들일 때 현실적인 삶은 무한히 중요한 의미를 가지게 된다. 오늘날도 사람들은 각자 자신이 영원히 다시 체험하게 될 것을 결단하고 있다. 니체는 말한다. "당신이 오늘날 **자신의 삶**에 대한 생각을 긍정할 수 있도록 그렇게 살아야 한다."(같은 책, 365) 이로부터 브로이어는 깨닫는다. "지금 나의 이 삶이 나의 영원한 삶이다."

연습 당신은 회귀 사상을 통해 영원한 죽음의 밤에 대한 불안을 해결할 수 있는가?

브로이어는 자신이 즉각 억지로 사는 것이 아니라 자신의 삶을 살아야 하며 죽음의 내리막길을 가더라도 **삶의 의지를 가져야 한다**는 것을 깨달았다. 그는 니체가 제안하는 죽음의 불안에 대한 치유를 받아들인다. "오늘 나는 나의 삶이 영원히 회귀한다는 생각을 긍정한다. 결국 나는 '예, 나는 이 삶을 **원하고** 이 삶이 좋다'고 말할 수 있다."(같은 책, 408)

철학자가 삶의 관점을 변화시키는 철학적 수단을 통해 유명한 스타 치료사를 치유한다. 브로이어는 더 이상 우주의 시작과 종말을 인정하고 그 가운데 살아가는 기독교적 일직선의 우주론으로부터 시작하지 않는다. 오히려 그는 영원히 회귀하는 삶을 사는 고대의 순환적 우주론으로 생각을 바꾸었다.

이는 니체가 관점의 변화를 통해 치유의 상상력을 이끌어 내고 있다는 것을 의미한다. "요셉 브로이어, 당신의 정신을 비우려고 노력하시오. 그리고 이 삶을 당신이 수없이 살아야 한다고 생각하시오."

연습 니체의 충고를 따라 보시오. 그 결과는 무엇인가? 이에 대해 기술하시오.

우주적 관점으로부터 작은 지구를 바라보는 니힐리즘의 시선이 사라진다. 지구상의 모든 생명은 우주와 개인의 영원한 회귀를 통해 영원한 의미를 가진다. 죽음의 불안, 사랑의 상실, 자유, 공포, 절망의 고독과 같은 모든 형식의 고통은 니체의 영원회귀 사상에서 진지하게 받아들여질 수도 있고 지양될 수도 있다. 니체는 자신의 철학이 가진 영향을 확인하고 눈물을 흘렸다. 영원 회귀의 사상이 인간들 사이에 전달되자마자 죽음의 불안이 소멸된다. 소설에서 니체는 브로이어의 치료가 끝날 무렵 "영원회귀의 스승, 차라투스트라라는 이름을 가진 페르시아의 선지자와 명예로운 밀회"를 가질 힘을 스스로 얻는다.(같은 책, 438)

얄롬의 두 번째 소설 『쇼펜하우어 치료』에는 심리치료사인 율리우스 헤르츠펠트Julius Hertzfeld의 환자가 중요한 역할을 한다. 필립 슬라테Philip Slate라는 이름을 가진 이 환자는 헤르츠펠트 대신에 쇼펜하우어의 철학을 읽고 실천함으로써 치유가 되었다고 주장한다. 이 환자는 과도한 성 중독증을 겪은 후 처음으로 쇼펜하우어에게서 과도한 성 충동이 자기를 실현시키는 것이 아니라 욕망의 불만족으로 인한 고통으로 인도한다는 사실을 배웠다. 치명적인 암에 걸린 심리치료사 헤르츠펠트는 그때 비로소 자신의 환자로부터 쇼펜하우어의 의미에서 죽음이 두려워할 것이 아니라는 사실을 배운다.

필립 슬라테는 다음과 같은 이유를 제시한다.

- 우리는 출생 전에 이미 비非존재의 영원성을 거쳐 왔다.
- 삶은 나쁘다. 그 때문에 삶의 상실은 나쁘지 않을 수도 있다.

- 삶에의 의지는 불멸한다. 이 의지와 우리의 결합이 우리의 자아를 불멸하게 하는 것은 아니지만 우리의 삶의 의지를 불멸하게 한다.
- 자기초월을 수행하는 사람은 어떤 죽음의 불안도 가지지 않는다.

연습 쇼펜하우어가 당신의 죽음의 불안도 치유할 수 있는가?

율리우스 헤르츠펠트는 필립 슬라테와 함께 집단치료를 그가 죽을 때까지 커다란 정신적 타격을 입지 않고 진행할 수 있었다. 슬라테는 쇼펜하우어의 도움을 통해 죽음의 불안을 느끼는 헤르츠펠트를 치유하였다. 그 후에도 슬라테는 헤르츠펠트의 작업을 계속 도왔다. 소설의 끝에서 환자 슬라테는 헤르츠펠트의 슈퍼비전을 통해 철학 치료사가 되었다.

이처럼 두 번째 얄롬의 소설은 철학과 심리치료의 협력으로 결실을 맺는 과정을 보여 준다.

심리치료를 위한 얄롬의 의의

키에르케고르와 하이데거에 기초하여 발전된 심리치료의 변형은 미국에서 칼 로저스Carl Rogers, 롤로 메이Rollo May, 아브라함 매슬로우Abraham H. Maslow, 올더스 헉슬리Aldous Huxley와 같은 "인문주의적 심리학"에서 확실한 반향을 얻었다.
또한 프리쵸프 카프라Fritjof Capra, 켄 윌버Ken Wilber, 스타니슬라프 그로프Stanislav Grof에 의한 초개인적 심리치료도 실존주의의 영향을 보여 준다. 그러나 실존주의적 심리치료는 미국에서 널리 퍼지지 못했다. 이에 대해 얄롬은 다음과 같이 말한다. "실존적 방향은 많은 임상적 단초들 중의 하나이다. 이 단초는 어떤 배타성의 요구도 하지 않으며 모든 행동을 설명할 만한 조건을 가지고 있지도 않다. 인간의 본질은 너무나 복잡하다. 다르게 말해

인간의 본질을 파악하기 위해서는 너무나 많은 가능성들이 있다."(Yalom 2000c, 40)

마지막 연습 얄롬의 어떤 사상이 당신의 고통을 감소시키고 치유하였는가? 그렇지 않은 것도 있는가?

◎ 참고문헌

Yalom, I. D.: *Die Liebe und ihr Henker* [나는 사랑의 처형자가 되기 싫다]. München 1990.

Yalom, I. D.: *Encounter-Gruppen* [대면집단]. München 1992.

Yalom, I. D.: *Und Nietzsche weinte* [그리고 니체는 울었다]. München 1996.

Yalom, I. D.: *Die Reise mit Paula* [파울라와의 여행]. München 2000a.

Yalom, I. D.: *Die rote Couch* [빨간 카우치]. München 2000b.

Yalom, I. D.: *Existentielle Psychotherapie* [실존적 심리치료]. Köln 2000c.

Yalom, I. D.: *Theorie und Praxis der Gruppenpsychotherapie* [집단 심리치료의 이론과 실천]. Frankfurt 2000d.

Yalom, I. D.: *Jeden Tag ein bisschen näher* [매일 조금씩 더 가깝게]. München 2001.

Yalom, I. D.: *Der Panama-Hut* [파나마 모자]. München 2002.

Yalom, I. D.: *Die Schopenhauer-Kur* [쇼펜하우어 치료]. München 2005.

20. 붓다 의식을 통한 치유: 켄 윌버

"한때 정신병은 신에 의해 허락된 것이었다.
심지어 신은 정신병을 인간에 대한 처벌로 사용하였다."
— Michel Foucault

켄 윌버Ken Wilber, 1949- 는 붓다 의식의 발전에서 고통에 대한 치유의 잠재력을 발견하였다.

윌버의 생애

윌버는 고통의 치료에 대한 가장 근본적인 철학을 발전시켰다. 이를 위해 그는 평생 명상 훈련을 실천하였을 뿐만 아니라 가장 힘든 불운과 힘든 정신적 도전에서도 자신의 뜻을 굽히지 않았다. 오랫동안 그는 "초개인적 심리학 학회"에 소속해 있었으며 학회장을 맡기도 했다. 윌버는 연구 사례에서 자기 자신이 주요 환자였으며 지금도 그렇다는 것을 분명하게 밝히고 있다. 그리고 그는 동양철학의 비판적 수용자이기도 하였다. 그는 동양철학을 서양철학의 대안으로 생각하지 않고 보완적인 것으로 여겼다.

윌버는 1949년 미국에 태어났다. 대학생이었을 때 그는 1968년 학생운동의 대열에 참여했으며, 당시 잠깐 동안 마약에 의한 의식의 확장을 경험하였다. 그때 명상은 보다 더 고차적인 의식의 단계에 이르는 보다 더 신뢰할 만한 길이 되었다. 그런 이유로 그는 생물학 대신에 알랭 와츠Alan Watts의 선禪철학과 크리슈나무르티Krishnamurti의 신新힌두이즘을 공부하였다. 이와 함께 그는 예를 들어 당시에 유행하던 대화심리치료, 교류분석Transaktionsanalyse 또는 정신분석과 같은 심리치료를 연구하였다. 학업을 마친 후 접시 닦기로 생계를 유지하면서 그는 "영원한 철학"이 모든 고통이론과 치료의 근본토대라는 것을 알게 되었다. 윌버는 "영원한 철학"이란 말을 1944년 동일한 제목으로 영어로 출판된 올더스 헉슬리Aldous Huxley의 책을 통해 접하였다. 헉슬리는 "영원한 철학"이 알 수 없는 시대에서부터 존립해 왔으며 보편적인 것이라고 기술하였다. 영원한 철학은 "우선적으로 사물, 생명, 인간의 정신과 같은 다양한 세계의 배후에 신적인 현실이 있음"을 강조한다(Huxley 1949, 15). 감각적 지각은 최종적 실재성을 인식할 수 없다. 지각은 정신적으로 빈곤해진 사람들에게만 의식되는 것이다. 신적인 인식은 심리학의 주제이다. 그러나 이 심리학은 형이상학에서 발원한다. 따라서 헉슬리는 다음과 같이 말한다. "세계의 원근거는 마음 안에 실재할 뿐만 아니라 저 바깥 세계 안에도, 세계와 마음 저편에, 그리고 초월적인 다른 존재에도 실재한다."(같은 책, 18)

연습 당신은 세계와 마음 이전에 실재하며, 심지어 마음속에 흔적을 남긴 원근거에 대해 생각해 본 적이 있는가?

"영원한 철학"은 윌버의 모든 저서와 그의 고통이론을 위한 확고한 틀이 되었다. 1983년 8월 3일 윌버는 영적 혁명에 관한 여러 책을 저술한 성공적인 작가 트레야 킬람Treya Killam을 알게 되었다. 1983년 11월 26일 두 사람은 결혼하였다. 결혼 바로 전에 트레야는 암 판정을 받았다. 이후 5년 동안 윌버는 암과 싸웠다. 이 시기 동안 그는 우울증, 자살충동, 자신과 트레야를 총으로 쏘고 싶은 원망을 체험하였다. 윌버는 심각한 정신적 붕괴로 인해 고통을 겪었으며, 몇 년이 지나서야 비로소 그 고통을 극복할 수 있었다. 윌버는 이 시기에 몇 시간 동안 창문 앞에 정지 상태로 서 있었다. 트레야는 그를 도와 줄 수 없었다. 그녀 자신이 도움이 필요했기 때문이다. 『에로스, 로고스, 코스모스』라는 책으로 윌버는 다시 자신을 알렸다. 그는 자신의 고통 이론을 확장시켰다. 그리고 그는 자신의 사유를 심리학에서 사회학으로, 다음에는 인간학으로, 마지막에는 정치학으로 계속 발전시켰다. 이때 그를 움직인 것은 다음과 같은 물음이었다. "사회 자체가 병들어 있다면 어떻게 고통에 대한 치유가 가능하겠는가?"

연습 사회 자체가 병들어 있다면 어떻게 고통에 대한 치유가 가능하겠는가라는 윌버의 물음에 대해 답해 보시오.

윌버는 세계가 사중적四重的 진화의 관점을 가진 **의식**, **물질**, **사회**, **문화**로서, 그가 명명한 대로 네 개로 이루어진 사분원으로서 통합적으로 이해되어야 한다는 것을 알았다. 현대는 탈형이상학의 시대, 포스트모던의 시대로서 완전히 정신에서 벗어나 물질화된 시대이다. 현대에는 의식, 물질, 사회, 문화에 관한 모든 학문을 통합하는 정신적 동기가 필요하다. 모든 학문의 통합에서도 의식이 신적인 원근거에 기초하고 있다는 이념, 즉 철학에 대한 윌버의 주요이념은 포스트모던의 조건 아래에서도 의미있는 것으로 유지된다.

현대는 유물론, 고삐 풀린 경제학, 세계적인 착취의 저지대低地帶이다. 따라서 윌버의 최종적인 작업은 전도된 사회의 저지대를 영적 혁명을 통해 개혁하려는 목적을 가진다.

철학적 심리치료를 위한 윌버의 근본원칙은 다음과 같다.

1. 모든 정신적 고통은 일자로부터 개별자가 분리됨으로서 생긴다. 일자로의 귀의가 모든 정신적 고통을 제거한다.
2. 정신적 고통은 그 근원에 따라 삶의 과정에서 생긴 외상을 통해 구별될 수 있다. 유년

기의 외상은 정신병과 정신분열의 기초가 된다. 성년기의 정신적 장애는 신경증, 공포증, 실존적 위기가 된다. 노년기에서는 고통이 자기숭배와 과대망상의 형태로 발생한다.

3. 유년기 신경증의 치유는 정신분석을 통해 가능하다. 성년기의 위기는 알프레드 아들러의 치료 또는 철학치료를 통해 치유된다. 노년기의 위기는 고통받는 자가 자기비판적인 붓다 의식을 발전시킬 때에만 극복된다.
4. 개인적 치유는 사회의 치유와 연결되어야 한다. 개인적 치유는 영적인 세계 혁명의 부분이어야 한다.

윌버의 고통의 철학과 그 배경

윌버가 제시하는 고통의 철학은 헉슬리의 "영원한 철학"에 기초하고 있다. 헉슬리는 다음과 같이 쓰고 있다. "신성은 고통이 근접할 수 없는 것이다. 왜냐하면 완전성과 통일성이 있는 곳에는 고통이 없기 때문이다. 고통은 미완성, 분열, 포괄적인 전체로부터의 분리가 출현하는 곳에서 등장한다. … 자신의 유기체 안에 있는 통일성과 신적인 원근거와의 합일을 획득한 개인에게서 고통은 멈춘다. 창조의 목적은 감각하는 모든 존재가 영원한 현실성 전체로 귀의하는 것이다."(Huxley 1988, 308)

연습 당신은 자신의 유기체 안에 있는 통일성과 신적인 원근거와의 합일에 도달했다고 믿는 사람을 아는가? 이런 사람을 무엇으로 확인할 수 있는가?

윌버와 헉슬리의 관점에 따르면 현대인은 신성과 분리되어 있다. 현대인은 돈, 노동, 착취의 결과로서 육체적이고 정신적인 고통을 동반하는 세계를 건설하였다. 헉슬리와 마찬가지로 윌버에게 죽음의 불안에 대한 인간의 근본적인 치유는 "신 중심적인 삶의 방식"으로 전환하는 것이다(같은 책, 316).

연습 신성은 당신에게 무엇을 의미하는가?

윌버는 헉슬리의 전형을 해체하고 신성을 심화시킨다. 윌버는 이때 장 피아제Jean Piajet, 로렌스 콜버그Laurence Kohlberg의 현대 발달심리학과 장 겝제르Jean Gebser의 진화이론, 그리고 위르겐 하버마스Jürgen Habermas를 수용하고 있다. 그는 이것을 다음과 같이 정리한다. "삶은 낙관주의적 혁명의 표현으로서 하나의 사다리에 비유된다. 가장 아래 있는 단계는 물질이며, 가장 높은 단계는 절대정신이다. 물질에서 정신으로의 진화는 항상 후퇴, 즉 위기에 빠질 수 있다. 정신적 원근거를 부정하는 오늘날의 저지대에서 일어나는 개인적이고 집단적인 광기와 공포의 형태는 지구의 많은 부분을 엄습할 수 있다. 오늘날 정신적 원근거로의 발전적 진화는 위험에 직면해 있다."

연습 물질과 절대정신 사이의 사다리에서 당신은 지금 어떤 단계에 있는가?

윌버의 심리론

윌버의 심리론은 C. G. 융의 의식의 단계와 집단 무의식에 대한 이론을 로베르토 아싸지올리의 "정신통합Psychosynthese" 이론 — 이 이론은 의식이 여전히 초의식의 형태들로 구축된다는 것을 주장한다 — 과 연결시킨다. 윌버는 마음을 초개인적 초의식, 개인적 의식, 전개인적 무의식으로 삼분한다. 삶의 과정에 따른 개인적 발전에서 마음 자체는 전개인적 무의식에서 개인적 의식을 거쳐 초개인적 초의식으로 전진하려고 한다. 그러나 주요 세 단계, 즉 전개인적, 개인적, 초개인적 단계는 각기 퇴행과 고통의 다양한 위험에 노출되어 있다.

윌버는 전개인적 영역에서 정신병, 자아도취, 신경증의 원인이 될 수 있는 경험을 인식하였다. 개인적 영역에서는 삶의 목적의 병리학, 정체성의 신경증, 실존적 병리학이 등장할 수 있다.

초개인적 영역에서는 과대망상, 방향상실, 절대정신에서의 자아상실이 잠재되어 있다(같은 책, 155 참조).

연습 당신은 전개인적, 초개인적, 개인적 영역에서 유래하는 정신적 고통에 대해 어떤 것을 알고 있는가?

심리 발달의 사다리와 고통

전개인적 고통은 태어나면서부터 6살까지 발생하며, 어머니-아이 연관의 장애를 통해 정신분열, 정신이상, 자폐의 원인이 될 수 있다. 어머니와의 잘못된 분리는 자아도취, 과대망상, 극단적인 자기몰두, 흥미 결핍, 타인에 대한 감정이입의 결핍을 발생시킬 수 있다. 자아도취증 환자는 부, 권력, 미를 추구한다. 자아도취에 빠진 성인의 모습 뒤에는 공허, 분노, 질투의 느낌이 있다. 자아도취증 환자는 평생 "모성적 파라다이스"의 포기를 거부한다.

윌버에 따르면 정신 신경증은 7-30세 사이에 "의식이 육체적 존재에서 정신적 존재로 움직이기 시작하는" 큰 분기점에서 발생한다(같은 책, 123). 이러한 발달이 좌절되면 인간은 불안, 신경증적 침울함, 공포증, 히스테리 또는 우울증의 형태로 고통을 겪는다.

연습 당신의 의식이 육체적인 존재에서 정신적 존재로 움직이기 시작한 때를 추적할 수 있는가?

개인적 삶의 국면(30-50세)은 잘못된 삶의 목적으로 인해 고통을 겪는다. 그 외에 정체성의 신경증이 등장할 수 있다. "정체성의 신경증 환자는 염려로 인해 또는 자기의 모든 가능성에 대한 감동으로 인해 밤에도 깨어 있다. 이런 사람은 철학자이고, 아주 좋은 의미에서 꿈꾸는 자이며, 내적으로 반성하는 거울을 가진 자로서 자기의 실존을 경이롭게 생각하는 자이다."(같은 책, 126) 이 국면에서는 실존적 병리학도 확대된다. 여기에서 중심적인 것은 삶의 의미에 대한 집중, 죽음의 가능성과 유한성과의 투쟁, 죽음과의 대결이다. 실존적 위기는 실존적 침울함, 실존의 상실(하이데거), 실존적 섬뜩함,

자기실현의 결핍(메슬로우), 실존적 불안(키에르케고르)으로 나타난다.

연습 어떤 고통이 당신의 개인적 삶의 국면을 힘들게 했으며, 힘들게 하는가?

초개인적 삶의 국면(50-90세)에서는 "정신의 어두운 밤", 세속적인 것과 정신적인 것으로 삶의 목적이 분열되는 현상이 일어난다. 또한 계속적인 정신의 발전이 쇠약해지는 육체에 대해 부담을 가질 경우에 "요가 병"(S. 아우로빈도Aurobindo)이 발생할 수도 있다. 이때 환희와 망아와 같은 "유사 열반"의 체험이 있을 수도 있다. 그러나 이것은 정신적이고 영적인 자기숭배로 인한 아폴로 콤플렉스와 비쉬누 콤플렉스로 나타날 수 있다. 윌버는 다음과 같이 말한다. "영원한 철학을 믿는 사람은 여기에서 영적인 위기를 실제적인 정신병과 구별할 수 있을 것이다."(같은 책, 130)

연습 당신은 마지막 삶의 국면에서 나타나는 극단적인 고통에 대해 아는가?

심리 발달의 사다리와 치유

전개인적 고통(0-6세에 발생)은 정신이상 또는 정신분열로서 이에 맞는 심리치료와 함께 약물적인 치료가 동반될 필요가 있다. 자아도취적 병은 어머니와 헤어지면서 일어나는 분리와 개별화 과정을 재개하고 완성시킴으로써 심리치료가 가능할 수 있다. 정신 신경증은 정신분석, 게슈탈트치료 또는 C. G. 융의 그림자 통합 치료가 제공하는 발견의 기술을 요구한다.

연습 당신은 정신분석, 게슈탈트치료 또는 C. G. 융의 치료에 대한 경험이 있는가?

개인적 고통(30-50세)은 잘못된 삶의 목적과 연관된 경우에 아들러의 개인

심리학을 통해 치료될 수 있다. 정체성의 신경증은 치료로서 소크라테스적 대화를 요구한다. "소크라테스적 대화가 보여 주는 것처럼 자기인식의 강화만큼 중요하고 특별한 내용은 없다."(같은 책, 145 이하) 철학함은 유한하며 고통으로 가득한 삶을 위한 현존재의 용기를 제시할 수 있다. 이를 통해 실존적 병리학도 성립될 수 있다.

연습 철학함은 지금까지 당신에게 무엇을 가져다주었는가?

초개인적 고통(50-90세)은 강화된 명상을 통해 야기될 수 있는 것으로서 C. G. 융의 치료에 의해 치유될 수 있다. C. G. 융은 의식의 확장과 상상을 통해 집단적 원형을 통한 감정의 과잉 상태에 있는 자아를 위한 도움을 제공한다. 과대망상의 경우는 오랜 명상을 통해 해결될 수 있다. "요가 병"의 경우는 운동, 다이어트, 음식물 제한 및 설탕, 카페인, 니코틴, 마약의 사용을 제한함으로써 육체를 강화시켜야 한다. 삶의 고통에 대한 최종적 치유는 유럽인에 적합한 붓다 의식을 발전시킴으로써만 도달된다.

연습 당신은 노년기의 영적 위기로 인한 결과에 대해 아는가?

영적 혁명을 위한 철학적 방법

켄 윌버는 명상이 자아도취적 퇴행으로 귀결된다는 주장에 대해 반대한다. 그에게 명상은 붓다 의식이라는 주관적 의식의 발전을 위한 중요한 초석이다. 그러나 명상이 위험하지 않은 것은 아니다. 왜냐하면 마음이 퇴행적인 경향에 노출될 수 있기 때문이다. 명상과 붓다 의식은 치유의 방법으로 충분하지 않다. 고통의 집단적이고 사회적인 측면이 고려되어야 한다. 그렇게 하려면 경제의 유물론적 분석, 사회구조적 연구, 문화적 차이의 분석이 개입되어야 한다. 포스트모던의 저지대라는 객관적 차원에서 발생하는 고통은 의식, 물질, 사회, 문화라는 사분적인 것의 전체에서, 다시 말해 네 개로 이루어진 삶의 사분원四分圓에서 극복되어야 한다. 주관적 고통의 극복을 위한 매개는 영적 자기발전이다. 객관적 고통의 극복을 위한 매개로는 영적 세계의 네트워크를 통해 저지대의 유물론적 세계관을 혁명적으로 변화시킬 수 있는 통합적 살롱, 연구소, 프로젝트, 대학과 같은 것이 있다.

윌버의 사례

윌버는 두 사례를 출판하였다. 첫 번째 사례는 우울증에 관한 것이다. 그는 자신의 부인 트레야의 병으로 인해 치명적인 우울증을 앓았다. 이에 대한 이야기가 『용기와 은총』에 소개되고 있다. 다른 사례는 일기 형식의 자기분석이다. 이 분석은 『단순히 그것*Einfach das*』이라는 제목의 책으로 출판되었다.

윌버는 『용기와 은총』에서 치유될 수 없는 암에 걸린 아내의 죽음이 그에게 가져다준 깊은 우울증을 다루고 있다. 우울증으로 인해 그는 명상을 중단하였다. 그는 점점 술을 많이 마시기 시작하였고 글쓰기를 포기하였다. 결국 바이러스에 전염되어 그는 2년 동안이나 완전히 소진 상태에 빠졌으며 발작에 시달렸다. 어느 날 그는 "더 이상 참을 수 없다고 말하는 사람들이 그렇게 하듯이 세상의 모든 것을 끝낼 수 있는 권총을 사기 위해" 무기 상점에 갈 생각을 하였다(Wilber 1996, 166 이하). 그러나 그는 살인 계획과 자살 계획을 실행하지 않았다. 그만큼 그는 지옥의 밑바닥까지 추락하였다. 계속해서 그는 살인 충동과 자살 충동으로 괴로워하였다. 윌버는 고통스러운 상황에 빠지게 한 부인을 탓하기 시작하였다. 두 사람은 서로에게 책임을 전가하면서도 죄책감이 가지는 소용돌이에 빠졌다. 두 사람의 관계는 심각한 지경에 도달하였다. "우리 둘에게 그러한 고통은 더 이상 참을 수 없는 것이었다. 정신적 고통은 끝이 없는 것처럼 보였고, 우리를 완전히 삼켜 버린 것처럼 보였다. 우리는 숨을 쉴 수 없을 정도로 벗어나기 힘든 고통의 블랙홀

속으로 빨려 들어가고 있었다."(같은 책, 182) 이런 상황에서 윌버에게 갖가지 신경증 증세가 나타났다. 윌버는 그것을 저주라고 생각하였다. "삶의 모든 것은 무미건조하였다. 희망할 것도 기뻐할 것도 없었으며 사라지는 것 외에는 더 이상 할 것이 없었다. 이 시기에 세상이 얼마나 캄캄했는지는 기술하기 어려울 정도이다."(같은 책, 183) 이때부터 그는 자신의 부인을 때리기 시작하였다. 그녀는 분노로 미쳐 날뛰며 비명을 질렀다. 이후에 전환점이 생겼다. "우리는 부부치료를 시작하였다. … 정상적인 상태, 즉 우리 사이에 항상 있었고 한 번도 꺼지지 않았지만 몇 달 동안 말할 수 없는 고통 아래에 묻어 놓았던 사랑으로 되돌아가기까지는 1년이란 시간이 걸려야 했다."(같은 책, 187) 용서의 연습을 실천하고 친구들의 도움을 받게 되면서 윌버를 위한 치유의 시간이 시작되었다. 켄과 트레야는 육체적·감정적·정신적·영적 차원을 배려하는 새로운 시작을 발견하였다. 두 사람은 유아기적인 단계에서 벗어나 고차적인 의식의 단계에 도달하기 위하여 명상을 다시 시작하였다. 결국 이들은 명상을 위해 함께 받아들였던 한 명의 스승을 알게 되었다. 이때 윌버는 깨달았다. "내 생각에 어떤 것으로도 능가할 수 없는 불교의 탁월함이 있다고 한다면 그것은 온전함이다. 불교는 모든 고차적인 의식의 단계를 위한 특별한 실천 방법을 제공하고 있다."(같은 책, 275) 이러한 명상을 통해 윌버는 자신을 계속 치유할 수 있었고, 2년 후 부인이 죽을 때까지 그녀를 돌볼 수 있었다.

연습 어떻게 당신은 죽음에 이르는 병에서 벗어날 수 있는가?

1988년 트레야는 죽었다. 1997년 윌버는 일기를 출판하였다. 이 책은 2001년 독일에서 『단순히 그것』이라는 제목으로 출판되었다. 이 일기는 의식의 발전을 명상을 통해 계속 진척시켜야 하며 동시에 지구상의 모든 사회에 이르기까지 의식의 확장을 위한 구상을 발전시키는 데 노력해야 한다는 윌버의 근본적인 요구를 담고 있다. 이러한 사상은 그에게 마치 폭탄처럼 떠오른 것이었다. 붓다 의식이라는 고차적인 초개인적 의식의 단계는 지금까지 아마도 지구에서 1000분의 1에 해당되는 사람들만이 도달했을 것이다. 99.9%의 인간이 마술적 또는 신화적 의식의 전개인적 단계에 여전히 살고 있거나 그들은 개인적 단계에서 이성적 의식을 소유하고 있다.

1997년 내내 윌버는 다음과 같은 물음을 가지고 고민하였다. 전개인적 인간과 개인적 인간이 어떻게 초개인적인 의식으로 고양될 수 있는가? 윌버는 다음과 같이 구별하기 시작하였다. 미국에서 60%의 사람은 성경을 믿으며, 10%는 휴머니스트이고, 20%는 종교로서의 자본주의를 대표하는 자들이다. 대략 9%가 뉴에이지 추종자들이다. 윌버는 묻는다. "이러한 소수의 초개인들이 15% 내지 20%가 되려면 어떻게 해야 하는가?" 1997년에 그가 연구한 대답은 다음과 같다. 오늘날 성경과 자본의 연합으로 인한 권력은 대학, 연구소, 살롱, 학교에 의해 비판되어야 한다. 신비적인 초개인적 붓다 의식이 확대될 때 비로소 "삶과 죽음, 존재와 비존재, 실존과 몰락의 고통이 멈춘다. 왜냐하면 사람들은 모든 시간 이전에, 그리고 모든 진화의 순환 이전에 무시간적이며 태어나지 않고 죽지 않는 순간 속에서 평안을 누릴 수 있기 때문이다."(Wilber 2002, 415)

신화 또는 돈을 통해서 갈등을 해소할 수 없는 고통스런 사회는 영적인 혁명을 필요로 한다. 성경과 돈이 점점 더 잘못된 미신으로 정체를 드러낼수록 혁명을 위한 기회는 더 커진다. 윌버는 자기분석을 통해 고차적 의식의 단계에 대한 심오한 경험을 하였고 세계가 몇몇의 소수에게서만이 아니라 모두에게서 고통의 극복을 요구한다는 필연성을 알게 되었다. 붓다 의식의 획득이 전 지구적으로 일어나지 않는다면 미래에 인류는 자기파멸에 이르는 위협을 받게 될 것이다.

연습 유럽에서도 영적 혁명이 가능한가?

심리치료를 위한 윌버의 의의

윌버는 초개인적 심리치료 분야에서 가장 유명한 철학자이다. 그러나 그는 스타니슬라프 그로프Stanislav Grof와 사이가 나빠져 '초개인적 심리치료학회'에서 탈퇴하였다. 윌버가 보기에 그로프는 출생외상 이론을 통해 초개인적 활동을 방해하는 전개인적 활동에 의식을 고정시키는 심리학을 주장하였다. C. G. 융의 원형 심리학도 윌버에게는 상당히 전개인적 차원에 고정되어 있는 것으로 여겨진다. 정신통합 이론의 대표자 로베르토 아싸지올리에 대해서도 윌버는 반대한다. 그에 따르면 아싸지올리는 초개인적 의식의 발전을 위한 사회적 조건들을 완전히 무시하였다. 무엇보다도 윌버는 고통의 근본적인 치유는 사회적 기준에 따라 수행되어야 한다고 주장한다. 이러한 이념은 개인 고객을 주 대상으로 하는 대부분의 미국 초개인적 심리치료에서 받아들여지지 않고 있다. 독일의 심리치료에서도 윌버가 잘 받아들여지지 않고 있다는 사실은 크게 놀랄 만한 것이 아니다.

마지막 연습 윌버의 어떤 사상이 당신의 고통을 감소시키고 치유하였는가? 그렇지 않은 것도 있는가?

◎ 참고문헌

Wilber, K.: *Wege zum Selbst* [자기로 향하는 길]. München 1984a.

Wilber, K.: *Halbzeit der Evolution* [발전의 휴식기]. München 1984b.

Wilber, K.: *Psychologie der Befreiung* [해방의 심리학]. Bern 1988.

Wilber, K.: *Eros, Logos, Kosmos* [에로스, 로고스, 코스모스]. Frankfurt 1996a.

Wilber, K.: *Mut und Gnade, In einer Krankheit zum Tode bewahrt sich eine große Liebe* [용기와 은총. 죽음에 이르는 병에서도 위대한 사랑은 유지된다]. München 1996b.

Wilber, K.: *Ganzheitlich handeln* [전체적 행위]. Freiamt 2001a.

Wilber, K.: *Integrale Psychologie* [통합 심리학]. Freiamt 2001b.

Wilber, K.: *Einfach das. Tagebuch eines ereignisreichen Jahres* [단순히 그것. 파란만장했던 시기의 일기]. Frankfurt 2002.

Huxley, A.: *Die ewige Philosophie* [영원한 철학]. Zürich 1949.

Visser, F.: *Ken Wilber. Denker aus Passion* [켄 윌버. 열정의 사상가]. Petersberg 2002.

결론

철학적 심리치료의 단초와 방법

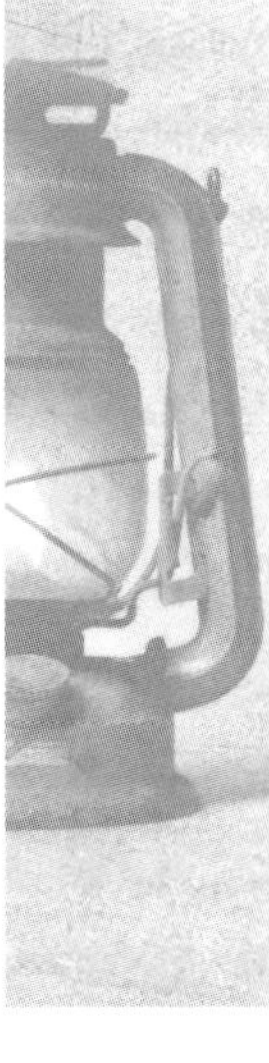

단초

심리치료로서의 철학에 대한 개관

개관에 대한 해석

철학적 심리치료의 세팅

단계와 방법

국면

철학적 심리치료의 단초와 방법

단초

정신적 고통과 싸우기 위한 가장 중요한 잠재력은 이성적 계몽의 영역에 있다. 많은 정신적 고통은 허구와 잘못된 생철학으로부터 생겨난다. 이러한 잘못된 생철학에 대한 이성적 교정은 중요한 치유의 방법이다. 20세기에 심리치료를 위한 이성적 치료는 알버트 엘리스Albert Ellis의 합리적 정서치료와 자기관리 치료에 제한되어 있다. 그러나 앞에서 본 것처럼 붓다와 플라톤에서부터 존재해 왔고 얄롬과 켄 윌버까지 이르는 철학적 심리치료는 이성적 치료에만 머물러 있지 않다. 철학적 심리치료는 이성적 심리치료가 발견한 것보다 훨씬 더 넓은 영역, 다시 말해 초개인적·초이성적 영역을 포함한다. 철학적 심리치료는 잘못된 생철학들의 교정을 위해 노력할 뿐만 아니라, 합리성을 통해 도달할 수 없는 초이성적인 영역으로의 접근을 허용함으로써 마음의 치유를 발전시키려고 시도한다.

그러나 철학적 심리치료는 두 가지 방법으로만 실천될 수 있다. 철학적 심리치료는 자신의 책임에 기초한 자기치료로서 스스로 사유하는 철학자를 통하여 실천적인 것이 될 수 있거나 의사 또는 심리치료사의 방법적 수단으로 활용될 수 있다. 철학적 심리치료를 실천하는 철학자는 철학적 심리치료에 대해 자신의 내담자들에게 정보를 제공하고 그들에게 철학적 자기치유를 위한 동기를 부여할 수 있다.

우리는 이제 심리치료로서의 철학의 발전에 대한 개관을 다음과 같이 제공한다.

심리치료로서의 철학에 대한 개관

	철학자	고통	치유	방법	사례
고대와 중세					
1	붓다	자아는 고통이다	초개인적 의식	명상	살인자의 강박신경증
2	플라톤	신체로 인한 고통	이데아로의 고양	초월	치유된 소크라테스
3	세네카	감정으로 인한 고통	무감정	감정을 무디게 함	정치가 루킬리우스
4	보에티우스	죽음의 불안	초개인적 의식	신성으로의 자기고양	철학적 자기분석
5	몽테뉴	노년의 불안	에피쿠로스의 초연함	단순한 사람으로부터 삶을 배움	철학적 자기분석
6	버턴	멜랑콜리	멜랑콜리의 해부학	삶을 긍정하는 모든 가치	다양한 멜랑콜리 환자
근대					
7	칸트	비이성	이성	상상력의 비판	스웨덴보리와 자기분석
8	메스머	활력의 상실	최면	에너지 전이	소녀 파라디스
9	키에르케고르	무에 대한 불안	믿음에 대한 사유를 통하여	불안을 공포로 변화시킴	가장 불행한 사람
10	쇼펜하우어	망각에 의한 고통	억압의 제거	불교적 명상	샤리테 병원의 두 사례
11	니체	신체의 억압	신체의 해방	모든 가치의 전도	광인과 자기분석
20세기					
12	프로이트	자아의 분열	이드가 있던 곳에 자아가 있어야 한다	자유연상과 꿈 해석	늑대인간과 슈레버
13	아들러	무력함	공동체감	우주적 의식의 체험	도스예프스키와 자기분석
14	융	정신의 분열	개별화	원형의 확장	니체
15	하이데거	실존의 상실	존재의 빛	시적 사유	철학적 자기분석
16	프롬	죽음에 대한 사랑	삶에 대한 사랑	사회적 성격분석	아돌프 히틀러
17	시오랑	절망	세계도피	불면	좌초한 자
18	푸코	광기의 분리	낙인찍기 폐지	자기 자신에 대한 염려	도착증 환자
19	얄롬	좌초의 한계경험	의미부여	실존분석	니체, 쇼펜하우어
20	윌버	퇴행	붓다 의식의 혁명	명상	부부를 위한 철학적 분석과 자기분석

개관에 대한 해석

1. **고대와 중세**는 이미 심리치료로서의 철학을 위한 근본토대들을 마련하고 있었다. 이 시대에 이미 가장 중요한 병(자아, 신체, 감정, 죽음, 늙음, 권태로 인한 고통)이 알려져 있었다. 그리고 당시 사람들은 이 치료 과정을 초개인적 의식의 발전 과정 또는 자기주장의 발전 과정으로 불렀다. 사람들은 명상에서부터 단순 소박한 삶의 모방에 이르기까지 다양한 방법을 가지고 있었다. 이를 위해서는 치유된 살인자로부터 신경증에 걸린 정치가에까지 이르는 여러 사례들이 제시될 수 있다. 그리고 이 시대에는 철학적 자기분석도 이미 형성되어 있었다.

2. **근대**는 고통의 원천으로서 인간 자신과의 투쟁을 중시한다. 인간은 비이성, 활력의 상실, 무에 대한 불안, 외상, 욕망, 억압으로 인해 고통을 받는다. 치유를 위해 인간 상호 간의 관계와 인간 내면의 변화가 중시되었다. 이를 위한 방법들이 확대되면서 암시, 삶의 가치의 전도, 육체노동이 추가되었다. 철학적 자기분석에 대한 많은 사례들이 있지만 그중에 예를 들어 쇼펜하우어의 경우는 정신병원의 환자들도 철학적 심리치료의 내담자가 될 수 있다는 것을 보여 준다.

3. **20세기**는 인간 자신과의 투쟁이 한층 더 고양되고 있음을 보여 준다. 인간은 자기 자신을 상실하고 무력감에 빠지며 정신분열증에 이를 수 있으며, 죽음에 대한 사랑으로 생명을 저주하고 생명을 파괴하는 위험으로 인해 고통을 받는다. 치료방법으로 무의식의 극복과 아울러 초의식의 개방이 제시되며 자기주장도 등장한다. 이와 함께 치료방법으로 시적 사유, 신화의 확장, 사회적 성격 분석, 실존분석과 함께 켄 윌버가 제시하는 네 개로 이루어진 존재의 사분원에 대한 연구가 추가된다. 니체는 가장 선호

되는 사례가 되었다. 그리고 도스토예프스키와 마찬가지로 히틀러가 환자로서 여겨지며, 프로이트의 많은 사례가 등장한다.

철학을 심리치료로 보는 시각은 심리학의 역사(F. 두세Doucet, H. 바너Bahner 등)에서도 정신의학의 역사(E. 쇼르터Schorter, R. 되너Döner, R. 포르터Porter, W. 라이브브란트Leibbrand/A. 베틀리Wettley, F. G. 알렉산더Alexander/S. T. 셀레스닉Selensnick)에서도 나아가 심층심리학의 역사(H. F. 엘렌베르크Ellenberger, D. 아이케Eicke)에서도 발전되지 않았다. 이 모든 것들은 외적으로만 소급된 철학적 심리치료의 이미지만을 보여 주며, 정작 고통에 대한 철학적 연구에 대해서는 철저하게 침묵하고 있다.

철학적 심리치료의 세팅

철학적 심리치료의 주된 형식은 자기분석이다. 이와 함께 소크라테스적 대화 또는 실존적 대화를 통한 상담의 형식도 있다.

오늘날 철학적 심리치료는 건강한 자아의 구조를 가진 사람의 가벼운 장애의 고통과 자기치료의 세팅을 위해서만 적용되는 기회를 가진다. 이 세팅은 예를 들어 철학 카페와 같은 철학적 자기치료 모임을 통해 안전하게 적용된다. 철학 카페는 특히 이성적이고 초이성적 영역에서 심리치료에 대한 보완적 지식을 가진 철학자들에 의해 운영되어야 한다.

단계와 방법

철학적 심리치료는 자기치료로서 다음과 같은 단계로 발전된다.

1 단계: 정신적 고통 기술하기
2 단계: 정신적 고통의 근거 발견하기
3 단계: 정신적 고통의 치유를 위한 기회 해명하기
4 단계: 정신적 치유의 촉진을 위한 철학적 방법 적용하기

국면

네 단계로 시작하는 철학적 자기치료는 네 국면을 가진다.

첫 번째 국면: 일기 쓰기
두 번째 국면: 이 책『치유 — 심리치료로서의 철학』읽기와 연습하기
세 번째 국면: 철학 카페 방문하기
네 번째 국면: 철학적 자기치료 모임 만들기

네 단계와 네 국면은 각각 다음과 같은 내용으로 진행된다.

네 단계의 구체적 내용

1단계: 기술하기

첫 번째 단계에서는 보에티우스의 진단적 물음이 사용될 수 있다.

- 세계는 나에게 의미가 있는가 아니면 의미가 없는가?
- 내가 알고 있는 한에서 자연의 목적은 무엇인가?
- 나를 위한 세계는 악한 신으로부터 나온 것인가?
- 나는 자유로운가?

2단계: 근거 발견하기

두 번째 단계에서는 고통의 근원에 대한 붓다의 진단으로 시작될 수 있다.

그러나 이 단계는 푸코, 프롬 또는 윌버가 제시하듯이 고통의 사회적 근원에 대한 물음과도 연결되어야 한다.
이때부터 얄롬의 실존적 물음이 제기된다.

- 언제 당신에게 죽음이 모든 고통의 원천으로서 처음 의식되었는가?
- 당신은 죽음에 대한 어떤 철학적 이념을 가지고 있는가?
- 어떤 상상과 꿈이 자주 당신의 죽음과 연관되는가?

(I. D. Yalom, *Der Panama-Hut* [파나마 모자]. München 2002, 142 이하)

3단계: 치유하기

세 번째 단계에서는 이성적인 일상의 의식을 넘어 고통에 대한 통찰의 확장, 즉 철학적 관점의 개방이 요구된다. 여기에서는 쾌락주의를 넘어서는 이타주의, 선한 일을 위한 헌신, 초연함, 창조성, 자기실현, 그리고 이념, 공동체, 초월을 향한 방향 전환에서 획득할 수 있는 삶의 목적에 대한 물음이 제기된다.

4단계: 방법 적용하기

네 번째 단계에서는 자유연상과 꿈 해석을 위한 여덟 가지 방법으로부터 윌버의 명상에 이르는 방법을 적용한다.

네 국면의 구체적 내용

첫 번째 국면: 일기 쓰기

위의 네 단계 모두 치료를 위한 철학적 일기를 통해 정리되어야 한다. 일기는 첫 번째 4주 동안에 매주 1단계씩, 4단계를 모두 거치는 과정에서 경험한 내용을 작성한다.

- 첫째 주에는 "나의 정신적 고통"을 주제로 글을 쓴다.

- 둘째 주의 주제는 "나의 정신적 고통의 근거에 대한 나의 추측들"이다.
- 셋째 주는 "나는 어떻게 치유될 수 있는가?"라는 주제에 집중한다.
- 넷째 주의 주제는 다음과 같다. "나는 어떤 철학적 치유의 방법을 알고 있으며 그것이 나에게 어떤 효력이 있는가?"

두 번째 국면: 읽고 철저하게 연습하기

자기치료의 두 번째 국면은 이 책 『치유 — 심리치료로서의 철학』을 읽고 철저하게 연습하는 과정이 포함될 수 있다.

세 번째 국면: 철학 카페 방문하기

세 번째 국면에는 규칙적인 철학 카페 방문이 포함되어야 한다.

네 번째 국면: 철학적 자기치료 모임 만들기

네 번째 국면에서 필요한 철학적 자기치료 모임의 결성은 자신의 철학적 치료 일기를 발표할 수 있는 공간을 제공한다. 철학적 자기치료 모임은 이 책 『치유 — 심리치료로서의 철학』을 함께 정리하면서 2-3년 정도 걸리는 철학적 자기사유의 긴 작업으로 진행될 수 있다. 자기치료사는 이 기간 동안 철학적 치료 일기를 안내할 수 있다.

부록

심리치료로서의 철학을 위한 가장 좋은 연습들

심리치료로서의 철학을 위한 연습들이 철학적 자기분석과 자기통합의 의미에서 한 번 더 반복되어야 한다. 이를 위해 제안할 수 있는 가장 좋은 연습들은 다음과 같다.

1. **붓다: 다음의 근본적인 물음에 대답하시오.**
   고통은 무엇인가? 고통의 발생은 무엇인가? 고통의 극복은 무엇인가? 고통을 극복하는 길은 무엇인가?

2. **플라톤: 영혼의 심급에서 일어나는 갈등에 대한 분석**
   당신의 육체는 얼마나 정신적 장애에 영향을 끼치는가?

3. **세네카: 심리치료에서 죽음의 의미**
   당신은 죽음을 마지막 의사로서 받아들일 수 있는가?

4. **보에티우스: 모든 치료는 다음과 같은 철학적 물음을 고려해야 한다.**
   고통은 의미 없는 것인가? 세계를 조종하는 자가 있는가? 자연은 어떤 목적을 가지고 있는가? 인간에게 자유가 있는가?

5. **M. 몽테뉴: 상상의 구속**
   어떤 상상이 당신에게 가장 큰 불안을 일으키는가? 그 목록을 작성하시오.

6. **R. 버턴: 긍정적 사유의 힘**
멜랑콜리는 잘못된 상상의 결과이다. 당신은 어떻게 긍정적 사고로 돌아가는가?

7. **I. 칸트: 모든 정신병은 비이성에 기초한다.**
비이성은 자기인식의 지옥행을 초래한다. 당신은 어린 시절부터 자신에 대해 어떤 크고 작은 상상을 품었는가?

8. **F. A. 메스머: 정신병 = 활력의 결핍**
어떤 방법으로 당신은 자신의 활력을 고양시키는가? 약화시키는 방법과 고양시키는 방법을 목록으로 작성하시오.

9. **S. 키에르케고르: 정신적인 병은 자기분열이다.**
당신은 자기 자신에 대해 절망하고 자기 자신이기를 원하지 않는가?

10. **A. 쇼펜하우어: 광기는 억압에서 생긴다.**
당신은 삶에서 어떤 외상을 체험했고 그것의 근거에 대해 많이 알고 있는가? 당신의 삶에서 추측할 수 있는 외상에 대해 자유롭게 한 장 분량의 글을 써 보시오.

11. **F. 니체: 신체가 계속 억압되면 모든 사람은 광기로부터 위협을 받는다.**
당신은 신체의 억압을 어떻게 피할 수 있는가?

12. **S. 프로이트: 잘못된 억압은 신경증으로 다시 돌아온다.**
당신의 전기적 원인에서 오늘날 아직 밝혀지지 않은 신경증적 증후는 어떤 것이 있는가?

13. **A. 아들러: 모든 고통은 무기력에서 발생한다.**

한편에 당신이 삶에서 체험한 모든 무력함의 경험을 목록으로 작성하고, 다른 한편에 이러한 무력함을 상쇄시킬 방법을 제시하시오.

14. **C. G. 융: 광기는 집단 무의식의 원형이 의식을 뒤덮으면서 발생한다.**

당신은 신화적 주제를 가진 밤의 꿈 또는 백일몽을 꾸는가? 그것의 전기적 원인을 찾고 그 주제와 연관된 다른 문화에 대해 알아보시오.

15. **M. 하이데거: 자기망각에서 모든 고통은 초래된다.**

당신은 자신의 삶 전체를 항상 소홀하게 여겨 오지 않았는가?

16. **E. 프롬: 사회가 광기에 빠지게 만든다.**

당신은 자본주의의 세계화로 인해 어떤 고통을 받는가?

17. **E. M. 시오랑: 고통은 악한 신의 산물인 것처럼 보인다.**

당신은 창조 이전과 이후에 있는 선한 신을 믿는가?

18. **M. 푸코: 성의 억압이 광기에 빠지게 만든다.**

당신은 어떻게 성적 긴장을 푸는가?

19. **I. 데이비드 얄롬: 죽음은 모든 고통의 핵심이다.**

당신은 죽음, 소외, 무의미에 대해 어떻게 대처하는가?

20. **K. 윌버: 붓다 의식으로의 귀의를 통해서만 모든 고통은 끝난다.**

당신은 매일 명상을 하는가?

심리치료로서의 철학을 위한 강독

모임	책 제목
첫 번째 모임: 고통으로부터의 해방	**Buddha**, *Buddhas Reden* [붓다의 교설]. Reinbek 1961.
두 번째 모임: 이데아로의 상승	**Platon**, *Texte zur Idee* [이데아에 관한 문헌들]. In: H.-G. Gadamer (Hrsg.) Frankfurt 1986.
세 번째 모임: 스토아학파에서 고통의 힘	**Seneca**, "Von der Kürze des Lebens" [삶의 짧음에 관하여]. In: Seneca, *Philosophische Schriften* [철학적 저작들]. Bd. 2, Wiesbaden 2004, 115 이하.
네 번째 모임: 신성이 모든 고통을 제거한다	**Boëthius**, *Trost der Philosophie* [철학의 위안]. München 1991.
다섯 번째 모임: 상상을 꿰뚫어 봄	**Michel de Montaigne**, "Über die Macht der Phantasien" [상상의 힘에 대하여]. In: *Essays* [수필집]. Frankfurt 2002, 148-164.
여섯 번째 모임: 멜랑콜리를 극복함	**Robert Burton**, *Die Anatomie der Schwermut* [우울증의 해부학]. Frankfurt 2003.
일곱 번째 모임: 이성의 힘	**Immanuel Kant**, "Von der Macht des Gemütes, durch den bloßen Vorsatz seiner krankhaften Gefühle Meister zu sein" [순수한 결심을 통해 자신의 병적 느낌을 지배할 수 있는 심정의 힘에 관하여]. In: *Werke* [전집]. Bd. VI, Darmstadt 1964, 371-393.
여덟 번째 모임: 최면의 힘	**Franz A. Messmer**, *Abhandlung über die Entdeckung des thierischen Magnetismus* [동물적 자력의 발견에 관한 시론]. Tübingen 1985.
아홉 번째 모임: 죽음에 이르는 병과의 대결	**Sören Kierkegaard**, *Die Krankheit zum Tode* [죽음에 이르는 병]. Reinbek 1960.
열 번째 모임: 무의식의 발견	**Arthur Schopenhauer**, "Über den Wahnsinn" [광기에 대하여]. In: *Die Welt als Wille und Vorstellung* [의지와 표상으로서의 세계]. Bd. 2/2, Zürich 1977, 472-476.

모임	책 제목
열한 번째 모임: 신체의 멸시에 대한 극복	**Friedrich Nietzsche**, "Der tolle Mensch" [광인]. In: *Werke* [전집], Bd. 2, München 1960, 126-128.
열두 번째 모임: 무의식의 치료	**Sigmund Freud**, "Zur Psychotherapie der Hysterie" [히스테리의 심리치료]. In: *Gesammelte Werke* [전집]. Bd. 1, Frankfurt 1972, 252-312.
열세 번째 모임: 힘으로 인한 고통	**Alfred Adler**, *Der Sinn des Lebens* [삶의 의미]. Frankfurt 1980.
열네 번째 모임: 원형의 힘	**Carl G. Jung**, "Die Auseinandersetzung mit dem Unbewussten" [무의식과의 대결]. In: *Erinnerungen, Träume. Gedanken* [기억, 꿈, 생각]. Zürich 1962.
열다섯 번째 모임: 의미에 대한 근본적인 물음	**Martin Heidegger**, *Zollikoner Seminare* [졸리콘 세미나]. Frankfurt 1994.
열여섯 번째 모임: 광적인 사회의 극복	**Erich Fromm**, "Wege aus einer kranken Gesellschaft" [병든 사회로부터 벗어나는 길]. In: *Gesamtausgabe* [전집], Bd. 4, Stuttgart 1980, 1-254.
열일곱 번째 모임: 절망의 절정에서	**Emile M. Cioran**, *Auf den Gipfeln der Verzweiflung* [절망의 절정에서]. Frankfurt 1997.
열여덟 번째 모임: 광기와 사회	**Michel Foucault**, *Wahnsinn und Gesellschaft* [광기와 사회]. Frankfurt 1973.
열아홉 번째 모임: 한 철학자의 치료	**Irvin D. Yalom**, *Und Nietzsche weinte* [그리고 니체는 울었다]. München 1996.
스무 번째 모임: 영적 혁명을 통한 치유	**Ken Wilber**, "Der eine Geschmack" [하나의 취향]. In: *Ganzheitlich Handeln* [전체적 행위] Freiamt 2001, 153-158.

심리치료로서의 철학을 위한 일반 문헌

Achenbach. G. B./Macho, T. H.: *Das Prinzip Heilung* [치유의 원리]. Köln 1985

Alexander, F. G./Selesnick, S. T.: *Geschichte der Psychiatrie* [정신의학의 역사]. Konstanz 1969

Berg. M.: *Philosophische Praxen im deutschsprachigen Raum* [독일어권에서의 철학실천]. Essen 1992

Botton, A. de: *Trost der Philosophie. Eine Gebrauchsanweisung* [철학의 위안. 사용설명서]. Frankfurt 2002

Condrau, G. (Hrsg.): *Psychologie der Kultur* [문화 심리학]. Bd. 1+2, Weinheim 1982

Dörner, K.: *Bürger und Irre* [시민과 정신병자]. Frankfurt 1984

Doucet, F.: *Geschichte der Psychologie* [심리학의 역사]. München 1971

Eicke, D. (Hrsg.): *Tiefenpsychologie* [심층 심리학]. Bd. 1-4, Weinheum 1982

Ellenberger, H. F.: *Die Entdeckung des Unbewussten* [무의식의 발견]. Bd. 1+2, Zürich 1972

Foucault, M.: *Wahnsinn und Gesellschaft* [광기와 사회]. Frankfurt 1973

Gödde, G.: *Leitlinien des Unbewussten. Schopenhauer, Nietzsche, Freud* [무의식의 주요노선. 쇼펜하우어, 니체, 프로이트]. Tübingen 1998

Hadot, P.: *Philosophie als Lebensform* [삶의 형식으로서 철학]. Frankfurt 2002

Hadot, P.: *Wege zur Weisheit* [지혜의 길]. Berlin 2002

Hamlyn, D. W.: *Being a philosopher. The history of a practice* [철학자 되기. 실천의 역사]. London 1992

Hinterhuber, H.: Die Seele [영혼]. Wien 2001

Hoch, E.: "Altindische Philosophie, indische Religion und Psychotherapie" [고대 인도철학, 인도종교 그리고 심리치료]. In: Condrau, G. (Hrsg.): *Psychologie der Kultur* [문화 심리학]. Bd. 1, 210-280, Weinheim 1982

Howards, A.: *Philosophy for Counseling and Psychotherapy: Pythagoras to Postmodernism* [상담과 심리치료의 철학. 피타고라스에서 포스트모던까지], London 2000

Kühn, R./Petzold, H. (Hrsg.): *Psychotherapie und Philosophie* [심리치료와 철학]. Paderborn 1992

Kutzer, M.: *Anatomie des Wahnsinns* [광기의 해부학]. Hürtgenwald 1998

Leibbrand, W./Wettley, A.: *Der Wahnsinn* [광기]. Freiburg 1961

Marinoff, L.: *Bei Sokrates auf der Couch. Philosophie als Medizin für die Seele* [소크라테스의 카우치. 영혼을 위한 의학으로서 철학]. München 2002

Nesse, R. M./Williams, G. C.: *Warum wir krank werden. Die Antworten der Evolutionsmedizin* [왜 우리는 아픈가. 진화의학의 답변]. München 1997

Northoff, G. (Hrsg.): *Neuropsychiatrie und Neurophilosophie* [신경정신의학과 신경철학]. Paderborn 1997

Peters U. H. (Hrsg.): *Psychiatrie* [정신의학]. Bd. 1+2, Weinheim 1983

Rabbow, P.: *Seelenführung* [영혼의 안내]. München 1954

Rattner, J. (Hrsg.): *Vorläufer der Psychotherapie* [심리치료의 선구자들]. Wien 1983

Sachs-Hombach, K.: *Philosophische Psychologie im 19. Jahrhundert* [19세기 철학적 심리학]. Freiburg 1993

Scheff, T.: *Das Etikett Geisteskrankheit* [정신병이라는 꼬리표]. Frankfurt 1993

Schramme, T.: *Psychische Krankheit aus Philosophischer Sicht* [철학적 관점에서 본 정신병]. Gießen 2003

Seidmann, P.: *Der Weg der Tiefenpsychologie in geistesgeschichtlicher Perspektive* [정신사적 관점에서 본 심층심리학의 길]. Zürich 1959

Seidmann, P.: "Religiöse und philosophische Wurzeln der Psychotherapie" [심리치료의 종교적, 철학적 뿌리]. In: Condrau, G. (Hrsg.): *Psychologie der Kultur* [문화 심리학]. Bd. 1, 349-361, Weinheim 1982

Shorter, E.: *Geschichte der Psychiatrie* [정신의학의 역사]. Hamburg 2003

Spitzer, M./Maher, B. A. (Hrsg.): *Philosophy and Psychopathology* [철학과 정신병리학]. New York 1990

Szasz, T.: *Die Fabrikation des Wahnsinns* [광기의 제작]. Frankfurt 1976

Szasz, T.: *Theologie der Medizin* [의학의 신학]. Wien 1980

Thomas, K.: "Methoden im Grenzbereich zwischen Psychotherapie und religiöser Erfahrung" [심리치료와 종교적 경험의 경계영역에 있는 방법들]. In: Condrau, G. (Hrsg.): *Psychologie der Kultur* [문화 심리학]. Bd. 1, 362-370, Weinheim 1982

Vliegen, J.: "Von Messmer bis Breuer" [메스머에서 브로이어까지]. In: Bahner, H. (Hrsg.): *Geschichte der Psychologie* [심리학의 역사]. Bd. 2, 3-16, Weinheim 1982

Wolf, K.: *Die Philosophie und die Frage nach dem guten Leben* [철학과 좋은 삶에 대한 물음]. Reinbek 1999

Wyrsch, J.: "Zur Geschichte der Psychiatrie" [정신의학의 역사]. In: Bahner, H. (Hrsg.): *Geschichte der Psychologie* [심리학의 역사]. Bd. 2, 269-328, Weinheim 1982

Zdrenka, M.: *Konzeption und Probleme der philosophischen Praxis* [철학실천의 개념과 문제들]. Köln 1997